国家自然科学基金面上项目 71774082 资助

规则依循、群体偏好
与住宅小区业主自治

李涛 方江宁 著

Rule-following behavior, group preference, and homeowners' autonomy

中国财经出版传媒集团
经济科学出版社
Economic Science Press

图书在版编目（CIP）数据

规则依循、群体偏好与住宅小区业主自治/李涛等
著. —北京：经济科学出版社，2021. 12
ISBN 978 - 7 - 5218 - 3334 - 8

Ⅰ. ①规…　Ⅱ. ①李…　Ⅲ. ①社区 - 物业管理 - 研究
- 中国　Ⅳ. ①F299. 233. 3

中国版本图书馆 CIP 数据核字（2021）第 267413 号

责任编辑：刘　莎
责任校对：杨　海
责任印制：王世伟

规则依循、群体偏好与住宅小区业主自治

李　涛　方江宁　著

经济科学出版社出版、发行　新华书店经销
社址：北京市海淀区阜成路甲 28 号　邮编：100142
总编部电话：010 - 88191217　发行部电话：010 - 88191522
网址：www. esp. com. cn
电子邮箱：esp@ esp. com. cn
天猫网店：经济科学出版社旗舰店
网址：http：//jjkxcbs. tmall. com
北京季蜂印刷有限公司印装
710 × 1000　16 开　19. 25 印张　290000 字
2021 年 12 月第 1 版　2021 年 12 月第 1 次印刷
ISBN 978 - 7 - 5218 - 3334 - 8　定价：85. 00 元

前　言

本书是国家自然科学基金面上项目《中国城市住宅小区业主规则依循行为及其对治理机制的影响》的主要研究成果。以城市住宅小区业主自治组织（业主委员会）对公共池塘资源（公共收益、住房维修资金）取得控制权为业主自治的场景，基于 VSBPC 模型，假设业主在提供资源（参与业主自治）与提取资源（使用公共收益）时，依循不同的资源支配方式，使得业主自治成为提供者与提取者博弈，并引发治理困境：业主委员会成立难和认同难同时并存。沿着经典公共池塘资源（CPR）提取监督博弈（E. Ostrom，1990）之首端与末端博弈的思想，基于婆媳匹配博弈（李涛，2016）构建了以提供者为首端，以提取者为末端的提供者与提取者匹配博弈模型，对上述困境进行解释。研究发现，决策者是资源支配者，其依循权力、互惠和权利三种规则（资源支配方式）行事是人的本性（非理性信念），并孳生出群体的控制权偏好、信任偏好和信用偏好。在资源充足的条件下，信用偏好主导的群体自治较为稳定，但因信用偏好的首端行为人可以与任意类型的资源支配者相匹配，群体内部缺乏对监督的激励，转变为由控制权偏好的首端行为人主导，导致对资源过度提取，造成资源枯竭，形成"明日黄花博弈"，过度提取者离开，自治失败，造成业主委员会认同难；资源不足条件下，信用偏好的行为人不参与自治，信任偏好和控制权偏好的行为人进入"白手起家博弈"，由于控制权与信任两种资源支配方式不匹配，导致参与者之间产生冲突，造成业主委员会成立难。因此，行政力量的介入需因势利导，当群体行为由信用偏好主导时，应以控制权方式介入，鼓励行政能力强的业主进入自治组织主导业主自治；当群体行为由控制权偏好主导时，应以互惠方式介入，鼓励受居民信任的业主进入自治组织进行监督；当群体行为由互惠偏好主导时，应以信用方式介入，鼓励知法守法的业主进入自治组织进行监督。

　　本书相关研究工作始于 2005 年。是年，本书作者开始接触到新制度主义、演化主义和行为主义，关注合作中的个体决策和集体选择问题，彼时主要关注和研究的方向是在个人决策模型中引入制度内生化进行建模。研究的基础是作者所在研究团队负责人提出的偏好分层理论，即把偏好分为由基因决定的内层偏好和具有场景性外层偏好，强调学习在共同知识形成和演化过程中的作用。团队的研究是基于人具有天性和习性基本假定的前提下，对人性进行不断探索的过程，认为人的天性是稳定的，人的习性是由场景的刺激—反应重复发生而来，因而可以通过刺激—反应机制，纠正错误的习性从而恢复天性。研究领域涉及合作的各种形式，包括业主自治制度。关注的重点是社会偏好、文化价值观、内化道德等对决策的影响。

　　具有政治经济学教育背景的作者则认为，虽然在习得的过程中引入学习机制，不完全是华生（J. B. Watson）所倡导的行为主义，但是把哈耶克（F. A. von Hayek）所谓的自由视为人的天性，相当于给定了制度的演化方向，故而很难理解并认同当时团队采用的个人主义方法论，希望能将社会人假定引入，因为，在马克思看来人的本性就是社会性，并不存在人的天性。马克思曾经在《1844 年经济学哲学手稿》中明确指出："自然界的人的本质只有对社会的人来说才是存在的；因为只有在社会中，自然界对人来说才是人与人联系的纽带，才是他为别人的存在和别人为他的存在，只有在社会中，自然界才是人自己的合乎人性的存在基础，才是人的现实的生活要素。只有在社会中，人的自然的存在对他来说才是人的合乎人性的存在，并且自然界对他来说才成为人。"观点的严重对峙致使作者和团队负责人之间的沟通与交流并不顺利。彼时，身为博士生的作者在初期开蒙之后，旋即陷入研究的混沌之境，理论经济学相关问题茫无端绪，如一团乱麻。

　　在作者看来，相关研究至少需要解决三个问题：第一，人们因何而行事？第二，群体因何而形成，群体属性如何表征？第三，制度因何而产生，制度绩效如何度量与评价？

　　前两个问题和第三个问题的前半部分是理论经济学问题，学术界并无一致答案。尤其是第一个问题，既是经济学研究的发端，也是研究的脉线，涉及哲学、心理学、生物学、社会学、历史学、政治学、经济学等领域，是最难回答的问题。第三个问题的后半部分是应用经济学的问题，理论和方法相对比较成熟，如构建指标体系，但制度的横向比较，尤其是定量研究，所得结果也是很难令人信服的。

之后的 2011 年，作者申请到教育部人文社科规划基金项目"关于资源支配规则偏好的行为实验研究"，开始挈"资源支配规则偏好"之领，对课题问题抽丝剥茧，厘清乱麻。

2016 年，作者根据对婆媳关系的观察、体验和总结，完成了对第一个问题的思考，并以专著《薪酬制度及激励机制研究》呈现了相关成果。在那部书中，提出了人们依循权力、互惠和权利三种资源支配方式行事的观点，构建了价值观引导行为的个体决策模型（VSBPC），研究别有一番天地。2017年，作者基于该模型获批国家自然科学基金面上项目，2018 年，完成了对该模型的单独阐述并对现实应用进行了探索，正要深入研究之际，突然受到莫名的阻力，研究工作一度停滞。

在经历了很长一段时间的身心折磨后，作者依然心向光明。维特根斯坦（L. J. J. Wittgenstein）说过，人们会说，"每个观点都有各自的魅力"，但这可能错了。正确的是说，每个观点对于把它看作是有意义的人来说才是有意义的。也许，作者的研究早已被某些学者视为离经叛道了，但幸运的是，著名学者李建德 125 万字的巨著《制度及其演化：方法与概念》于 2019 年问世，作者恰逢甘霖，于其中找到了 VSBPC 模型的理论基石，重新燃起了写作此书的勇气。在李建德老师看来，"制度的实质是保证合作得以形成并能重复实施的装置"，他提出"人类社会在物质资料生产历史阶段中的基本结构是生产的技术结构、分工形态和制度结构的共生演化。"这一观点修正了基因—文化二元共生的演化论，是生产力决定生产关系、经济基础决定上层建筑的现代版本。作者提出的资源支配者行为模型（VSBPC），基本与李建德老师的观点相契合。因为，个人对资源支配方式的依循，是分工形态演化的结果，群体对资源支配方式的依循，是群体中个体互动均衡协调的结果。有关李建德老师论人性、论制度、论个体与群体等相关观点，在本书导论中有集中介绍，这些思想贯穿本书，成为本书写作的指南。

本书对个体规则依循行为建模（资源支配者行为模型），并基于该模型界定了影响人们合作的群体偏好，在住宅小区业主自治的情境下，讨论由不同资源支配方式主导的群体行为如何影响治理机制，是对前述三个问题的思考总结，是《薪酬制度及激励机制研究》的姊妹篇。作为自然科学基金项目的成果，主要呈现了 8 项实证工作的成果。这些成果散见于之前发表和未发表的部分论文：2018 年发表在《演化与创新经济学评论》的论文《VSBPC 模型——一个演化主义的 BPC》（第四章第一节）；2013 年参加中国经济学年会讨论的工作论文《住宅小区业主规则依循行为假说》（第二章第二、三节）；2020 年参加经济科学协会（Economic Science Association，ESA）全球年会讨论的工作论文《公共维修基金个人账户金额的禀赋效应实验》（*The Endowment Effect of the Personal Account Amount of Public Maintenance Funds – Evidence from a field experimentation*）（第六章第二节）；以及完成于 2021 年的工作论文《网贷投资者信任与信用偏好的经验证据》（第四章第二节）、《维修资金使用效率对房价的影响——来自维修资金审批信息的证据》（第六章第一节）、《住宅小区治理方式对维修资金使用投票率的影响》（第六章第三节）、《住宅小区业主规则依循行为与群体偏好》（第二章第一节第四部分以及第五章第一节）。此外，还有部分基于司法判决书进行关于住宅小区群体属性与治理方式关系的研究成果（第五章第三节）。这些文章已按照本书的逻辑和体例重新改写和编排。

当然，本书最大的贡献是将 VSBPC 模型从个人行为层面的研究扩展到群体行为层面，基于婆媳匹配博弈，构建了三个局中人参加的提供者与提取者博弈模型，并对行政介入的路径进行了探讨。这些工作集中体现在第五章第二节中。如果，我们将"白手起家博弈"看成是新制度的起点，那么"明日黄花博弈"可能就是旧制度的终点。或许，制度更迭的逻辑就在其中。

同时，本书也是作者对住宅小区业主自治实践的理论总结。在超过 10 年的日子里，作者与小区广大业主同呼吸、共命运，这就使得本书的实证工作采用的数据具有真实性和可靠性。

总体上，资源支配者行为模型能否替代标准模型、奥斯特罗姆（E. Ostrom）的行为人模型，需要实验室实验的检验。因此，凭借本书的研究工作，远不能对有关人性的争论做出结论。但作者相信，以生产关系为对象的经济学研究，将会成为社会科学研究者的新的历史使命。

李 涛

2021 年 12 月于南京紫金山麓陶然居

目　　录

第一章　导　　论

一、住宅小区治理，行政力量进退两难

在以公寓楼、住宅小区为单元的城镇住房主流形态下，小区的绿地、建筑物的地下与地面空间、电梯等，以奥斯特罗姆（E. Ostrom）[1] 所谓的"公共池塘资源（the Common Pool Resources，CPR）"状态存在，成为小区业主共有财产，从而住宅小区业主集体合作成为现实需要。

公共池塘资源是一种供特定群体使用的公共资源。经济学的公共物品和公共资源都是相对于"私人物品"提出的概念，用于界定物品的经济属性。我们可以用是否存在"搭便车"的机会对物品的经济属性进行判断。以电梯为例，如果搭便车的机会面向社会公众，就是公共物品，如地铁站的电梯；如果搭便车的机会面向小区住户，就是公共池塘资源，如住宅小区居民楼的电梯；如果没有搭便车的机会，就是私人物品，如酒店通向客房的内部电梯。

与"搭便车"相关的概念是"搭便车行为"和"搭便车者"。搭便车行为是指面对可以免费使用的机会时，采取了免费使用的行动。将搭便车作为行为策略的行为人，就是搭便车者。当一个社会所有的行为人都是搭便车者时，这个社会的公共物品和公共资源就完全消失了，所有物品都将是私人物品。于是，出现了哈丁（G. Hardin，1968）所谓的"公地悲剧"。传统经济学用奥尔森（M. Olson，1965）提出的集体行动的逻辑来解释"公地悲剧"，

---

[1]　Ostrom E. Governing the Commons：The Evolution of Institutions for Collective Action ［M］. Cambridge，Massachusetts：Cambridge University Press，1990.

采用囚徒困境博弈模型论证个人理性与集体理性的冲突。在奥斯特罗姆看来，传统的"囚徒困境""公地悲剧"和"集体行动的逻辑"等依赖一些极端假设，是特殊模型，而非一般理论，即使人们都是理性的，"一群相互依存的人们如何自己组织起来，进行自主治理，并通过自主性的努力（并非由政府做指挥），去克服搭便车等问题，以实现持久性共同利益"，也应该具有一般性。她将公共池塘资源分为提取和提供两种类型，围绕提取、提供及二者之间相互关系，结合现实考察，基于她创建的制度分析与发展框架（IAD），构建了一个社会自治的明晰框架，也为集体行动提供了某种准则。在这个社会自治框架中，共同使用公共池塘资源的人们，相互交流并建立了可以改善共同结果的公认规则与策略，通过设置自己实际运行规则，克服了"公地悲剧"。沿着这个框架，人们互动自发产生的自治规则，优于行政控制规则，也优于市场规则。

我国城市住宅小区的治理存在双重困境。一方面，我国自 1994 年 11 月开始施行业主自治制度以来，业主委员会"成立难"和"认同难"始终并存。表现为业主对成立业主大会或参与共同管理物业事务的积极性不高①。对业主大会选举业主委员会委员、表决业主委员会的议案等意见分歧巨大。在业主委员会组织的自治管理活动中，因利益和立场原因所引发的业主之间、业主与业主委员会之间、业主委员会成员之间、业主委员会与业主大会之间的矛盾冲突一直存在，始终无法解决。另一方面，由"公地悲剧"引发的公共池塘资源退回私人物品状态的情形屡屡发生。仍然以电梯为例，一些住宅的电梯实行刷卡付费乘坐，变身为"公交电梯"，尤其是近年来由行政力量推动的部分多层住宅加装电梯项目，安装、维修和使用费用都明确使用人付费的原则，向私人物品转变。然而，因住宅单元楼电梯的自然状态为建筑物

---

① 根据 2019 年 11 月 5 日中国消费者协会发布的《国内部分住宅小区物业服务调查体验报告》显示，"参与消费者满意度调查的 4320 个消费者（业主）中，有 25.54% 的业主表示其所在小区成立了业主委员会，23.12% 的业主表示小区尚未成立业主委员会，而有 51.34% 的业主表示并不关心是否成立了业委会。不少受访业主表示对业委会的选举程序'不清楚'，'每次只喊填名字''不关注'。这说明，相当多的业主对业主委员会的认识不够，共同参与小区治理的意识不强"。参见中国消费者协会. 国内部分住宅小区物业服务调查体验报告［EB/OL］. 2019 - 11 - 05［2021 - 07 - 26］. http//www.cca.org.cn/jmxf/detail/29362.html.

产权人共用，物理空间上不可分割，为新的业主冲突埋下隐患①。上述双重困境的存在，行政力量进退两难。

作者认为，解决双重困境的关键是了解业主参与自治行为的机理。因此，拟采用行为经济学的范式来研究业主自治情境下的行为人决策。这涉及两个问题：一是业主个人决策；二是业主集体选择。基于作者在 2016 年完成的《薪酬制度及激励机制研究》的研究基础，现将这两个问题分解为个人规则依循行为和群体偏好来进行研究分析。即业主决策是个人规则依循行为，业主的集体决策是群体偏好的反映，住宅小区的业主自治状态（或是否实行自治），是业主间互动或集体选择的结果。

二、公共池塘资源的提取者与提供者博弈

现实中，城市住宅小区的共有物权需要依靠公共收益来维持，而公共收益的控制权是以业主委员会成立为前提的。由于参与自治是提供纯公益物品，因此在缺乏激励的情况下，参与者是奉献者，不参与者是搭便车者，容易引发两个群体之间的利益冲突，在极端情况下会出现业主委员会涉黑的事例。

奥斯特罗姆等（E. Ostrom, R. Gardner & J. Walker, 2011）提出的经典公共池塘资源提取者监督博弈是二阶博弈。其中，第一阶为资源提取博弈，是一个受特定规则约束的"囚徒困境"模型，由于搭便车问题的存在，可能出现公共资源过度提取；第二阶为资源提供博弈，是制度供给博弈，形成一套规则对一阶博弈中的搭便车行为进行惩罚。该模型假设参与博弈的局中人是有限理性的行为人，具有目标导向性和反应性，能够判断出潜在的合作者，有条件地选择合作，并制定彼此约束的惩罚机制。在以位于水渠上游的局中

---

① 2021 年 5 月媒体报道了杭州一小区安装"公交电梯"，引发了热议，其中，广州日报认为，"公交电梯"虽好，却不能生搬硬套。"公交电梯"能在杭州这一小区收获无数点赞，也贵在因地制宜。其一，该小区是公寓式安置小区，住户多是工薪阶层，每家分摊上万元的加装费用颇有压力；其二，恰有电梯公司有意趁着老旧小区改造的机会在这一领域进行创新和尝试。而且，杭州这一小区的居民能够接受人脸识别等技术在电梯中的应用以及每次搭乘电梯收取 1 元的费用，但换一个小区，可能居民就要说"不"了。因此，在借鉴像"公交电梯"这样的好经验、好做法时，要多一些"因时""因地""因人"的智慧。参见广州日报."公交电梯"是个好创意 [EB/OL]. 2021 - 05 - 19 [2021 - 10 - 26]. 新华网百度官方账号. https://baijiahao.baidu.com/s? id = 1700143472583344127&wfr = spider&for = pc.

人有机会优先取水、下游局中人有机会监督的情境下，在提取资源监督博弈的均衡点上，上游局中人都存在"些许过量提取的趋向"。他们把这种情境下的均衡称为位置优势，又叫作"首端优势"。

在奥斯特罗姆的理论框架中，在小区首次发起成立业主委员会时，参与者是提供者，不参与者是潜在提取者。当参与者成立了业主委员会后，控制了小区公共收益账户，成为提取者，此时进入提取监督博弈。然而，博弈双方是提取者与提供者，提供者自然获得了首端位置，可以称为"提供者优势"。由于搭便车造成提取者不能对提供者形成有效监督时，提供者的首端自然优势也就表现为均衡策略优势，均衡结果是"提供者控制"。典型的例子是受开发商委托的前期物业获得了侵占业主公共财产的某种"便利"，从而其占优的策略是阻挠业主大会成立或控制业主委员会。"首端优势"演变为"提供者控制"就使得行政力量进退两难，一方面要促进业主自治，另一方面要防止提供者控制。

事实上，奥斯特罗姆的框架下并没有提供者与提取者博弈模型。她曾经坦言，"在自然场景下，人们所遇到的提取与提供问题往往是交织（嵌套）在一起的"，因此"提供问题解决得如何，影响到提取问题的性质。"将公共池塘资源使用分为提取和提供两种类型进行考察是出于便利性。她主张要结合现实情境来考察提取与提供混合的问题，这就为我们结合住宅小区治理的现实构建博弈模型提供了合理性。

现实中，有相当数量的小区"提供者优势"并没有转变为"提供者控制"，那么，是什么形成了对这些提供者的监督呢？或者说，在一阶段博弈之前，是否已经形成了某种保证提供者不会过量提取的规范呢？我们认为，业主参与自治的行为可能是规则依循行为，并呈现出群体偏好异质性，从而使一些小区提供者优势未转变为提供者控制，反而成为业主自治的稳定性力量。

奥斯特罗姆的行为人假定并未挑战理性假定，而是将行为主体作为一个社会互动的个体，从而赋予了行动主体社会性，为研究异质社会性的行为主体互动留出了空间。行为经济学的主要研究方法是心理学最为基础的实验方法，大多数研究都是对一般理论的一项或者两项假设进行修正，使之更符合心理现实，为经济学家解释行为人的异质性提供了更多可选择的方法和研究范式（C. Camerer et al. , 2009）。

综上所述，本书拟以"资源支配者"为行为人，构建提供者与提取者博弈模型，研究住宅小区业主自治。

三、资源支配者行为模型：VSBPC 模型

维特根斯坦（L. J. J. Wittgenstein，2019）在《哲学研究》中对"遵循规则"的概念进行了讨论。他认为，遵循规则是一种实践，一个人"以为自己在遵循规则却不是在遵循规则"，不可能有"私自"的规则，遵从规则"都是惯例（习俗、制度）"①。在这个意义上，规则就是指群体行为规则倾向，人类的行为都是规则依循行为（rule-following behavior）。

在社会学和经济学研究者范伯格（V. J. Vanberg，2006）看来，个体依规则认同而采取自己认为合意的行动，并在利益博弈中呈现出与其依循的规则相应的策略行为，就是"真正的"规则依循行为。由于规则依循反映行为人自觉受规则约束的状态，是主观约束，可以视同为偏好。从而，只包含物质利益偏好的理性选择框架可能被扩展为包含物质利益/规范偏好的"动机—结果"一般行为范式。

在经济学家金迪斯（Gintis，2007）看来，行为研究的"动机—结果"范式事实上是信念、偏好与约束的互动（Beliefs，Preferences and Constraints，简称 BPC）。他把有目的的行动都视为理性，认为 BPC 模型统一了人类行为的研究范式。

当研究者尝试突破参与者理性假定来理解互动规则时，必然将视线投向行为经济学的社会偏好范式。社会偏好范式较好地解释了参与社会互动的个体不仅是自利的，而且也是关心他人福利的，但是社会偏好的重点是关注行为的外部性，尤其是心理偏好，并以个体违反标准模型假设而行事来简化动机，因此不能穷尽这些动机，就难以预测个体的"冲动"行为在社会互动中究竟可能造成何种确切的后果。同时，社会偏好范式延续奥地利学派的方法论上的个人主义（methodological individualism）和认识论上的主观主义（subjectivism），也使其对个体行动的解释推广到集体行动领域时，难以避免合成谬误的逻辑陷阱。

---

① 维特根斯坦，楼巍译. 哲学研究 ［M］. 上海：上海人民出版社，2019：107.

事实上，集体行动作为个体行动的集合，其行动机制是社会经济运行机制的一部分。2010 年两位诺贝尔经济学奖获得者阿克洛夫和希勒（G. A. Akerlof & R. J. Shiller, 2010）提出，经济学家要从理解人类行为机制出发来理解经济运行机制。他们呼吁重新重视凯恩斯（John Maynard Keynes）于 1936 年所著的《就业、利息和货币通论》一书中关于"动物精神"（animal spirits）的观点，来对人类行为动机进行表征。在他们看来，"动物精神"并不像标准模型所预测的是"量化收益乘以其量化概率的加权平均值"，而是来自人们"想要采取行为的自发冲动"，并将真实世界的"动物精神"表征概括为五个维度：信心、公平、腐败与欺诈、货币幻觉、故事。然而如何考察真实世界中的"动物精神"，在个体行为和集体行动的不同层面上，五个维度之间的相互关系如何，他们并未给出明确的答案。

有关"动物精神"范式的难点是如何处理信心与信念的关系。李涛（2016）结合认知心理学、社会学心理学、制度主义、演化主义、社会制度的博弈理论等多个视角的研究，总结了个体行为表现、思维模式与动机系统的关系，将社会互动形成的制度，视为多人博弈协调的最优纳什均衡。基于中国情境构建了婆媳匹配博弈模型，把匹配博弈均衡解所对应的行为表现型解释为史密斯（J. M. Smith, 2013）所谓"演化稳定策略"（evolutionary stable strategy，简称 ESS），并定义为规则依循行为，从而将"动物精神"中的信心引入金迪斯的 BPC 框架模型。并将行为者的决策表述为：如果行动者对某种规则有信心，那么就应该在社会互动中采取依循这种规则的行为策略，并依据自己依循的规则来判断利益博弈的结果是否公平、博弈他方的行为是否是腐败与欺诈。为此，在演化主义视角，个人在社会互动中采取的策略行为就是其在社会互动中惯常使用的资源支配方式（Strategy，简称 S），是其行为表现型，从而把规则依循视为"动物精神"的一部分，即个体规则依循行为表现为个体对某种资源支配方式有信心。她将资源支配方式概念定义为："行为者在社会互动中，由基因—文化共同演化形成的价值观中包含了某种内化规则，使得他对在自己熟知的处境中，依循该规则行事有信心。这个规则成为他的行为表现型，就是他的资源支配方式。"于是将金迪斯的 BPC 扩展为价值观 V、资源支配方式 S 与信念 B、偏好 P 和约束 C 互动模型——VSBPC 模型。其中，个体的资源支配方式对应于个体所处的制度结构和制度层次，表明个体成为社会互动中一个自我感知的"角色"而与其社会角色相区别，为 BPC 框架模型拓展到规则个人主义层面，构建了规则依循行为研究的"动物精神"范式：当个人对某个资源支配方式有信心时，个人依循的规则成为具有群体属性的"社会角色"偏好。因此，VSBPC 模型假设行动主体是资源支配者，可以称为"资源支配者行为模型"。

资源支配者行为模型（VSBPC）使用的信心特指对依循资源支配规则有信心，是非理性信念。关于信念概念，学术界长期存在争议，大致分为三种意见。一种意见认为，信念是理性的，以美国制度经济学家鲍尔斯（S. Bowles）为代表。在鲍尔斯（2006）看来，信念是个人对行为和结果之间关系的理解，是有意识的，是对行为结果的预期。另一种意见认为，信念是非理性的，以我国制度经济学家李建德为代表。李建德（2019）指出，信念是动物在不确定性条件下的确定性的意向，是非意识的，是直觉。还有一种意见是信念包含理性与非理性，以美国制度经济学家青木昌彦（Masahiko Aoki，2001）为代表。青木昌彦认为，信念有诸多含义，有贝叶斯决策中对可控对象的主观似然估计，有博弈论中局中人对他人行动的期望或推测，还有文化信念、道德信念、直觉信念等。

金迪斯的 BPC 模型，包含了理性、有限理性的信念，VSBPC 模型（见图 1-1）由 BPC 扩展而来，因此本书使用的信念为理性或有限理性信念。李建德认为，信念是人类意识与认知的基础，信念是制度的基础，具有信念是人类的本能。当我们把资源支配方式看作是社会互动行为人的信心时，使用的信心就是李建德的非理性信念——直觉。

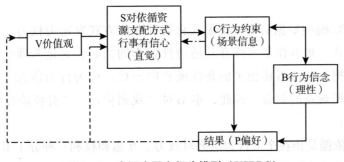

图 1-1 资源支配者行为模型（VSBPC）

四、规则依循、群体偏好、制度相关概念

本书研究的对象是规则依循、群体偏好与业主自治，依次为：个人行为、群体行为、制度。学术界的相关研究成果可谓汗牛充栋，后文将基于本书的研究目的进行详细阐述和说明。

1. 规则依循与群体偏好

李建德（2019）指出，制度源于为保证分工的形成及重复而可持续的人类互动，"人们是在一定制度结构中相关博弈的参与人，而制度又是人们博弈的结果"，是人际互动的演化稳定策略（ESS），也是随机稳定。换言之，"制度是随机稳定中多数人的行为""是人际互动形成随机稳定中多数人的行为"，是人们互动博弈的均衡；制度是把不同个体中的大多数聚集成社会、以合作方式面对资源约束的纽带；制度是大多数人自愿遵从的行为规范，"是他们每个人的共享行为信念"，是协调人们形成合作关系或形成共同行动所必要的共同信息。制度作为共有信息，通过社会化过程，使个人把社会的共有信息内化为个体的行为习惯。李建德认为，随机稳定是持久的均衡，"假如一个 ESS 不仅仅能经受新变异者的冲击，而且所有行为者的行为也会有随机的变异，在这样的条件下仍然能保持各种行为的概率分布的动态稳定，即是随机稳定"。因此，我们把群体中依循不同资源支配方式行事的成员分布称为群体偏好，偏好类型就是主导群体行为的资源支配方式的类型。群体偏好也可以看作是群体成员的共同信息内化的行为习惯，也可以称为群体规范。

VSBPC 模型根据劳动分工形式将资源支配方式界定为权力、互惠和权利三种方式，被看作是人际互动适应性行为的信心，它是非理性的，是人性的。而把与行动直接相关的理性或有限理性，称为行为信念，是对李建德和金迪斯观点的综合。因此，本书对"规则依循""群体偏好"的概念界定如下：

规则依循是指在个人行为层面对权力、互惠和权利三种分工形式产生的资源支配方式的依循，是人类行为的一般性信念，表现为行为者对行为的信心，存在于人类行为的无意识动机中，影响一切人类行为。本书中，资源支配方式就是行为规则，因此规则依循的特定表述为：权力规则依循、互惠规

则依循和权利规则依循；规则依循相应的含义是指对依循权力规则行事有信心、对依循互惠规则行事有信心、对依循权利规则行事有信心。其中，权力规则的核心是"可控制的"、互惠规则的核心是"值得信任的"、权利规则的核心是"承诺可信的"，因此对应的行为规范为控制权规范、信任规范和信用规范。对于特定的行为而言，三种规范之间是替代关系，这也就使现实中的人类行为会呈现由其中一种资源支配方式主导的倾向。

群体偏好是指在群体层面，受群体中占优的个体规则依循行为主导，呈现为群体对权力、互惠和权利三种资源支配方式的偏好，并成为相应的群体规范：控制权规范、信任规范和信用规范。

2. 制度、规范与规则

为了进一步明确本书使用的规范与规则概念，还需要对制度、规范、规则相关范畴进行讨论。总体而言，制度、规范、规则这三个概念内涵的理解存在很大差异。不仅与学科有关，还与方法论有关。

制度作为人类社会的特有产物，是群体生活必不可少的规则、规范和观念。《现代汉语词典》中"制度"的中文语义是有层次的①，一是"要求大家共同遵守的办事规程或行动准则"，二是"在一定历史条件下形成的政治、经济、文化等方面的体系"。

制度经济学家张曙光以制度与行为的关系为基础对"制度"概念进行了界定，他指出"制度是人们交换活动和发生联系的行为准则，它是由生活在其中的人们选择和决定的，反过来又规定着人们的行为，决定了人们行为的特殊方式和社会特征。②"其思想反映了经济学研究制度的两种观点：当人们将制度作为行为约束时，制度是外生的，行为是一个结果；当人们将制度作为影响行为的因素时，制度是内生的，行为是一个过程。

社会学者斯科特（W. Richard Scott）在其著作《制度与组织——思想观念与物质利益》中系统梳理了社会学、经济学和政治学中的制度理论，他指出，社会学强调制度是"惯例"（conventions），经济学强调制度是规则（rule）和规范（institutions），政治学强调制度是有意识地建构的治理或

---

① 中国社会科学院语言研究所词典编辑室. 现代汉语词典（汉英双语）［M］. 北京：外语教学与研究出版社，2002：2472.

② 张曙光. 论制度均衡和制度变革［J］. 经济研究，1992（06）：30-36.

规则系统（system），都将制度视为反映个人与社会结构互动的机制①。他将"规制性（regulative）""规范性（normative）"和"文化—认知性（cultural-cognitive）"作为制度的基础性要素。他认为，规制性要素强调制度制约、规制、调节行为，体现为明确、外在的各种规制过程，如规制设定、监督和奖惩活动；规范性要素强调制度的说明性、评价性和义务性，体现为规范性规则，包括价值观和规范；"文化—认知性"要素强调制度关于社会实在性质的共同理解，以及建构意义的认知框架（符号系统）。这 3 个基础性要素构成了一个连续体，相互独立或相互强化，可以以某种方法构成一个强有力的、具有弹性的社会框架，以容纳和展现这些结构性力量。

经济学者肖特（A. Scott，2003）② 将社会学研究者刘易斯（D. Lewis，1969）关于社会惯例的定义表述为："被社会所有成员同意的，在特定的反复出现的情况下规范行为的行为准则。"将自己关于社会制度的定义表述为："一个社会制度是一种社会行为的规则，它被所有社会成员所赞同，它规定了在特定的反复出现的情况下的行为，它是自我维持的，或者是被某个外在的权威所维持的"。

肖特还用博弈论的语言来描述制度的概念。他指出，制度（institutions）并非静态的，而是一次又一次重复的博弈——反复出现的超博弈（super games）的过程中，一定情势下人群中个人遵从的社会规范，即制度可以看作是博弈参与者不断变化的认同规范演化的情况③。结合社会学以认知理论为基础的制度主义思想，社会的进化遵循"个体活动→社会习俗、民德→制度"的过程，这个过程中人们的思想观念和结构就是制度。

肖特所谓博弈中的"反复出现""自我维持"的规则，就是制度演化过程（超博弈）中尚未完全法典化的规则，也就是政治学所谓的"非正式规则"，非正式规则包括习俗、民德等，对应刘易斯（D. Lewis，1969）所谓"惯例"。

李建德（2019）对制度、规则、规范相关概念范畴做了详尽解释。他认为尽管人们可以从不同视角认识制度，但是只有在演化视角下对制度的认识

---

① 斯科特. 制度与组织——思想观念与物质利益（第 3 版）［M］. 中译本，北京：中国人民大学出版社，2010：39.

② 肖特. 社会制度的经济理论［M］. 中译本，上海：上海财经大学出版社，2003：15 - 18.

③ 肖特. 社会制度的经济理论［M］. 中译本，上海：上海财经大学出版社，2003：18 - 19.

才是最接近制度本质的。"能带来合作租的共同信息称之为制度，这一合作租也就是制度的绩效"。

李建德（2019）还将制度定义为由信念、规范、规则和组织构成的系统，指出"对制度进行研究时，最小的分析单位是规范和规则"。在他看来，"当人们在互动中把随机稳定中的主导行为作为行为规范时，制度就形成了。这样，我们给出制度的新定义，人际互动形成随机稳定中的主体行为，必定是亲社会行为，也必定是有利合作的行为，该行为被称为规范。当规范能够被第三方强制实施从而提高了亲社会行为的分布时，就称为规则或法律"。他关于制度、规范和规则的定义可以归纳为：制度是人们互动博弈的结果（人们行为的随机稳定均衡），规范是人际互动中随机稳定的主导行为，规则是由第三方实施的规范。

住宅小区是一个空间位置概念，我们将空间位置概念延伸到行动者互动层面，从而引出了住宅小区制度场域（institutional field）概念。

社会学家林南（Nan Lin）最早提出制度场域概念，在他看来，制度是人际互动行为的场域。按照他的解释，制度场域是行为者服从的"同一套制度"①。在制度场域内，每一个行为者认可、体现和共享着仪式与行为，都受到该制度的约束与激励。经济学家诺斯（Douglass C. North）将制度看作是组织互动的原则，即一个社会中的博弈规则（Rule）②。林南的制度场域概念与诺斯对制度的理解相同，这意味着当组织互动的博弈规则能降低行动者之间的行动和互动进行估计与强化的交易成本时，就成为这些行动者的制度场域。

在林南看来，制度场域的行动者包括个体、网络和组织。其中，制度和网络组成了社会的基础结构，网络增强了结构的内聚性，从而强化了制度，因此社会等价于制度场域。他还认为，制度场域可以界定一个社会，但是其基础是互动网络而非地理空间，因此由制度场域定义的社会往往超越了现实社会的地理空间边界③，这意味着一个制度场域的边界是由行动者互动网络的边界来定义的。

---

① Lin N. Institutional capital and work attainment [J]. Unpublished Manuscript, Durham, NC. 1994.

② North, Douglass C. Institution, Institutional Change and Economic Performance [M]. Cambridge: Cambridge University Press, 1990：3.

③ 林南（Nan Lin）. 社会资本——关于社会结构与行动的理论 [M]. 中译本, 上海：上海人民出版社, 2005：187.

定义制度场域边界的过程，被林南称为"组织—网络的社会同构"。组织—网络的社会同构反映在博弈规则的重叠和网络体系空间对某些资源的价值赋予的重叠上。其中，网络体系包括非正式组织，如商会、老兵群体等。同时，对资源的价值赋予受意识形态影响①。

从制度场域概念的思想渊源来看，可以对制度进行如下表述②：制度是特定人群中个人遵从的社会规范，是一个包含习俗、民德等非正式规则和法典化的正式规则的系统。其中，个人对社会规范的遵从表现为"遵守规则"和"认同规则"两种行为：（1）个人遵守的规则是人们"有意识建构的"，从而由"某个外在权威维持的"法典化的正式规则，其功能是约束个人当前的行为；（2）个人认同的规则是"个人行为意外的或有限选择的"，从而是"自我维持的"，非法典化的非正式规则，其功能是影响随后的个人行为和随后的正式规则建立。

总之，可以从两个方面来理解制度场域的边界，一方面是"有意识建构的"法典化的制度，从行为者的角度来看，是外生给定的制度；另一方面是"自我维持的"非法典化的制度，从行为者的角度来看，是受其行为影响的制度。前者指在地理空间边界内实行的法律法规，后者指在地理空间内活动的行为者认同的非法典化规则。总体上，一个制度场域的边界是由受某个规则（包括正式规则和非正式规则）约束和影响的个体间互动网络边界来决定。

由于规则重叠，制度场域以个人为基点来考察，体现了方法论的个人主义方法论，但是规则是社会互动的基础并受社会互动影响而改变，体现了方法论的规则主义。

在地理空间概念中的住宅小区引入制度场域概念后，我们将考察外生制度约束下的住宅小区业主基于公共池塘资源发生的互动，而产生的博弈规则，人们的行为如何受到这些规则的影响及将如何影响规则变化。我们拟采用的概念综合了前述李建德关于制度、规范和规则的认识，以及林南的"制度场域"概念，界定"制度"为制度场域的互动机制，包括行为信念、规则及主

---

① 林南（Nan Lin）. 社会资本——关于社会结构与行动的理论 [M]. 上海：上海人民出版社，2005：188.

② 李涛. 薪酬制度及激励机制研究 [M]. 北京：经济科学出版社，2016：31 - 32.

导人们行为的规范。规范指人际互动随机稳定的主导行为，强调制度的内生性；规则指博弈规则，强调制度的外生性。

地理空间叠加制度场域，业主互动的均衡就是住宅小区的治理状态，也就是业主自治规则下的人们之间互动的均衡。但是受制于地理空间，这个均衡未必是演化稳定的均衡。然而，基于群体的个人，都有符合其制度场域的人际互动的主导行为，称之为规范偏好，个人依循规则与群体规范偏好协调，则促进自治绩效，否则降低自治绩效。

综上所述，本书使用的规则是方法论的规则主义与个人主义的结合，从规则主义角度，使用了博弈规则、互动规则概念，包括规制性规则、规范性规则、治理规则、治理方式等；从个人主义角度，使用了主观约束的规则概念，包括依循规则、依循权力规则、依循互惠规则和依循权利规则等。

本书使用的规范是非正式的、无第三方强制实施的制度，包括控制权规范、信任规范和信用规范等。

五、资源支配者假说、制度分析与发展研究框架

1. 行为人的资源支配者假说

在社会学研究者林南看来，个体所处的社会结构，是个体所能支配的价值资源的集合（Nan Lin, 2005）。个体拥有的资源使他得以居于社会结构中，处于资源支配的某个位置上，与社会结构中其他行为者的资源支配行为发生互动，围绕有价值资源进行交易（竞争或合作）。当社会结构稳定时，这种资源支配关系相对也稳定，从而使得个体的资源支配方式成为习惯。资源支配方式是社会互动的结果，并引导社会互动的发生，因此引入社会角色为依循资源支配方式行事的行为人时，资源支配方式存在于人性中，使得行为人天然存在马克思所谓"人的社会性"。因此，本书的行为人是资源支配者，这一概念比奥斯特罗姆的行为人向马克思的"社会人"更近了一步。

奥斯特罗姆的行为人不排斥理性人，她在 2003 年与合作者发表的一篇论文（T. K. Ahn, E. Ostrom）中根据动机的亲社会性把个体偏好分为自利者（self-interest）、线性利他者（linear-altruism）和不公平厌恶者（inequity-aversion）三类。其中，自利者是只关心自己利益，完全不关心他人所得的"自私者"。罗宾（M. Rabin, 1993）指出行为者具有动机偏好，即行为者在

自己收益与对方行为动机之间权衡，将善意动机获得的收益视为公平，而把恶意动机获得的收益视为不公平（见表1-1）。

表1-1 三种资源支配者的偏好

行为人	物质利益偏好			动机偏好
	自利偏好	利他偏好	结果不公平感	不公平感
权力型资源支配者	控制权受威胁时	控制权不受威胁时	控制权减少时	控制权受威胁
互惠型资源支配者	对方不可信时	对方可信时	对方不可信时	对方不可信的
权利型资源支配者	无关第三人时	权利有保障时	权利无保障时	权利无保障

本书的资源支配者在行为层面也是理性的，因为其感知的社会角色存在差异，在互动中会因不公平感产生冲突，这种不公平感与物质利益无关。当然，由动机不公平感引发行为的结果，会造成物质利益的变化，进而可能使行为人主动调整自己的行为，因此资源支配者偏好又可以称为动机偏好，在资源支配者博弈时，亦可以看作是规则偏好。

2. 制度分析与发展框架

奥斯特罗姆（2005）基于行为人假设，提出了制度分析与发展框架（IAD）如图1-2所示，行动场景的内部结构如图1-3所示。其中，行为人受在不同层次的规则约束，因此各方位置是由参与者的身份来决定的，是"被分派的"（assigned to）。参与者的身份，如法官、立法者、买家、卖家、警察等是参与者行为选择的载体。在行动情境中，参与者可能有不同或相同的身份，也可能有多重身份，但整体来讲，身份的数量通常小于参与者的数量。身份变量将参与者和容许的行为集合相连接，一个参与者可以选择的行为完全基于其身份，与独立于行动情境结构之外的人品、个性等特征无关。奥斯特罗姆的行为人概念是社会身份概念，受规则约束，可选行动集也是被分派的，反映了不同社会身份的行为人在不同层次的规则下发生互动，比经济学的"理性人"更加现实。

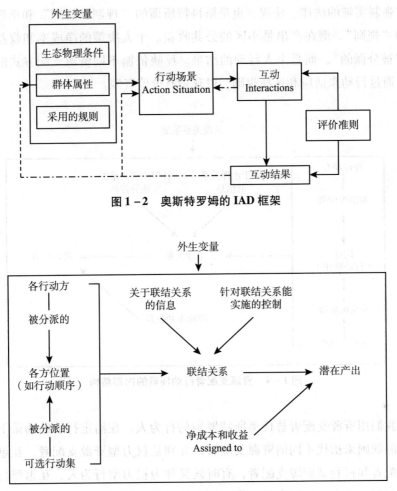

图 1－2 奥斯特罗姆的 IAD 框架

图 1－3 行为人行动场景的内部结构

　　本书采用的 VSBPC 框架下，对图 1－2 的群体属性进行了三分，即控制权偏好、信任偏好与信用偏好。从而可以使采用的规则与群体偏好匹配。

　　本书采用的行为人行动场景的内部结构，如图 1－4 所示。其中，行为人是社会角色，即依循资源支配方式行事的人，不是被规则所分派的角色，在可选行动集中，出于基本的需要，人们对可支配资源（林南，2002）进行主动选择，而不是被动"被分派的"。互动的位置是选择的结果，是过去发生的各行动方互动的均衡。有关位置的信息就是李建德所谓的"制度"。治理关系就是张曙光所谓的"制度安排"。针对治理关系实施的控制，就是由第三方强制实施的法律、法规，也是斯科特所谓的"规制性规则"和李建德所谓的"规则"。潜在产出是小区的公共收益。个人决策的净成本和收益也不是"被分派的"，而是个人行动的结果。反映依循不同资源支配方式的行为人，通过行动来适应和选择规则，以获得有价值资源。

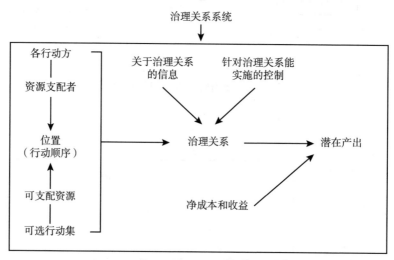

图 1-4　资源支配者行动场景的内部结构

　　我们用资源支配者替代奥斯特罗姆的行为人。在给定行动的场景下，用依循的规则来指代不同的资源支配者，分别是权力型资源支配者、互惠型资源支配者和权利型资源支配者，有时候又称为权力型行为人、互惠型行为人和权利型行为人。现实中，行为人拥有某种社会身份，然而这些身份是人们依循资源支配方式行事的结果，而不是被分派的角色。相比较而言，本书采用的行为人概念更具有主观能动性。

　　此外，本书所谓行为人，可以是单个行为人，也可以是群体，因为主导群体行为的群体规范与个人依循的规则对行为的影响机制是相同的。于是，奥斯特罗姆的行为人，在 VSBPC 框架下，更加彻底地转变为社会人，并且我们为集体行动的研究提供了一种新的 3 人互动模型。基于该模型，不仅可以讨论群体内个人之间的互动，也可以讨论个人与群体的互动及群体之间的互动。

六、本书结构安排

本书是以行为人"资源支配者"假说为中心进行研究的，业主自治是行为人的行动场景。在 2016 年《薪酬制度及激励机制研究》中，作者已经提出了这个假说的核心部分——VSBPC 模型，即资源支配者行为模型，但是还没有对模型进行经验检验。因此，本书除导论外包括如下三个部分内容：

第一部分是对资源支配者行为模型的经验检验。这部分研究在前四章完成。其中，第二章在业主自治情境下，提出业主决策是规制依循行为的假说，并做了初步验证；第三章进一步探究规则依循行为的行为机制，对业主自治行为情境下可能依循的规则进行讨论，引出资源支配者行为模型，并进一步提出群体偏好的资源支配者说。其中，第一节是我们对相关研究的评析，第二节是资源支配者行为模型的主要思想脉络，第三节完成了资源支配者行为模型由个人层面到群体层面的扩展，为第四章的经验研究提供了理论基础。总体上，第三章工作的重点是群体偏好的资源支配者行为模型的构建。第四章从群体层面、个体层面对资源支配者行为模型进行检验，其中第三节"经典行为博弈经验结果的证据"大体是 2016 年在《薪酬制度及激励机制研究》中已经完成的工作，但是作为模型检验是不可缺少的一个部分，故在本书中重新提及。

第二部分是将资源支配者行为模型运用于业主自治制度的研究。这部分研究在第五章完成。第五章第一节沿着奥斯特罗姆的理论框架——制度分析与研究框架 IAD，构建了业主自治情境下以资源支配者为行为主体决策场景，并给出了业主依循资源支配方式决策的检验证据；第二节从奥斯特罗姆的监督博弈展开，基于 2016 年已经完成的婆媳匹配博弈，提出资源支配者为行为人的首端末端匹配博弈，本节是本书的主要创新部分，三人博弈模型中，个人决策和集体行动浑然一体，群体偏好也可以界定不同群体的制度场域，本节的探索性研究有望为集体行动提供一个新的范式；第三节是对第二节主要思想的检验，采用案例研究方法，包括司法判决书和我们实地考察的自管小区典型案例。通过这一章的研究，我们已经完成了资源支配者行为模型在业主自治情境下的运用。基于该模型得到的启示为：行政力量介入路径可以是互惠型介入、权利型介入和权力型介入，并且在现实中都取得了成效，但是需要注意不能一刀切，应根据群体偏好进行因势利导。

第三部分是围绕业主自治制度绩效的定量研究进行讨论。这部分研究在第六章完成。第六章汇报了3项以维修资金使用为情境的实证工作部分成果。基于这些成果，维修资金使用效率应该是评估自治绩效的重要维度，且业主自治能促进维修资金使用效率，前提是信息公开，尤其是个人分户信息。

第二章 业主参与自治的规则依循行为假说

第一节 业主自治制度及困境

一、业主自治制度概述

1. 操作规则难以规范

业主自治的规范指非强制的、不需要第三方保证实施的制度。从理论上说，业主自治制度本身就是一个建筑物单元内，共有物权使用者的行为规范。由于自然、地理的条件差异可能巨大，导致业主自治制度很难规范。总体表现为，超大规模小区管理难、小区业主自治的规范与业主法定权利统一难。如前文所述，规制性规则对应物质利益机制，结合前期物业由开发商来指定这个行业惯例来看，规制性规则不足的原因可以用开发商作为建设单位与产权人的物质利益冲突来解释。

从制度层面分析，"业主"具有明确的法律界定。根据2003年9月1日起施行的《物业管理条例》第6条规定，"房屋的所有权人为业主。"具体来讲，"依法登记取得或者根据物权法第二章第三节规定取得建筑物专有部分所有权的人，应当认定为物权法第六章所称的业主。基于与建设单位之间的商品房买卖民事法律行为，已经合法占有建筑物专有部分，但是尚未依法办理所有权登记的人，可以认定为物权法第六章所称的业主。①"

---

① 2009年10月1日起施行《最高人民法院关于审理建筑物区分所有权纠纷案件具体应用法律若干问题的解释》第1条规定。

亦即在物业管理区域内，业主除所有权人以外，其他享有物业管理权利、承担物业管理义务的主体也是业主。

法律意义上的业主自治，是指业主依法建立自治组织，制定自治规范，共同持有、行使和管理本区域内共有物业的一种基层治理模式。这是一种衍生自私法自治、借鉴公法自治模式的特殊自治。我国法律法规中第一次出现"业主自治"术语的是 1994 年 11 月 1 日实施的《深圳经济特区住宅区物业管理条例》，其第 4 条规定，"住宅区物业管理实行业主自治与专业服务相结合，属地管理与行业管理相结合的管理模式。"2003 年，国务院颁布的《物业管理条例》正式实施，规定业主为了管理小区公共性事务，有权成立业主大会和业主委员会等自治管理机构，业主自治自始得到国家层面的法律肯定。其后的《中华人民共和国物权法》第 76 条规定，业主共同决定下列事项，"（一）制定和修改业主大会议事规则；（二）制定和修改建筑物及其附属设施的管理规约；（三）选举业主委员会或者更换业主委员会成员；（四）选聘和解聘物业服务企业或者其他管理人；（五）筹集和使用建筑物及其附属设施的维修资金；（六）改建、重建建筑物及其附属设施；（七）有关共有和共同管理权利的其他重大事项。"从上述立法内容看，法律一般不干涉业主对专有部分的使用和处分，立法所关注的是对共用部分和共同事务的管理行为。2021 年 1 月 1 日起施行的《中华人民共和国民法典》（以下简称《民法典》）对此有了新的补充规定①。这些法律法规并没有对业主自治概念定义，但是具有住宅小区制度的规制性特征，其核心是对业主自治的第三方实施机制。

自治在法律层面上可以分为公法自治和私法自治两种形式。公法自治是相对于国家权力而言，即根据国家意志，借助国家权力强制当事人之间设立、变更、终止法律关系，如民族区域自治、特别行政区自治、社区群众自治等形式。私法自治，即意思自治，是指民事法律关系的设立、变更和消灭，均取决于当事人自己的意思，原则上国家不予干预，只有在当事人之间发生纠纷不能通过协商解决时，国家才以仲裁者的身份出面予以裁决。私法自治在

---

① 《中华人民共和国民法典》第 278 条规定，"下列事项由业主共同决定：（一）制定和修改业主大会议事规则；（二）制定和修改管理规约；（三）选举业主委员会或者更换业主委员会成员；（四）选聘和解聘物业服务企业或者其他管理人；（五）使用建筑物及其附属设施的维修资金；（六）筹集建筑物及其附属设施的维修资金；（七）改建、重建建筑物及其附属设施；（八）改变共有部分的用途或者利用共有部分从事经营活动；（九）有关共有和共同管理权利的其他重大事项。"

本质上是指，在法律上享有平等地位的当事人通过协商一致确定彼此的法律关系。"私法自治最重要的意义在于，确保权利人的自由空间，并因此使其能够自我负责的形成其生活（陈鑫，2007）。"业主自治是在政府主管部门的指导、监督下，通过业主自治团体对小区公共物业事务进行管理，业主制定的管理规约不得与物业管理法律法规相违背。业主自治不是完全意义上的自治，而是在现行法律法规框架下的自治。物权法展示了物权与行政权之间的多重复杂关系，就业主自治而言，现实中业主自治离不开政府和社区居民委员会的指导和协助，我国《民法典》第 277 条规定，"业主可以设立业主大会，选举业主委员会。业主大会、业主委员会成立的具体条件和程序，依照法律、法规的规定。地方人民政府有关部门、居民委员会应当对设立业主大会和选举业主委员会给予指导和协助。"业主自治权无法单独存在。究其原因在于业主形成的共同决议由于缺乏有力的监督制约机制，相对脆弱，易受内外界侵害，必须要有公权力提供支撑和保障。同时，绝对和无限度的自治既不存在，也无法实现，必然受到国家法律和社会公共利益的约束，各国法律通常授予行政机关在一定条件下限制物权的权力。因此，业主自治兼具公法自治与私法自治的特点，但是以私法自治为主。

2. 业主自治的权利与立法

业主自治是建筑物区分所有权中"共有权和共同管理权"的直接体现，也是保障"专有权"的需要。业主自治的权利本源来自《中华人民共和国宪法》（以下简称《宪法》）所确认和保护的公民合法的私人财产权。公民私人财产权是我国社会主义财产制度的一个重要组成部分，保护公民私人财产权是我国《宪法》的一项重要内容①。因此，业主购买的私人房屋属于其合法的私人财产，不受任何人侵犯，也就是说业主对其购买的私人房屋依法享有自由支配的权利，而且因其购买房产价款含有建筑物公摊面积，与房屋紧密相连的公共物业部分如走廊、楼梯、电梯、公共绿化带等也属于业主自由支配的范围。

业主自治的权利基础是《民法典》之建筑物区分所有权。对于建筑物区

---

① 《中华人民共和国宪法》第 13 条规定，"公民的合法的私有财产不受侵犯。国家依照法律规定保护公民的私有财产权和继承权。国家为了公共利益的需要，可以依照法律规定对公民的私有财产实行征收或者征用并给予补偿。"

分所有权，学术界对其认识有"一元论""二元论""新一元论"和"三元论"。"一元论"认为，建筑物区分所有权就是区分所有人的专有所有权；"二元论"则认为，建筑物区分所有权由专有所有权和共用部分的共有权相结合；"新一元论"则以性质来区别，把专有所有权和共有权认定为统一的享益部分作为一项权利；"三元论"则认为建筑物区分所有权系专有所有权、共有权以及因共同关系而形成的成员权结合。从我国《民法典》规定来看，可以认为立法采取的是"三元论"①，建筑物区分所有权具有以下特征：（1）权利主体身份具有多重性。建筑物区分所有权的权利主体集专有权人、共有权人、业主自治团体成员三种身份于一身；（2）权利内容具有复杂性。建筑物区分所有权的内容主要表现为三个方面的权利义务关系，即权利主体作为专有权人的权利义务关系、权利主体作为共有权人的权利义务关系和权利主体作为业主自治团体成员的权利义务关系；（3）权利客体具有多样性。建筑物区分所有权的客体包括专有部分、共有部分，以及区分所有人作为业主自治团体成员所为的行为；（4）权利指向具有范围性。建筑物区分所有权并非只是针对某一有体物加以管理支配，建筑物区分所有权中共用部分持分权的存在，使权利主体获得对由建筑材料所组成的空间及其设施加以管理支配的权利。

业主自治的权利主要有物业享有共有权、接受服务权、建议权、表决权、选举权和被选举权、知情权、委托权、监督权和请求权②。业主的权利行使可以区分为三个具有内在关联的层次：首先是业主对其专有部分享有的占有、使用、收益和处分的权利，以及共有部分的共有权益；其次是业主对其专有权的行使受到建筑物整体性和相邻关系的约束；最后是与权利相对的义务。

---

① 我国《民法典》第 271 条规定，"业主对建筑物内的住宅、经营性用房等专有部分享有所有权，对专有部分以外的共有部分享有共有和共同管理的权利。"

② 《物业管理条例》第 6 条规定，"房屋的所有权人为业主。业主在物业管理活动中，享有下列权利：（一）按照物业服务合同的约定，接受物业管理企业提供的服务；（二）提议召开业主大会会议，并就物业管理的有关事项提出建议；（三）提出制定和修改业主公约、业主大会议事规则的建议；（四）参加业主大会会议，行使投票权；（五）选举业主委员会委员，并享有被选举权；（六）监督业主委员会的工作；（七）监督物业管理企业履行物业服务合同；（八）对物业共用部位、共用设施设备和相关场地使用情况享有知情权和监督权；（九）监督物业共用部位、共用设施设备专项维修资金（以下简称专项维修资金）的管理和使用；（十）法律、法规规定的其他权利。"《民法典》第 280 条规定，"业主大会或者业主委员会的决定，对业主具有法律约束力。业主大会或者业主委员会作出的决定侵害业主合法权益的，受侵害的业主可以请求人民法院予以撤销。"

业主对建筑物专有部分以外的共有部分,享有权利,承担义务;不得以放弃权利为由不履行义务。三个层次构成了建筑物区分所有权的全部内涵,是业主自治的产权基础,缺少任何一个层次,本质上都是对区分所有权完整权益的破坏。后两层权利内涵的实现,需要业主的自觉,但是实践起来并不容易。

业主自治是基于私法的自治。有关业主自治的全国性法律法规先后有:(1)《中华人民共和国物业管理条例》(2003 年 6 月 8 日国务院令第 379 号公布,以下简称《条例》);(2)《中华人民共和国物权法》(2007 年 3 月 16 日第十届全国人民代表大会第五次会议通过,以下简称《物权法》,已废止);(3)《业主大会和业主委员会指导规则》(2009 年 12 月 1 日中华人民共和国住房和城乡建设部发布,以下简称《指导规则》)。其中,《物权法》对业主自治的规定较为笼统,该法第 75 条、第 76 条、第 78 条和第 83 条规定了业主大会与业主委员会的成立、职权及其决定的效力。2003 年国务院公布的《条例》是我国第一部全国性的物业管理法规,经过 2007 年、2016 年和 2018 年三次修订后,《条例》提升了业主自治的法律地位,具体规定了业主的权利和义务,业主大会的成立、职权、会议种类、会议形式和决议形成机制,业主委员会的成立、职权、委员资格等,以及业主大会与业主委员会的决定效力。2009 年颁布的《指导规则》取代了之前的《业主大会规程》①,作为与《条例》配套实施的具体规则,在内容上更为详细具体。

有关业主自治的地方性立法情况,以江苏省南京市住宅小区业主自治为例,截至 2020 年年底,先后涉及业主自治的法规和规范性文件主要有:(1)《江苏省物业管理条例》(2003 年 10 月 25 日江苏省第十届人大常委会第六次会议通过);(2)《南京市物业管理办法》(2006 年 2 月 1 日南京市人民政府发布);(3)《南京市业主大会和业主委员会指导规则》(2009 年 4 月 3 日南京市房产管理局发布);(4)《南京市物业管理区域停车服务收费管理规定》(2009 年 11 月 13 日南京市物价局发布);(5)《南京市普通住宅物业服务等级和收费标准(试行)》(2006 年 9 月 20 日发布);(6)《南京市业主大会和业主委员会指导规则》(2013 年由南京市住房保障和房产局制定发布);(7)《南京市住宅物业管理条例》(2016 年 1 月 21 日南京市第十五届人大第四

---

① 2003 年 6 月 26 日建设部制定印发《建设部关于印发〈业主大会规程〉的通知》。

次会议制定，2016 年 3 月 30 日江苏省第十二届人大常委会第二十二次会议批准，废止《南京市物业管理办法》）；（8）《南京市住宅区业主自治活动导则》（2017 年 5 月 24 日南京市住房保障和房产局发布。废止《南京市业主大会和业主委员会指导规则》）；（9）《南京市住宅专项维修资金管理办法》（2017 年 5 月 27 日南京市人民政府颁布。废止 2000 年 1 月 7 日颁布的《南京市物业维修基金管理办法》；（10）《南京市业主大会（业主委员会）在民政部门备案管理暂行办法》（2016 年 7 月 19 日南京市民政局发布）。地方性法规和规范性文件规范业主自治的内容大致与上位法相同，只是更具体，更有利于付诸实施。

3. 业主自治的法律主体

在法律意义上，业主自治的主体不是业主或全体业主。从业主自治的法律关系来分析，全体业主只是建筑物区分所有权范围内的每个业主的简单相加，体现的只是每一个业主的个人意志，不具有独立的法律人格，不享有法律主体资格。业主自治的主体应该具有业主共同体的意志，可以对外形成权利义务关系，并以该共同体意志对内形成对业主个体意志的约束和限制。

业主委员会是由业主大会选举产生，并经房地产行政主管部门登记备案，在物业管理中代表和维护全体业主合法权益的组织，是业主大会的执行机构，属于一个组织体的内部机构。业主委员会不能违反业主共同意志，不能决定共有物权的行使，也不能独立承担民事责任，所以业主委员会不是业主自治的主体。目前法律上对业主委员会的民事主体资格没有明确规定，尽管业主委员会承担了具有主体资格的组织才可以承担的职责，如"代表业主与业主大会选聘的物业服务企业签订物业服务合同"。

根据《条例》规定，"一个物业管理区域成立一个业主大会"，由"物业管理区域内全体业主组成""业主大会应当代表和维护物业管理区域内全体业主在物业管理活动中的合法权益。"由此可见，业主自治的主体是业主大会。所谓业主大会，是指由物业管理区域内全体业主组成的，维护物业区域内全体业主共同利益，行使业主对物业管理自治权的业主自治机构。业主大会是业主团体利益的代表，也是业主团体的最高权力机关。在法律规定上业主大会是"可以"设立的[1]，而不是"必须"的，是否设立业主大会，不仅

---

[1] 《民法典》第 277 条第 1 款规定，"业主可以设立业主大会，选举业主委员会。业主大会、业主委员会成立的具体条件和程序，依照法律、法规的规定。"

取决于建筑物面积大小及业主数量，更重要的是取决于业主的自治意愿。业主大会相关制度设计只是《民法典》为业主提供的行使建筑物区分所有权之成员权的制度平台，业主可根据自己的利益去判断和选择。现有法律同样未明确业主大会的民事主体资格。根据《民法典》规定，只有自然人、法人、非法人组织才能成为民事主体[①]。如此，法理上地位待定的业主大会可能是一个法人，也可能是一个非法人组织，具有相应的民事主体地位，也可能仅仅是一个不具有民事主体地位的组织体，也可以不成立业主大会，这均取决于全体业主的自主选择。

学术界的一般观点是业主大会应该被赋予法人资格，业主大会法人化会使业主大会从有名无实的会议体制转变成真正意义上的市场主体，有助于业主团体更有效地参与法律交往。但是面临的问题是，法人应当依法成立。依据《民法典》规定，法人应当有自己的名称、组织机构、住所、财产或者经费。业主大会没有自己独立的财产或经费，所以现实中无法成为法人。非法人组织包括个人独资企业、合伙企业、不具有法人资格的专业服务机构等，其特点是依法成立，有一定的财产或经费，有一定的组织机构，能够以自己的名义从事民事活动，但不具有独立承担民事责任的能力，是介于自然人和法人之间的一种社会组织（黄薇，2020）。据此，业主大会也不能成为非法人组织，原因依然是业主大会没有独立的财产或经费。

业主委员会和业主大会虽然不具有民事主体资格，但是享有一定的诉讼主体资格，在实践中，业主大会无法提供证明自己身份的资料，按照我国《中华人民共和国民事诉讼法》的相关规定，业主大会根本无法起诉或应诉[②]；业主委员会可以作为诉讼主体参加诉讼的案由仅限于《民法典》第280条、第286条规定的事项[③]，在其他涉及业主集体利益的案件中，业主委员会是否可以作为诉讼主体起诉或应诉，通过何种方式起诉应诉仍是难以解决

---

① 《民法典》第2条规定，"民法调整平等主体的自然人、法人和非法人组织之间的人身关系和财产关。"

② 《民事诉讼法》第48条规定，"公民、法人和其他组织可以作为民事诉讼的当事人。"

③ 《民法典》第280条规定，"业主大会或者业主委员会的决定，对业主具有法律约束力。业主大会或者业主委员会作出的决定侵害业主合法权益的，受侵害的业主可以请求人民法院予以撤销。"第286条第2款规定，"业主大会或者业主委员会，对任意弃置垃圾、排放污染物或者噪声、违反规定饲养动物、违章搭建、侵占通道、拒付物业费等损害他人合法权益的行为，有权依照法律、法规以及管理规约，请求行为人停止侵害、排除妨碍、消除危险、恢复原状、赔偿损失。"

的难题。

建筑物区分所有权的创设以建筑物的存在为基础。建筑物构造的不可分离性使得生活在同一幢建筑物内或同一物业小区内的业主们事实上形成了一种共同体关系。共同体内的成员在物业持有和使用、物业服务和监督及彼此间呈现的个体异质性等都使得共同体复杂异常，"于如此复杂的诸关系上，欲统一区分所有权人及其他居住者的意思，颇为困难。因而，为维护建筑物各部分应有之机能，解决彼此间纷争，进而维护共同生活秩序，协调彼此间之共同利益，乃需要一个超越个人之团体组织，以借该团体组织的力量，妥订管理规约，设置管理机构，处理共同事务。（陈华彬，2007）"这个超越个人之团体组织就是业主团体。从世界范围看，有一些国家赋予业主团体法人资格，有的虽然没有赋予法人资格，但是都确认了业主团体的民事主体资格或者当事人能力。法国、新加坡、美国部分州、日本的立法均赋予共有人组织以法人资格；而德国法则认为共有人组织在性质上属于"无权利能力社团"，具备当事人能力，即合法的成为民事诉讼的原告或被告的能力（陈鑫，2007）。从目前我国业主自治现状和社区治理发展需要考虑，可以将业主大会设立为业主团体法人，行使业主自治权力，保留业主大会作为议决的会议形式，业主委员会是业主团体法人的执行机构。

业主团体法人不一定要有完全属于组织体的财产或经费，具有相对独立性、能够与其组成成员通常状态下的个人财产相区分的财产即可，如同具有民事主体资格的个人独资企业、合伙企业和专业服务机构等组织体（非法人组织），其财产在通常状态下是为了经营的特定目的而存在，具有相对的独立性，并非完全属于组织体。属于业主共有建筑物及其附属设施的维修资金，有着特定的使用目的，即为了业主的共同利益而使用，因此相对独立于每个业主的个人财产，只有在分割财产时才归入成员的个人财产之中。此外，业主大会还可以利用建筑物区域内的共有部位和共用设施、设备等进行一些经营活动，取得一定的财产收益。这些财产一般都会独立存储，用作业主大会的活动或者公益活动，财产具有相对独立性，可以作为设立业主团体法人的财产或经费，至少是符合成立"其他组织"的财产方面的要求的。

4. 业主自治的决议行为（决策）

业主自治的决议行为，是指多个业主在表达其意思表示的基础上，根据法律规定或者小区议事规则规定的表决规则做出决定的民事行为。决议行为的根本特征在于其根据程序正义的要求采取多数决议的意思表示形成机制，决议结果对业主团体全体成员都具有法律约束力。

业主自治的决议行为通常发生在业主团体成员用投票的方式表明集体的愿望，据此通过的决议未必与业主团体成员个体意思一致，即使是那些没有参加投票的成员或者持反对意见的成员，也要遵守业主团体决议。决议行为给予每个业主团体成员自由表达自己的意志并努力将之转化为群体意志的可能。对业主自治决议行为的法律效力需要考察决议主体、决议事项和表决程序与规则的合法性。

业主决议的事项、表决程序与规则由法律具体规定，《民法典》第278条第1款规定，"下列事项由业主共同决定：（一）制定和修改业主大会议事规则；（二）制定和修改管理规约；（三）选举业主委员会或者更换业主委员会成员；（四）选聘和解聘物业服务企业或者其他管理人；（五）使用建筑物及其附属设施的维修资金；（六）筹集建筑物及其附属设施的维修资金；（七）改建、重建建筑物及其附属设施；（八）改变共有部分的用途或者利用共有部分从事经营活动；（九）有关共有和共同管理权利的其他重大事项。"第2款规定，"业主共同决定事项，应当由专有部分面积占比2/3以上的业主且人数占比2/3以上的业主参与表决。决定前款第（六）项至第（八）项规定的事项，应当经参与表决专有部分面积四分之三以上的业主且参与表决人数四分之三以上的业主同意。决定前款其他事项，应当经参与表决专有部分面积过半数的业主且参与表决人数过半数的业主同意。"本条是关于业主自治决议重大事项及决议规则的规定，系对《物权法》第76条和《指导规则》第26条规定的修改而来[1]。在决议事项上，《民法典》直接将《物权法》第76条第（二）项"制定和修改建筑物及其附属设施的管理规约"表述为"制定和修改管理规约"；

---

① 《物权法》第76条规定，"下列事项由业主共同决定：（一）制定和修改业主大会议事规则；（二）制定和修改建筑物及其附属设施的管理规约；（三）选举业主委员会或者更换业主委员会成员；（四）选聘和解聘物业服务企业或者其他管理人；（五）筹集和使用建筑物及其附属设施的维修资金；（六）改建、重建建筑物及其附属设施；（七）有关共有和共同管理权利的其他重大事项。决定前款第（五）项和第（六）项规定的事项，应当经专有部分占建筑物总面积2/3以上的业主且占总人数2/3以上的业主同意。决定前款其他事项，应当经专有部分占建筑物总面积过半数的业主且占总人数过半数的业主同意。"《业主大会和业主委员会指导规则》第26条规定，"业主因故不能参加业主大会会议的，可以书面委托代理人参加业主大会会议。未参与表决的业主，其投票权数是否可以计入已表决的多数票，由管理规约或者业主大会议事规则规定。"

将第（五）项中的"筹集和使用建筑物及其附属设施的维修资金"分拆为"筹集"和"使用"两项，前者有参与表决的"双四分之三"之要求；新增第（八）项"改变共有部分的用途或者利用共有部分从事经营活动"。

《民法典》最为重要的变革在于第 278 条第 2 款的决议规则上。《物权法》第 76 条对小区业主共同决定事项实行"绝对多数决"原则，即专有面积和人数同时达到绝对多数（即 2/3 以上）。当涉及维修资金使用和加装电梯等部分业主利益时，其他业主不可能同意，难以达到 2/3 以上表决通过。如房屋屋顶漏水只涉及顶楼业主利益、加装电梯对高楼层更有利，但是给低楼层带来采光和噪声问题，对诸如此类事项的表决实行"绝对多数决"基本是不可能的，这就造成了小区管理问题的"反公地悲剧"（即表决权过于分散，导致决策难以达成，因决策困局而产生"悲剧"）。《民法典》降低决议行为难度，放弃了"绝对多数决"，减少了"反公地悲剧"现象发生。

《民法典》对"维修资金筹集""改建、重建建筑物及附属设施""共有部分的使用和经营"三个事项实际实行了"过半数决"。具体而言，专有部分面积占比 2/3 以上的业主且人数占比 2/3 以上的业主参与表决，经参与表决专有部分面积 3/4 以上的业主且参与表决人数 3/4 以上的业主同意，即 $2/3 \times 3/4 = 1/2$，这三个表决事项实行专有部分面积占比 1/2 以上的业主且人数占比 1/2 以上的业主同意即可。以加装电梯为例，若对一个老旧小区全部加装电梯，《民法典》实行后就不需要"双 2/3"以上表决同意，仅需"双 1/2"以上表决同意即可。

《民法典》对其他表决事项（包括维修资金的使用）实际实现了"少数决"。具体言之，专有部分面积占比 2/3 以上的业主且人数占比 2/3 以上的业主参与表决，经参与表决专有部分面积 1/2 以上的业主且参与表决人数 1/2 以上的业主同意，即 $2/3 \times 1/2 = 1/3$，对其他表决事项实行专有部分面积占比 1/3 以上的业主且人数占比 1/3 以上的业主同意即可。以维修资金使用为例，《民法典》实行后就不需要"双 2/3"以上表决同意，仅需"双 1/3"以上表决同意即可。

《民法典》第 278 条中的"参与表决"引来了很大争议。从字面理解，"参与表决"是对于待表决事项的表态，或同意、或反对、或弃权。因"参与表决"尚未有相关细则规定，实践中重在表决，即业主大会收到业主的表决票。《民法典》关于业主大会表决规则的修改，既是对于实践中小区维修资金动用条件过高导致维修资金长期沉睡的回应，也是对部分业主总是被代表而做出的规定。其初衷是想降低决策难度，提高决策效率。但是因将"参与表决"一词写入立法时没有考虑到投票率，目前又没有相应的解释，反而造成了业主大会召开困难，决议事项难以通过的窘境。"参与表决"重在"参与"。如果按照实际投票率回收的表决票来认定参与表决，且不说其他需要动用维修基金的事项，即便修改与《民法典》冲突的议事规则和管理规约等议事事项也很难通过，业主大会实际上陷入名存实亡的境地。

《指导规则》第 26 条规定，未参与表决的业主，其投票权数是否可以计入已表决的多数票，由管理规约或业主大会议事规则决定。实践中对于这部分未参与表决的业主的投票权数，通常约定为两种，即视为同意，或视为同意已表决业主中的多数者。《民法典》生效后，《物权法》随之废止，因此根据《物权法》76 条制定的《指导规则》第 26 条也同时失去了法律依据。将"参与表决"理解为回收表决票是不符合立法原意，也是不利于实践的。对于那些没有投票的业主，不再参照之前《指导规则》第 26 条的规定，选票送达之后业主即有权表达自己的意见，其拒绝投票的行为本身就说明了其对于表决的态度是不置可否的，该种行为应当被认定为弃权而非待定。

5. 业主自治的管理规约和议事规则

业主自治除了《民法典》《物业管理条例》《指导规则》这些法律法规硬性规定外，经由业主大会议决通过的管理规约和议事规则是业主自治的共同规则。

管理规约是业主自我管理、自我服务、自我约束、自我规范的规则约定。规定建筑区划内有关建筑物及其附属设施的使用、维护、管理等事项，是业主对建筑物及其附属设施的一些重大事务的共同约定，涉及每个业主的切身利益，对全体业主具有约束力，属于有关共有和共同管理权利的重大事项，所以法律规定应当由业主共同制定和修改。《条例》第 17 条规定，管理规约应当对有关物业使用、维护、管理、业主的共同利益、业主的义务、违反管理规约责任等事项依法作出约定。管理规约应当尊重社会公德，不得违反法律、法规或者社会公共利益。管理规约对全体业主具有约束力。依据《指导规则》第 18 条规定，"管理规约应当对下列主要事项作出规定：（1）物业的使用、维护、管理；（2）专项维修资金的筹集、管理和使用；（3）物业共用部分的经营与收益分配；（4）业主共同利益的维护；（5）业主共同管理权的行使；（6）业主应尽的义务；（7）违反管理规约应当承担的责任。"

管理规约的出现时间点有两个，一个是在前期物业服务合同之中，被称为临时管理规约，另一个是在业主大会成立后由业主制定。从法理上讲，两种管理规约效力是一致的，无论是前期物业带来的管理规约还是业主大会通过的业主团体制定的管理公约，所有业主都必须遵守和维护，即使有所不满，也只能提出意见，并经业主大会议决后，才可以修改。

议事规则是业主大会、业主委员会和业主代表会议组织、运作的规程，是对上述会议宗旨、组织体制、活动方式、成员的权利义务等内容进行记载的业主自律性文件。

议事规则可以分为业主大会议事规则、业主委员会议事规则和业主代表议事规则，三者议事议题、议事主体和议事职责是有区别的。业主大会通过业主大会议事规则建立大会的正常秩序，保证大会内业主集体意志和行为的统一。制定和修改业主大会议事规则属于有关共有和共同管理权利的重大事项，需要由业主共同决定。《条例》第18条仅就业主大会的议事方式、表决程序、业主委员会的组成和成员任期等事项作出规定，而《指导规则》第19条除对上述事项进行规定外，还增加了对业主代表的规定，内容扩大了《条例》规定的事项范畴。依据《指导规则》第19条规定，"议事规则应当对下列主要事项作出规定：（1）业主大会名称及相应的物业管理区域；（2）业主委员会的职责；（3）业主委员会议事规则；（4）业主大会会议召开的形式、时间和议事方式；（5）业主投票权数的确定方法；（6）业主代表的产生方式；（7）业主大会会议的表决程序；（8）业主委员会委员的资格、人数和任期等；（9）业主委员会换届程序、补选办法等；（10）业主大会、业主委员会工作经费的筹集、使用和管理；（11）业主大会、业主委员会印章的使用和管理。"

在业主自治实践中，有些小区议事规则专门设立楼栋代表，规定其产生方式、任期和职责。楼栋代表本栋（幢）全体业主经选举产生，负责本栋（幢）全体业主会议的召集和主持，按照民主原则共同决定本栋（幢）物业专项维修资金的使用和续筹；决定本栋（幢）的共用部分、共用设施设备的维修、更新和改造事项；决定本栋（幢）范围内共用部分计量分摊等其他有关共有和共同管理的重大事项。小区全体楼栋代表组成楼栋代表会议，在没有业主大会的情况下，可以代行业主大会的职权，在有业主大会的情况下，可以作为业主代表参加会议，楼栋代表是业主代表的必选之人（业主代表人数可以多于楼栋代表人数），楼栋代表除主持本栋业主会议、组织楼栋代表会议和参加业主大会外，还有一项重要职责就是监督业主委员会。业主代表和业主代表会议可以被视为业主自治的骨干力量和议事规则的基础单元。

总体来看，业主自治议事规则是用来规范自治组织关于管理事项议案的提起、通过、投票、议决程序等事项，旨在让自治组织实施管理行为决策时受到规范性的制约，做到有章可循。

6. 业主自治模式及自治发展趋势

业主、业主委员会、开发商、物业服务企业等主体，围绕小区物业彼此间发生诸多纠纷，形成业主与开发商之间的矛盾、业主与物业服务企业之间的矛盾，业主与业主之间、业主和业主委员会之间的四大矛盾。同时，业主委员会与物业行政管理部门、居民委员会、街道办事处在社区管理等方面也存在各种矛盾和冲突。业主维权、集体上访、封堵道路、业主群体事件经常见诸网络媒体和报端。小区矛盾与冲突现象暴露出商品房住宅小区一系列治理问题。以物业企业为代表的市场机制；以居民委员会为代表的社会机制；以物业办和街道办等政府部门为代表的政府机制；以法院和司法所为代表的法律机制等，都不同程度与业主利益和小区公共事务治理相关，是制约和影响小区善治的外在力量。在现实中，小区业主和业主组织往往受到上述多方掣肘。比较严重的情况下，开发商、物业公司、政府相关部门、居民委员会、特权业主会结成一个公权力与私利错位纠缠的分利联盟，成为业主自治的最大障碍。

基于上述情况，小区业主不断探索自治路径，以期实现自利最大化，并形成了三种主要模式：

（1）自管模式。自管就是业主自己来管理物业项目。其管理范围涵盖三个方面：一是业主行为生活的管理，如饲养宠物；二是物业的管理，如对共有物的使用、改造和维护；三是基于实现业主自治目的，合理要求且未被法律所禁止的一切范围。在自管的情况下，物业管理服务的提供者是业主团体成员，经业主大会成立的自管部门掌握着整个业主自治的管理权力。在普通模式下，业主委员会只是业主大会的执行机构，并非真正物业服务提供者，现在却要把原来物业服务企业的工作转交给业主承担，由业主成立的自管部门直接提供物业服务，自给自足，这就对自管部门中的成员提出了较高要求，除要求时间有保障外，还要求具有某些专业技能，否则难以驾驭复杂的物业服务。所以说，有自管的意愿，也得有专业的能力，从现实来看，完全自管的自治模式一般适合面积较小的小区或独栋建筑物。启用自管模式往往是在物业服务企业被业主解除物业服务合同后，又暂无合适的新的物业服务企业进驻的时候，自管模式一般只是过渡一下。

（2）经理人模式。经理人模式是指由物业管理职业经理人主导业主自治的项目，以一个专业物业管理服务者的身份，利用专业知识进行管理经理人由业主委员会进行物色或公开招聘。经理人的出现，是物业市场化的催生，是业主自治选择市场化的结果。市场化也就是法治化，经理人除了给出自己的专业意见外，更加重要的是管理规范，从而使得业主自治能严格按照管理规约和议事规则来进行，使专业自治组织的行为更加有法可依。提供物业服务的一方在经理人面前必然要经受经理人的仔细考量，在提供物业服务过程中也要接受经理人的考核和监督，物业服务一旦出现违反物业服务合同或不专业时，经理人会跟业主委员会反馈，致使物业服务企业不敢稍有懈怠。经理人也是小区善治的意见和物业项目决策的提供者。经理人模式的优势在于，其专业的管理能力和丰富的管理经验能带领业主走出业主自治中管理的误区，但是因经理人失策而产生的风险则由业主承担，所以经理人的专业能力和市场信用非常重要。实行业主自治的高档小区选择经理人模式较为合适。

（3）外包模式。外包模式是指业主设立业主自治管理机构，负责物业区域内日常物业管理，自治机构实行负责人制度，负责人由业主委员会任免、考核和监督，自治管理机构负责人主持物业服务和管理工作，直接对业主委员会负责；负责对外联络和事务的处理，享有对自治管理机构工作人员的人事任免建议权。自治管理机构负责人列席业主委员会会议，向业主委员会报告物业的工作情况。对外联络事务一般指联系社会有能力提供服务的企业，把住宅小区物业服务部分拆分外包给企业。小区自治管理机构作为小区对内对外服务窗口，统一负责物业客服、物业费及增值服务费用收取、小区日常巡视检查、保修接待、外包服务的监督考核、各类合同、档案资料、设备台账和业主委员会交办的日常事务等管理。外包模式不涉及行政的权力，只是提供服务的项目，这样有利于物业管理权和事权的分离，让财产权掌握在业主手中，形成事权、财权、管理权三权分立。外包模式的优势是责权利分工明确，互相制衡，外包服务项目由外包企业派遣，这样既可以联系到业主和业主委员会，又可以使其利益增值，降低风险，无疑是业主自治的可行模式，但是外包的企业众多，鱼目混珠甄别不容易。

现实中小区自治的模式并非限于上述三种。杨玉圣（2013）根据北京商品房住宅小区的现实治理格局，认为至少存在以下六种类型：第一种，（前期）物业服务企业＋居委会＋党支部；第二种，（前期）物业服务企业＋居委会＋党支部＋业主委员会；第三种，（前期）物业服务企业；第四种，（选聘）物业服务企业＋居委会＋党支部＋业主委员会；第五种，（自办）物业服务企业＋居委会＋党支部＋业主委员会；第六种，（自办）物业服务企业＋业主委员会。其中，第一种类型，占绝大多数，约68%；第二、第四种类型，分别约占15%、10%；第三种类型约占5%；第五、第六种类型，为数甚少，真正实现业主自治治理的第六种类型，数量极少。这里的"自办"实际就是自管。在以上六种类型中，至少有四种住宅小区有党支部，而且有不少还采用居委会主任、业主委员会主任和党支部书记"三位一体"模式。在商品房住宅小区，从法律上讲，只有业主组织是可以合法存在的组织形态。作为经济组织的物业服务企业，或者是前期受开发商委托而为业主提供物业服务，或者是在业主组织成立之后受业主组织委托而向业主提供物业服务，都是基于民事法律关系而存在的。为了实现小区治理的善治目标，也可以有志愿者组织等"第三部门"存在，但对于这个问题学术界有持不同观点。

目前我国改革城市基层社会治理体制、创新城市社区治理模式的步伐在加大，一种以业主自主管理委员会为主导的"业主自治模式"正在替代传统的社区自治模式。这一模式的主要特征是业主自发成立业主自主管理委员会、业主自主选聘物业服务企业、业主自主管理社区各类事务。在本质上，这一新型的社区自治模式是自下而上的、居民自发的真正意义上的居民自治，而不是以往那种自上而下由行政力量推动的社区自治，有别于传统的以社区居委会或者业委会与物业公司为主导的社区自治模式。

在这种模式下，社区工作站按照"自我完善、自我教育、自我服务、自我监督"的原则，对社区内的业主自主管理委员会、物业公司及其相关社区组织进行指导与监督，以促进社区自治组织的健康发展，进一步提升城市社区自治能力。由小区全体业主组成的社区业主大会是社区内的最高权力机构和决策机构，但是其本质属性是所在街道办及社区工作站指导下的一种社区居民自治组织。社区业主代表会议、社区业主大会的一般组织形式，其成员由全体社区业主代表组成。社区管理中的相关事项由本社区管理区域内的全体业主委托业主代表召开业主代表会议共同决定，由业主自主管理委员会执行。

业主自主管理委员会是应全体业主的要求，经业主代表（各楼门长）大会推选，全体业主同意成立的，并报送街道办事处和社区工作站备案。管理委员会接受园内全体业主委托，并作为社区业主大会与社区业主会议的执行机构，以维护广大业主权益，保障园内物业管理正常运行，让广大业主基本生活得到保障，并逐步提高物业管理水平，努力创建美丽社区为宗旨。管理委员会工作以公开、公正、公平为原则，坚持科学决策、民主决策，实事求是，达成共识，涉及重大问题需 2/3 成员同意，并提交业主代表会议进行表决通过。管理委员会对全体业主负责，实行集体负责制，并承担相应法律责任。

概括地说，这种以业主自主管理委员会为主导的"业主自治模式"，主要是基于社区发展的实际需要和社区全体业主根据建筑物区分所有权、物权自主的基础上以业主自主管理委员会为平台、依据相关制度规范，自主管理本社区内相关事务的过程。其在本质上是社区居民自我权利的实现和要实现自己对房产的使用与管理，以及由此延伸出的对社区秩序和环境的维护、治理等（原珂，2018）。

二、业主自治各参与方及互动关系

1. 业主自治各方主体

通常，业主自治的参与方涉及 9 个主体。以某小区业主自治的结构为例，各主体及相互关系如图 2 - 1 所示。我们对各主体及其关系分别阐述如下：

（1）房管局物业办。此处指市辖区住房保障和房产局内设机构物业管理办公室（或物业管理科）。负责辖区物业管理的监管活动，指导街道依法开展物业管理工作，负责商品房维修资金的使用审核，处理业主、业主委员会的投诉。

（2）街道办。指街道办事处，它是市辖区人民政府的派出机关，指导居民委员会工作，监督管理物业企业，指导、监督业主大会和业主委员会。

（3）区民政局。负责对在街道办核准备案的业主大会（业主委员会）予以民政备案（南京市对业主大会、业主委员会设定了双备案制度），颁发备案证书。

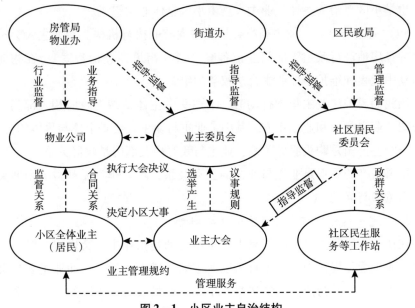

图 2-1 小区业主自治结构

（4）社区居民委员会。居民委员会是居民自我管理、自我教育、自我服务的基层群众自治组织，指导和协助小区业主设立业主大会和选举业主委员会。

（5）社区民生服务工作站。指街道办事处派驻到社区的工作机构，承担区政府及街道办事处在社区的各项工作和公共服务，主要是行政性服务、福利性服务和社会化服务，服务对象是包含业主在内的全体居民业主，不直接参与业主自治。

（6）物业公司。指依法成立的从事小区物业经营管理服务的企业。物业公司与业主委员会签订服务合同时，与业主是供给者（提供服务）与需求者（购买服务）的关系。

（7）业主。业主是指对建筑物内的住宅、经营性用房等专有部分享有所有权的人。业主可以对建筑物专有部分享有占有、使用、收益和处分的权利；对专有部分以外的共有部分享有共有和共同管理的权利。广义的业主可以是物业使用人、占有人和受益人，但不享有小区业主大会和业主委员会的表决权、选举权与被选举权。

（8）业主大会。业主大会是小区最高权力机构，依法决定小区重大事项，也是小区自治的主体。业主大会由小区全体业主组成。

（9）业主委员会。业主委员会是业主大会的执行机构。经业主大会选举产生并经房地产行政主管部门登记备案（或在街道办登记备案），在物业管理活动中代表和维护全体业主合法权益的组织。

当我们要关注业主集体行动时，上述9个主体归纳为政府相关部门、物业公司、业主大会和业主4方。其中，业主与业主大会是个体与集体的关系；业主与物业公司是购买服务关系；业主与政府相关部门是政群关系。

本书研究的重点是业主与业主的互动关系，政府作为无利益关系冲突的行政力量参与互动。

2. 住宅小区治理方式与各主体互动均衡

在住宅小区业主自治的情景下，集体行动是指业主大会做出决策，主要体现在业主管理规约中。业主自治以业主大会成立为标志，而业主委员会成立以业主大会召开为前提，经选举产生业主委员会后，小区的业主大会也就成立了。

在制度经济学视角，住宅小区业主自治的互动均衡是不同制度层次各主体互动的结果。图2-2是业主自治制度的层次。市、区、街道、社区的制度场域构成了对住宅小区制度场域的约束，可以被看作是外生变量。因为，现实中业主自治呈现显著的地区差异，不但存在城市间的差异，而且还存在市辖区、街道和社区之间的差异。然而，实现业主自治的途径是业主参与，因而仍然可以将业主参与作为统一的指标来考察治理方式的差异。

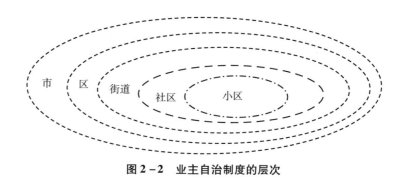

图2-2　业主自治制度的层次

以"业主参与"作为考量业主自治程度的唯一维度时，对治理方式最简单的划分是"无业主参与"和"有业主参与"两类。当业主完全不参与时，就是非自治方式。

当前，非自治方式主要有两种。第一种是为住宅小区提供物业服务的物业公司由开发商"指派"，即由受开发商委托的物业公司管理小区的非自治方式。业主接受开发商委托的物业公司提供的服务，与物业公司的关系是服务合约关系，但是服务合约在业主看来是格式合同，因为服务合约并非业主参与谈判的结果。受开发商委托提供的物业服务合约可以被看作是开发商与业主购房合约关系的延伸，接受开发商委托的物业公司提供小区物业管理服务的情形被称为"前期物业"。第二种是政府代管小区的非自治方式，业主完全不参与治理。现实中，政府代管的原因主要是两类情况，一是此前没有物业管理的老旧小区，二是被物业公司"弃管"的小区。其中，弃管是因物业公司亏损而主动撤出小区，使得小区处于无人管理状态，由于是过渡形态，不作为一种治理方式，但也是一种均衡态。

无论业主参与程度深浅，当业主大会成立后，治理方式就成为"业主自治"方式。业主自治通常也委托物业公司管理小区，但与前期物业的服务合同不同，业主自治下，物业服务合同需经业主大会表决通过，是业主与物业公司博弈的结果。业主对物业服务的购买是消费者行为，在合约履行的过程中，要受到业主大会的执行机构——业主委员会的监督，业主相当于业主委员会的委托人，因此可以将业主自治框架内的物业公司称为"委托物业"。

从现实来看，我国业主自治制度已经实行了20多年，从国家到地方的相关法律法规已经形成体系，但是至今全国很多城市业主自治的程度还很低。以业主委员会的存量为观察指标，很多城市成立业主委员会的小区比例长期在20%～30%之间徘徊①。无业主委员会的小区，或者是由开发商指定的前期物业管理，或者是由街道、社区代管。

总之，围绕业主、物业公司、开发商、政府相关部门，对住宅小区治理形态进行梳理，可以看到存在3种基础的治理方式，分别是：委托物业、前期物业与政府代管。

业主自治作为一种制度安排，具有外生性，但是基于地理空间内小区的业

---

① 数据来自业主自治研究机构如湖南省三湘文明社区促进中心、广东省华南和谐社区发展中心、北京市海淀和谐社区发展中心等多次业主座谈、论坛讨论的内容。

主自治，是一个制度场域。一般而言，业主、开发商、物业公司可能是有利益冲突的主体，而政府是中性的，甚至是偏积极的。这主要有两个方面的原因：

第一，从社会治理来看，住宅小区是城市治理的基层单元，促进业主自治，符合地方政府提高治理绩效的目标。在我国，社区居民委员会是居民自我管理、自我教育、自我服务的基层群众性自治组织，协助政府开展工作，主要对居民的日常事务进行指导，职责范围涉及治安保卫、计划生育、调解矛盾、小区卫生、居民福利等。随着小区形式的大量出现，小区中的很多事务已超出居民委员会职责范围，如共有产权的问题，因而业主自治团体的成立为小区内产权人对共有产权进行商讨、表决提供了一个平台，有利于产权人对共有产权的行使和维护。

第二，从业主自身的角度来看，成立业主自治团体为业主提供了表达诉求的渠道，有利于更好地解决业主与业主之间的矛盾，使物业小区内人际关系更加和谐，进而有利于和谐小区的构建。因此，政府对成立业主自治组织是支持的。

业主、开发商与物业公司之间的利益也并非肯定都是冲突的，甚至在某种程度上根本利益还是一致的。楼盘质量好，业主不找开发商麻烦，物业公司维护设施成本低，房产保值、增值，业主愿意缴纳更多物业费，物业公司能挣到钱。然而，不少开发商都有自己旗下的物业公司，从这个事实来看，利益冲突的根源是开发商和业主，其关系相当于生产者和消费者。

按照肖特（A. Schotter，2003）关于制度博弈论的思想，在制度视域下观察人们的行为，可以发现那些可能在经济中被固定化的"特定的、任意的制度安排"，会变成社会演化过程中的参数或永久性的特征。"合作博弈环境中显性而有机孳生地（organically）决定的社会制度"，是通过人类行动而不是人类的设计，是个人行为的结果而不是集体的人类行为的结果（肖特，2003）。基于肖特所谓其中的社会惯例或制度规则是通过法案时多数人所需要的，是被显性地设置并且被讨价还价的，是在有交流的条件下以合作的方式进行的，我们认为，关于住宅小区治理方式，业主自治或不自治，是业主、物业企业、政府等作为博弈参与方，通过多轮博弈均衡的协调结果，是肖特所谓的"协调制度"。

当我们不从多主体博弈而是在业主决策的视角来分析业主自治制度时，业主自治制度是业主参与互动博弈的结果，是业主行为的随机稳定均衡。于是，我们看到的住宅小区制度场域就是业主决策的情境，住宅小区治理状态就是业主决策的均衡。住宅小区业主自治各主体互动均衡结果如表2-1所示。

表2-1　　　　　　　住宅小区业主自治各主体互动及均衡

治理方式	委托物业	前期物业	政府代管
互动主体	物业公司-业主	开发商-业主	政府-居民
实施规则	服务合约	购房合约	行政法
自治程度	业主参与	业主不参与	业主不参与
利益关系	有冲突	有冲突	无冲突
状态	均衡	均衡	均衡
性质	自治	开发商控制	行政介入

如表2-1所示，当前住宅小区存在的3种治理方式都是均衡的，委托物业治理方式是业主参与下集体行动的均衡，前期物业和政府代管治理方式是业主不参与下集体行动的均衡。于是，直接引发了以下两个业主自治的实施必须要解决的问题。

第一，业主参与自治的条件是什么？

第二，如果把业主自治作为长期稳定的均衡，那么前期物业如何向业主自治均衡移动？政府代管治理方式是对业主自治的行政介入，行政力量又该如何退出？

显然，上述问题的核心是业主参与自治的条件。本书拟从业主自治均衡的稳定条件入手，通过分析委托物业治理方式下业主与业主大会的冲突，来探究业主自治行为所依循规则如何对集体行动均衡产生影响。

三、业主参与自治行为倾向：以 G 小区为例

1. G 小区

我们需要一个真实的业主自治场域来了解现实中业主参与自治的条件。位于南京市主城区的某小区成为我们的"实验田"。该小区地理位置较优越，有14栋高层（18层），3栋小高层（11层），共计868户，逾半数为附近一大型机构职工团购入住。楼盘于2007年5月交付后，一直由物业公司管理。

我们自 2007 年开始跟踪并作为业主参与到该小区进行业主自治，以法治干预来推动小区自治制度，并于 2018 年退出，2019 年该小区成功换掉了前期物业公司，实现了前期物业到委托物业的治理方式转变。奥斯特罗姆等将重复性公共池塘资源博弈称为 G，因此我们将该小区简称为 G 小区。

2. 推举楼栋代表的态度：不参与

以 G 小区为样本，我们对业主参与自治的态度进行探究。

行为经济学研究者威尔金森（Nich Wilkinson，2012）认为[1]，经济学和心理学对态度、偏好、价值和效用的理解不同，且未达成共识。经济学在传统上比较关注偏好，但是心理学家更关注态度，在标准理性模型中假定态度决定偏好。心理学把态度理解为"在用某种程度的喜好或厌恶来评价一个特定的实体时所表现的心理倾向"，其产生物属于心理表征（Mental Representations），经常会根据表征直觉推断。价值的含义是指对某一物品的定量评估，这种评估由态度得出，即价值的决定涉及判断。价值的这个含义也就是标准模型中的效用，既包括行为过程引发的"体验效用"，也包括行为后果引发的"决策效用"。在标准模型中，选择就是显示偏好。基于行为研究的"动机—后果"范式中，这几个概念的逻辑关系如下：

态度（内隐偏好/动机）/效用（价值）→行为/选择（显示偏好）

因此，我们从业主自治态度入手了解其行为偏好。

图 2－3 为 G 小区 2012 年推举楼栋代表时，一个单元门上一位业主的书面申明。申明的日期是 2012 年 4 月 24 日，该业主表示：本人拟不参加此项活动，顺向各位致谢意！并注明"2011 年 6 月已公开表述过"。从申明看，该业主的态度是将推举业主代表视为一项"活动"，而不是义务。这种态度反映了在业主中普遍存在的一种典型心理倾向。我们认为这种心理倾向可能是权利义务关系不清产生的。

3. 推举楼栋代表的态度：接受指定

我们在 2012 年初发动 G 小区业主代表选举工作，多次动员业主提名，并对提名人进行访谈，至 2012 年 4 月，小区共 17 个单元楼有 8 个单元尚未推荐出业主代表候选人。针对这些楼栋的实际情况，我们设计了征集意见表，提供 3 个方案供业主选择：方案一，推荐、自荐候选人，需注明被推荐人的

---

① 威尔金森. 行为经济学 [M]. 北京：中国人民大学出版社，2012：38－40.

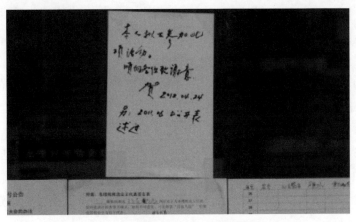

图 2-3　业主不参与楼栋代表选举的公开申明

姓名；方案二，所有住户轮流担任业主代表，轮流的办法由各楼栋自行商议；方案三，由业主委员会指定业主代表，选方案三，意味着赞同任意由业主委员会指定的业主担任代表。我们将方案一简称为"提名"；方案二简称为"轮流"，方案三简称为"指定"。经过大学生志愿者 2012 年 4 月 27 日和 4 月 28 日两天上门征集意见。汇总意见结果如图 2-4 所示，其中纵轴代表户数，横轴为单元楼的编号。

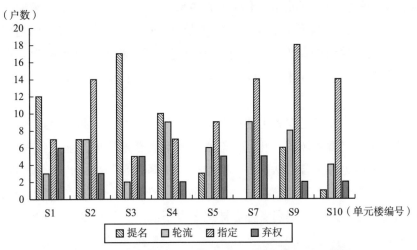

图 2-4　G 小区 2012 年 4 月部分单元业主对推选业主代表的态度

如上图所示，提名的情况差异较大，选择提名方案（方案一，记为 P_1）的户数较多的楼栋，选择指定方案（方案三，记为 P_3）的户数较少，对于是否愿意采纳轮流方案（方案二，记为 P_2），各单元的住户态度不同。如果将弃权作为方案四（记为 P_4），对其选择结果进行排序，发现业主态度具有"接受指定"行为倾向。

具体而言，8 个单元业主集体选择结果为：

情形一：$p_3 > p_2 > p_4 > p_1$ 和 $p_3 > p_2 > p_1 > p_4$ 两种选择结果，包括 S_2、S_5、S_7、S_9 和 S_{10} 共 5 个单元，其共同特点是："指定"为首选方案，"轮流"为次选方案。说明当提名特别少或没有提名时，业主的态度是接受指定要好过轮流和弃权；

情形二：$p_1 > p_3 > p_2 > p_4$ 和 $p_1 > p_3 > p_4 > p_2$ 两种选择结果，包括 S_1 和 S_3 这两个单元，其共同特点是："提名"为首选方案，"指定"为次选方案。说明即使"提名"踊跃，业主的态度是"指定"仍然好过"轮流"。

对于情形一，比较容易理解，因为这一组 5 个单元中，提名最多的单元 S_2 提名户数为 7 户，最少的 S_7 提名户数为 0，所以应该是缺乏合适的人选的结果。

对于情形二，就比较费解了，因为这一组 2 个单元是提名最为踊跃的，其中 S_3 参与提名的业主达到 17 户，而本单元入住户数为 44 户，占比达到 39%，却仍然将接受"指定"作为次选方案。

从新加坡、日本等业主代表制的实践看，在不能推举出代表的情况下，通常采用按户轮流的制度，轮流是一种指定。可以将其偏好理解为"提名"优于"轮流"优于"弃权"，即：$p_1 > p_2 > p_4$。只有 S_4 的选择结果符合这种偏好。

通过与业主尤其是发表上述申明的业主的深度交流，我们将这种情况理解为住宅小区制度场域的文化—认知性。参与者普遍倾向把业主代表当作是一种对个人能力和声誉的认同，需要推举"德高望重"的人，于是出现了提名行为是在被提名者不知情、非自愿的前提下产生的。被提名者的请辞，是在提名者的意料之中，提名者担心被提名者不愿意，就将接受"指定"作为次选方案。

总体上，文化—认知性规则对应思想观念机制，思想观念决定了制度思想，也就是业主自治制度运转的目的、手段是什么，其核心是公平感。我们发现普遍存在于业主与业主、业主与业主委员会之间的矛盾，呈现出文化—认知性规则冲突的特征，根据 2011 年我们的一项实地实验结果，冲突的原因很可能是不公平厌恶引起的。因此，我们将公平作为文化—认知性规则的协调机制。

事实上，在我国，政府对住宅小区公共事务的行政指导较多，因此住宅小区业主决策中，"接受指定"成为一种较为通行的现象，因此，我们将住宅小区文化—认知性规则的特征归纳为接受指定行为倾向。当然，要把"接受指定"作为一种态度、一种心理倾向或偏好，必须有充足的证据，因此我们将做进一步解析。

四、业主参与自治引发的业主冲突

1. 业主自治与业主冲突

基于住宅小区业主自治的结构，业主参与自治会引发与行政部门、物业公司、业主委员会之间的冲突。在当前的规制体系下，归根究底都是业主冲突。因此，可以将业主冲突作为业主自治状态的观察维度，冲突表示不稳定，是阻碍业主参与的因素。

我们按照业主冲突涉及的主体，将冲突分为不同的层次。第一层次的冲突是业主内部的冲突，表现为在小区公告栏贴公开信，在小区业主群争吵；第二层次的冲突是业主将小区自治问题反映到政府行业主管部门、街道办事处和社区居民委员会；第三层次的冲突是小区内各种纠纷司法诉讼。

第一层次的冲突是最常见的，可能会上升到第二层次；第二层次的冲突主要通过行政调解的方式解决，由于是从第一层次上升而来，说明冲突已经比较激烈了；第三层次的冲突是最激励的冲突，往往是行政调解不了的冲突爆发的结果。因此，可以将第三层次的冲突作为业主冲突的主要考察维度。

我们以业主参与司法诉讼的数量作为业主冲突状况的观察维度。图 2-5 为 2009～2020 年我国人民法院受理的业主知情权和撤销权案件的民事判决书数量。

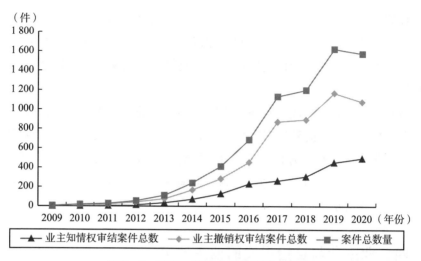

图 2-5 2009~2020 年民事判决书数量

人民法院受理的业主作为诉讼主体的案件都是在《物权法》2007 年 10 月 1 日起施行后开始的。从公开的民事判决书来看，2009~2020 年全国范围内法院审结的业主知情权和业主撤销权案件数量呈现上升趋势。从总量看，12 年间累计数量超过 7 000 件，2020 年的总量已经是 2009 年的 260 倍。业主知情权是了解本小区建筑区划内涉及业主共有权及共同管理权等相关事项的权利；业主撤销权是指业主对于业主大会或者业主委员会做出的决定，认为侵害业主的合法权益或者违反了法律规定的程序，可请求人民法院予以撤销的权利。业主知情权和业主撤销权是业主行使管理权和监督权的基础，人民法院的判决书反映了业主冲突的态势及焦点问题。

据北京市石景山区人民法院 2018 年①对 2013~2017 年北京市人民法院 1 573 份与业主、业主委员会相关司法判决书的分析，其中建筑物区分所有权纠纷（包括业主共有权纠纷、车库纠纷、车位纠纷）这三类纠纷案件占 54.9%、业主撤销权纠纷案件占 32%、业主知情权纠纷案件占 10%。业主、业主委员会、开发商等主体之间就小区内建筑物专有部分权属、使用、收益、处分等引发的业主专有权纠纷案件占 3%。业主知情权纠纷案件多

---

① 北京市石景山区人民法院课题组．关于业主委员会社区治理纠纷法律适用问题的思考 [J]．中国应用法学，2018 (06)．

具有较强的集团诉讼性质，诉讼参与主体群体化特征明显。业主委员会代表全体业主对小区公共场所、设施等权属确认、公益收入的项目分配使用、公共维修资金的支配等确权和行权纠纷案件，一定程度上具有公共利益维权的性质，群体性特征明显。小区内一些业主就共性利益问题往往形成不同利益群体，不同的利益群体之间多还存在不可调和的矛盾或利益冲突。由业主委员会组织内部自治管理，引发不同业主之间、业主与业主委员会之间、业主委员会内部成员及业主大会之间"就业主大会选举成立业主委员会、业主委员会决议事项等产生利益分歧造成的利益冲突"主要表现在：①业主与业主委员会的权利义务关系不明确，业主委员会对社区内业主不能形成有力制约，工作被动、效率低；②个别业主缺乏自律，无视管理公约，擅自占用共用部分或侵害相邻业主利益引发矛盾纠纷；③业主委员会内部组织机构松散，组织管理、议事和表决程序不科学、不规范、不公开等问题，易引发业主、业主委员会内部成员等不同利益主体之间的利益纠纷；④业主大会、业主委员会的决定或决议损害小区业主的合法权益或对业主的知情权、监督权的漠视，造成业主的不满或抵触；⑤业主委员会委员缺少任职资格限制及任期届满后的考评机制。业主委员会成员不胜任职责、随意辞职、辞职后补选难、任期届满后难以延续等问题突出。研究者将造成冲突的原因归结为"业主个人利益与共有权益矛盾冲突及利益协调问题"。

总之，一方面，业主委员会存在成立率低、成立难等难题，业主对成立业主大会或参与共同管理物业事务的积极性不高；另一方面，业主委员会成立后受到小区内广大业主认同难现象比较普遍。

2. 业主知情权纠纷聚焦的问题

业主撤销权纠纷是有关程序的纠纷，冲突聚焦。而业主知情权纠纷的焦点比较多，要通过具体事例进行了解。我们收集了 2009 年 1 月至 2018 年 6 月①599 份关键词为"业主委员会"的无重复案例民事判决书，案由均为"业主知情权纠纷"，不存在其他案由，主要发生在东部地区。

采用文本分析提取爬取判决书的关键词，制作词频的词云图，如图 2 - 6a ~ 图 2 - 6h 所示。从基层人民法院的判决书看，业主委员会、物业服务、服务合同、维修资金、公共收益、使用情况、维修基金、收益情况、公示等都是高频词，

---

① 用 python 爬取了商业网站，无讼网（https：//www.wusong.com）司法判决书。

图 2-6a　中级人民法院判决书词云图

图 2-6b　基层人民法院判决书词云图

图 2-6c　北京法院判决书词云图

图 2-6d　上海法院判决书词云图

图 2-6e　深圳法院判决书词云图

图 2-6f　重庆法院判决书词云图

图 2-6g　天津法院判决书词云图

图 2-6h　南京法院判决书词云图

从上诉到中级人民法院的案件看，业主委员会、物业服务、维修资金是高频词，围绕业主委员会这个主体，发生的纠纷主要是两类：一类与物业服务有关，另一类与公共收益有关。

从各地发生的情况看，一些城市维修资金的问题更加突出。如北京市、上海市、深圳市3个地区，发生地为上海的判决书文本中，维修资金、公共收益、维修基金、专项维修等词频是占据了词云图的主体，北京市和深圳市则没有上海市突出。而重庆市、天津市、长沙市、杭州市、南京市、武汉市的词云图显示案件主要围绕特定当事人，说明发生频率较低，不具有普遍性。事实上，同期发生地为上海市的数量为 206 件，占比达 36.85%。排名第二的北京市只有 67 件。

据了解，在全国范围内，上海是业主大会成立比例最高的城市，也可以看作是业主自治程度最高的城市。根据 2012 年中国新闻网报道：上海市成立业主委员会的小区已经达到符合成立条件的住宅小区总数的 83%[①]；根据上海市物业管理事务中心关于住宅维修资金归集金额和划拨业主大会金额的公开数据可知，2018～2020 年划拨金额占归集金额的比例分别为 85%、82% 和72%（如图 2-7 所示）。划拨资金比例是指由业主大会管理的维修资金比例，从中也可以看出新交付楼盘业主大会成立的速度快、比例高[②]。

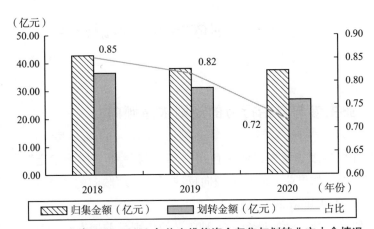

图 2-7　上海 2018～2020 年住宅维修资金归集与划转业主大会情况

资料来源：上海物业信息网，https：//962121. fgj. sh. gov. cn/wyweb/web/front/13weixiu/notice. jsp.

显然，不同城市或不同小区，协调的制度不同，呈现出不同的治理状态。而业主知情权纠纷，应该是基于自治方式产生的冲突。

---

① 中国新闻网. 上海小区业委会组建率居全国之首 [EB/OL]. 2012－0904 [2021－08－21].
https：//house. qq. com/a/20120904/000247. htm.

② 上海的数据来自上海住宅物业网，https：//962121. fgj. sh. gov. cn/wyweb/web/front/13weixiu/
notice. jsp.

3. 小结

在奥斯特罗姆的框架下，公共池塘资源自主治理的三个难点分别是供给问题、可信承诺问题和监督问题。这三个问题是相关联的。供给的难点是搭便车，如果能有效监督，会减少搭便车的机会；可信承诺影响已经形成的规则如合约的执行情况，如果能有效监督，会增加履行合约的机会。显然，业主自治框架下的知情权和撤销权是业主对自治的监督，从业主知情权、撤销权案例着手，就能了解业主自治监督的难点，应该也就切入了时弊。

本节我们对业主自治的制度场域进行了概述，分析了业主自治的规则性和规范性特征，分析了各参与方互动的均衡，发现业主冲突是由业主行使监督权引发的，并且呈现增长态势。从供给看，一些业主不参与，另一些业主接受指定，似乎表现为依循不同的行为规则。为此，我们先提出规则依循行为假说，在给定行为情境的条件下，进一步探析业主态度与偏好的关系。

第二节　规则依循行为假说建模

一、业主参与自治行为的规则依循倾向

在 G 小区制度场域中，业主存在"不参与"和"接受指定"的行为倾向。我们认为，如果业主的行为倾向反映了其心理倾向的话，就是一种规则依循行为（rule-following behavior）。

规则依循是社会学的概念。一般意义的规则是普遍存在的社会规范。与之相应的规则约束，指人们对规则的遵从，即规则的外部约束性。社会学强调的规则指行动者遵循的行为规范。当这种行为规范独立于外部制裁，成为一个人性格的一部分时，就会发生规则的内化，即行动者遵守规范的意愿，指导其行为呈现出遵守规则的倾向（disposition），称为行动者的规则依循（V. J. Vanberg，2011）。由于人类行动遵从规范的倾向非常普遍，一切人类行动都可视为规则依循行为。

早在 20 世纪 90 年代初期，社会学家出身的宪政经济学家范伯格（V. J. Vanberg，2006）就构建了基于规则依循行为的人类行为分析范式。他把制度

看作是规则的交互连接和相互稳定的构型（configurations of rules），在哈耶克演化理论的基础上，研究人类行为所依循规则的演化。他强调人类行动所依循的规则是内化了的，假定相关参与人对其利益和价值观的评价，是最终判断规则的优劣及"合意性"的重要标准。在实证方法上，他借鉴贝克尔（G. S. Becker，1974）的家庭生产函数对约束变量的处理方法，把"规则依循"作为主观约束变量，作为家庭生产函数中环境变量的一部分，并强调环境变量的内生性"以包括真实主观的、内心的变量的方式，如个人对世界的看法，来定义约束变量"。

经济学强调的决策，是行动者在既定规则下对其经济可行集合的选择，因而通常将规则作为决策行为的约束。社会学发现人类具有受内化的规则指导行为的倾向，并将其称为行动者的规则依循。显然，如果能将规则的内化纳入经济学理性选择框架，势必会促进经济学和社会学人类行为分析范式的融合。

然而对深受布坎南（J. Buchanan）宪政思想影响的范伯格而言，规则依循引入理性选择框架，目的是给出个人主义的某种规范，这种规范来自宪政层面，是自上而下的。这就意味着，依循的规则是以所谓"西方民主"的政治制度为约束的[①]，我国的政治制度是以人民代表大会制为特征的民主集中制，现实的规范某种程度是自下而上的规范，因此范伯格的规则依循行为研究范式并不适用于解释中国现实问题。

经济学理性选择范式的核心是行动者客观约束和主观偏好共同影响其决策均衡。主流经济学家关注的偏好是显示性偏好，用行动者在给定经济可行集合中选择获得的满足程度——效用函数来表示。效用函数通常从决策均衡结果中倒推出来，被当作是一种"自利偏好"（self-preference）。行动者行动的均衡，不仅受他自己行动的影响，还受他人行动的外部性影响，其中正的外部性会增加行动者的效用水平，负的外部性则会减少行动者的效用水平。理论上，一切人类的情感，同情、嫉妒、不公平厌恶等，都可以纳入受他人行动外部性影响产生的偏好上，被称为"社会偏好"（social preference）（Andrew Schotter，2009）。

---

① 参见何梦笔为维克多·J. 范伯格著，史世伟、钟诚译：《经济学中的规则和选择》（陕西人民出版社 2011 年版）所作的序，第 2 页。

社会偏好的本质是人类不但关心自身的利益，而且也关心其他人的利益。因此，行为经济学家通常强调社会偏好与自利偏好的差异，在于影响行动者效用的行动主体不同。行动者由社会偏好产生的效用，来自他人行动为其带来的满足感；而由自利偏好产生的效用，则来自行动者自身的行动为其带来的满足感。例如，某人因收入增加产生的满足感，一方面来自金钱对他的效用，另一方面来自别人是否也增加了收入。如果别人增加的收入比他多，他的由收入增加带来的满足感就会因妒忌而减少；如果别人增加的收入比他少，他的由收入增加带来的满足感也会因同情而减少。此时，行动者的效用函数中不仅包含因收入增加产生的正效用，而且包含因"不公平感"引起的负效用。为此，收入增加的总效用可以看作是由收入带来的直接效用（利己偏好）及"不公平感"引起的效用改变量（社会偏好）之和。在行为经济学看来，社会偏好的存在已经得到了广泛的证明（S. Bowles, 2006）。从这个意义上说，行动者的每次行动，必然与社会偏好有关，因此将行动者显示性偏好当作是自利偏好与社会偏好的总和也具有一般性。

自利偏好与社会偏好的另一个区别虽然也被经常提及，但并未引起行为经济学家的足够重视。那就是前者通常被视为由物质利益产生的效用，而后者则被视为由非物质利益产生的效用。事实上，行为经济学家研究的社会性偏好主要有互利偏好、差异厌恶偏好及利他偏好三种基本类型（陈叶烽，2009），他们将亨利等（J. Henrich, R. Boyd and S. Bowles et al., 2001）提出的互惠利他、安德雷奥尼（J. Andreoni, 1989, 1990）提出的"暖光效应（warm-glow）"和金迪斯（H. Gintis, 2008）、格雷夫与艾德雷斯（A. Greif and S. Tadelis, 2010）提出的道德感等非物质利益"偏好"直接纳入效用函数，因而将作为"物质利益效用"的自利偏好与社会偏好相区别，似乎是顺理成章。

事实上，社会科学家已经对人类行为分析范式的融合进行了长期的探索，并取得了很大进展。当前，许多在亚当·斯密所谓"道德情操"层面上影响行动者均衡的因素，如歉疚、同情、嫉妒、厌恶等人类的社会偏好属性，均得到了实证检验。

综上所述，可以将依循规则理解为偏好的一部分，从而借鉴社会偏好研究范式来研究规则依循行为。

二、不公平感厌恶模型

我们关注行动者具有一定的规则倾向性，是因行动者依循规则而产生的，是对规则的"个人倾向"。根据理性选择理论，规则依循是行动者对规则选择的结果。由于行动者规则选择与其他人无关，还不能被视为社会偏好。根据范伯格的观点，规则依循的"个人倾向"，表现为当事人对规则"合意性"的主观评价。因而可将由规则选择的效用，看作是因既定规则与行动者依循的规则不一致，而使其产生的不悦，包括意外、失望等负效用。这个表现与由"不公平感"产生嫉妒和同情的负效用非常相似。为此，我们借鉴研究不公平感厌恶的社会偏好模型来构建理论模型。

费尔和施密特（E. Fehr, K. M. Schmidt, 2005）认为，在不考虑其他行动者的选择时，行动者的 i 决策的效用水平为 x_i，任意一个其他行动者 j 的效用水平为 x_j，如果对于 $x_i < x_j$ 行动者，会产生对他人的嫉妒；对于 $x_i > x_j$ 行动者，会产生对他人的同情，那么意味着行动者存在不公平厌恶（inequality aversion）偏好。为此，他们将行动者效用设为偏离公平距离的减函数，给出如下不公平厌恶模型，如式（2-1）所示：

$$U_i(x_1, x_2, \cdots, x_N) = x_i - \frac{\alpha_i}{N-1} \sum_{j \neq i} \max\{x_j - x_i, 0\} - \frac{\beta_i}{N-1} \sum_{j \neq i} \max\{x_i - x_j, 0\}$$

$$(2-1)$$

其中，$0 \leqslant \beta_i \leqslant \alpha_i$，$\beta_i \leqslant 1$。说明在一个由 N 个行动者组成的群体中，对公平的偏离会使行动者的效用损失，且他人高于公平标准带来的效用损失大于低于标准带来的损失。看到他人受益或行为偏离公平状态的距离越大效用越小。即行动者会对收益低于公平水平（equitable benchmark）的他人，表现出同情，同时对他人收益水平高于这一标准而产生嫉妒情绪。

三、物质利益偏好与非物质利益偏好

我们关注的规则，是现实中普遍存在的、影响个人决策的思维框架，是主观变量，可以视为偏好。根据弗里德曼和桑德（D. Friedman, S. Sunder, 2010）关于行为实验引致价值理论的归纳，对于行动者面对选择集（X,

Y）其效用函数为 $U(x, y)$，如果报酬为 $\Delta m = U(x, y)$，那么引致偏好为式（2-2）所示：

$$W(x, y) = V(m_0 + U(x, y), z_0 + \Delta z) \qquad (2-2)$$

其中，(m_0, z_0) 分别代表实验对象不可观察到的对货币或其他所有东西的初始禀赋，Δz 概括了实验对象在实验中非金钱上的所得。由前述规则依循及社会偏好相关理论回顾可知，由规则依循产生的规则偏好，并非自利偏好，为此需要在控制货币初始禀赋产生的效用水平 $U(x, y)$ 的前提下，诱导出规则偏好。同时，规则偏好作为非物质利益偏好，应该是 Δz 的一部分，如果控制其他的非物质利益偏好，那么就可以通过心理学假设实现对社会偏好的诱导。

事实上，行为实验中的货币激励已经被证实并不重要，甚至一定程度上心理学假设要优于经济学假设（Thalar, R., 2007）。为此，在控制物质收益 $U(x, y)$ 的前提下，引致价值应该等于非物质收益偏好，即式（2-3）所示：

$$MRS^W = \frac{W_x}{W_y} = \frac{V_m U_x + V_z \Delta Z_x}{V_m U_y + V_z \Delta Z_y} = \frac{V_z \Delta Z_x}{V_z \Delta Z_y} = \frac{Z_x}{Z_y} = MRS^Z \qquad (2-3)$$

其含义是给定货币数量 m 不变时，由非物质利益偏好产生的 Δz，会带来效用水平 U 的变化。

四、规则选择效应

借鉴费尔和施密特（E. Fehr & K. M. Schmidt, 1999, 2005）不公平厌恶模型，可以将上述思想表述为：如果一个行动者面临一个包含了两种规则 X、Y 的经济可行集合，其效用函数为：$U = f(x, y)$，其中 x、y 分别为规则 X、Y 给他带来的物质利益效用。那么行动者的规则选择，应该满足以下定理：

定理1：在一个存在两种资源支配规则可选的决策集合中，假设 X、Y 是相互替代的，若任意行动者 i 选择的一种规则为 X，给他带来的物质利益效用为 x_i，另一种可选的规则为 Y，给他带来的物质利益效用为 y_i，那么当他选择了 X 时，效用函数为式（2-4）所示：

$$U_i = x_i - \alpha \max\{y_i - x_i, o\} - \beta \max\{x_i - y_i, o\} \qquad (2-4)$$

由式（2-4）表明，若 $x_i < y_i$，存在 $\alpha > 0$，此时规则 X 产生的效用小于 Y 产生的效用，导致行动者自 X 的满足程度 U 减少，说明 X 较 Y 而言是他更加倾向接受的规则；当 $x_i > y_i$ 时，存在 $\beta > 0$，此时规则 X 产生的效用大于 Y 产生的效用，同样导致行动者自 X 的满足程度 U 减少，因此 X 较 Y 而言并不是行动者更加倾向接受的规则。当且仅当 $x_i = y_i$ 时，实现行动者均衡。

将当事人对规则"合意性"的主观评价引入公式（2-4）。x_i 就是 X 运行实际发生的物质利益效用，可视为 X 的"效果"。而 Y 不是实际运行的规则，因而 y_i 不是实际发生的物质利益效用，而是行动者"期待"的主观效用。

据此将行动者的规则选择，归纳为两种方式：（1）"期待"高于"效果"时表现为失望；（2）"期待"低于"效果"时表现为意外。相应地，将前者称为行动者规则选择的"失望效应"，将后者称为行动者规则选择的"意外效应"，合起来统称为对依循规则的期待效应。如果既定的规则是 Y，即实际运行规则是 X 时，情况正好相反。

行动者规则选择效应如表2-2所示。

表2-2　　　　　　　　　　行动者依循规则的期待效应

	既定规则 X 的效果	既定规则 Y 的效果
倾向规则 X 的行动者	期待较高 失望效应	期待较低 意外效应
倾向规则 Y 的行动者	期待较低 意外效应	期待较高 失望效应

设行动者对 X 的"期待"为 E_x，对 Y 的"期待"为 E_y，根据定理1假设，$E_x + E_y = 1$。于是对定理1可以进一步推论如下：

推论1：既定规则 X 下，对于一个倾向于规则 X 的行动者而言，对 X 的效果评价为 P_x，当 $E_x < P_x$ 或 $E_y > P_x$ 时，产生意外效应。

推论2：既定规则 X 下，对于一个倾向于规则 Y 的行动者而言，对 X 的效果评价为 P_x，当 $E_x > P_x$ 时或 $E_y < P_x$ 时，产生失望效应。

第三节　假说的验证：电梯更新方案的合意性

一、政策背景与行为情境

1. 政策背景

根据行动者依循规则的期待效应模型，我们进行了实地实验设计，对业主自治期待效应进行了初步验证①。

本次实验的情境结合所在地政府相关部门正在推行的"老旧电梯集中整治工程"。包含的主要信息为：由于老旧住宅电梯故障频发，严重影响了居民日常生活，因而南京市政府相关部门制定了"老旧电梯集中整治工程"实施方案（以下简称电梯更新方案）。指导思想是对 2000 年以前的老旧电梯"属于私有产权房屋的，整治资金由市、区和产权人按照 6：3：1 的比例筹集。"② 根据这一方案，2011 年 6 月开始对全市符合条件的小区，分期分批更换超期服役的故障电梯。然而首次 9 个列入改造计划的小区，大半年来仅完成改造 2 个，主要原因是"业主自行负担的 10% 费用收不齐"。鉴于首次老旧电梯改造工程实施困难，相关部门正在考虑推行刷卡乘电梯制度。

住宅小区业主是否及以何种方式参与小区的公共事务决策，反映了个人参与公共事务决策的偏好。作为理性的个人，业主知道如果由政府承担费用，那么个人就可以搭政策的便车，从而增进个人的得益。

事实上，业主自治制度的推行是中国社会转型期的结果，在这个过程中，政府从社会管理者转型为服务者。因此，可以观察到的现实为：对于任意一项公共事务都存着业主自行负担和政府承担两种规则。

于是假设当前住宅小区公共事务决策有两种机制，一种是自行负担，另

---

① 根据这次研究撰写的论文曾入选 2013 年中国经济学年会"行为与实验经济学分会"。

② 南京市人民政府．市政府关于批转市住建委南京市老旧高层住宅电梯整治工作意见的通知［G］．宁政发 2011 - 07 - 05.

一种是政府承担。倾向自行负担的业主，面对政府承担，或者自行负担实际小于其对自行负担期待时，会感觉到意外。反之，倾向政府承担的业主，面对自行负担，或者政府承担实际小于其对政府承担的期待时，会感觉到失望。无论是意外还是失望，最终都会导致在金钱所得不变的情况下，效用水平 U 发生变化。其中，意外使得效用水平提高，失望使得效用水平下降。

2. 行为情境设计

于是我们将电梯更新方案选择的行为情境理解为："电梯更新方案"是政府相关部门为纠正老旧高层住宅小区电梯产权人缺位而采取的一项政策措施，是对老旧高层电梯更新的"政府承担"。事实上，电梯更新方案应该还存在另一种规则——"自行负担"。如果业主不能承担应负担的部分，结果只能实行刷卡乘电梯制度。

根据实验情境分设 4 个场景，所有细节都来自媒体公开报道，可视为真实场景①。

场景 1："首批老旧电梯改造，多数遭'悬停'，只因自行负担的 10% 费用收不齐"，从而导致"南京列入改造的 9 个小区大半年来仅 2 个完成"。

要求被试据此对"电梯更新方案"进行评分。

场景 2："据报道，砂珠巷小区两栋楼共 774 户需更换 6 部电梯，按规定由住户承担的 10% 电梯改造费为每户 300～500 元，加上需补交维修基金 540 元，此次电梯改造每户实际要交纳费用 800～1 000 元。目前仍然有 234 户人家的钱款未能收到。"

要求被试判断相关业主不交钱的理由是否合理。

场景 3："据报道，建康大厦是已经完成改造的 2 个小区之一，该小区情况复杂。因为整治老旧电梯涉及到维修基金等好多事情，今后离不开业主委员会，而该小区尚未成立业主委员会。于是洪武街道工作人员发动小区成立业主委员会，却无人报名。最后街道动员物业公司垫付了几十万把电梯大修了一下，接下来还要做居民的工作。"

要求被试判断：（1）"业主委员会无人报名"是否正常；（2）"物业公司垫付"是否合理。

---

① 马乐乐. 首批老旧电梯改造，多数遭"悬停"，只因自行负担的 10% 费用收不齐 [N]. 现代快报，2012－05－15：A5.

场景 4："鉴于目前老旧电梯改造普遍的尴尬，该媒体称政府部门正在想办法凑齐费用，加快老旧电梯整治的进度，而且可能使用刷卡乘坐电梯制度，'没交改造费的坐不了'。"

要求被试选择：（1）是否赞成"刷卡乘电梯制度"；（2）所在小区未来是否会实行"刷卡乘电梯制度"。

二、BPC 模型框架下电梯更新方案的合意性

如前所述，关于规则选择的行为实验设计应该遵循社会偏好研究基本范式。社会偏好理论认为，现实社会中的人是互动的，其决策要受他人主观偏好（other-regarding preferences）的影响，从而在个人决策时拓展了纯物质利益效用函数的设定。如杜文伯格和科特斯蒂格（M. Dufwenberg，G. Kirchsteiger，2004）对行动者所持的信念—认知影响行动者效用函数的研究；诺斯（D. C. North，2005）对在社会发展过程中，行动者的约束与偏好—信念相互作用而内化的研究；格雷夫（A. Greif，2006）对在制度变迁过程中，规则内生变迁及道德延续机制的研究等。总体来看，先由理论假说，继而采用实验对假说进行检验，然后再根据实证结果确定效用函数，是社会偏好研究的基本范式。

关于社会偏好的行为实验通常在严格控制的实验室中进行，实验场景往往偏离了人类的真实生活场景（the real-life situation），由此得到的结论也就难免引起争议和质疑。为了使实验研究的结果更加可靠，行为经济学家金迪斯（H. Gintis）开发了考察社会偏好的 BPC（Beliefs，Preferences and Constraints，信念、偏好和约束）框架模型。金迪斯（H. Gintis，2007）认为，人们在不同的约束下表现出的显示偏好，具有一致性，因而可以在控制约束条件的真实生活场景中，来观察行动者信念与偏好的互动关系。我们关注的行动者选择是在理性选择范式下的研究，而 BPC 框架模型遵循偏好一致性定理，是理性选择模型的拓展，因而采用该模型作为行动者规则选择实验的模型框架，是恰当的。

本项研究名称为"电梯更新方案合意性行为实验"，拟通过当事人对规则的合意性评价来观察行动者是否将规则纳入其经济可行集合。由于"电梯更新方案"为当事人提供了"政府承担"和"自行负担"两种规则选择，根

据偏好一致性定理，可以认为：如果被试认为"不交钱是合理的"，等于"不赞同"（disagree）"自行负担"，而"赞同"（agree）"政府承担"；反之，则相反。

给定场景中，业主需要负担的10%费用收不齐会导致电梯更新方案实施不下去，那么接下来只能先垫资更换电梯，再采取刷卡乘电梯制度，通过向使用人收费，来补齐电梯更新费。在政府承担电梯费用90%，还需自行负担10%的情境中，被试选择"完全赞同刷卡乘电梯制度"意味着愿意承担10%费用。而选择"坚决反对"，意味着愿意承担0%的费用。由此，可以将被试自"电梯更新方案"获得的总效用（显示性偏好）看作是减少自行负担费用带来的物质利益效用，用是否赞同刷卡乘电梯制度来度量。赞同程度越低或反对程度越高，愿意承担的比例越低，效用水平越高。

为此确定被试接受的信念 B（belief）为：由于"业主负担的费用收不齐"，使得"电梯更新方案"结果为"可能实施刷卡乘电梯制度"。被试的偏好 P（preferences）为：对"电梯更新方案"的两种规则作何选择？是倾向于由业主作为电梯的责任主体，还是由政府作为电梯的责任主体。被试受到的约束 C（constraints）为：政府承担90%电梯更新费用，其余10%需要自行负担，即"业主负担10%"。建立的BPC框架模型如图2-8所示。

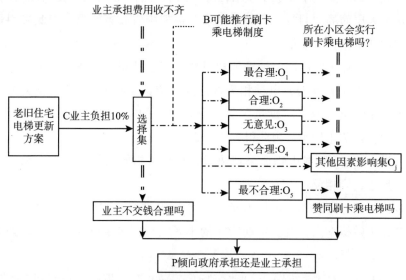

图 2-8　"电梯更新方案合意性" BPC 框架

根据 BPC 框架模型，相应做出 5 个假设对变量间关系进行探索。

假设 1：刷卡乘电梯的赞同程度越高，自行负担倾向越强，政府承担倾向越小；反之，则相反。

现实中老旧电梯高层住宅业主面临的选择是"交钱还是不交钱"。业主不肯交钱的原因来自三个方面：第一，方案本身不合理。有业主认为方案未经业主商议或者分担系数等具体规定不合理，因而不愿意交钱。这种状况与施莱布曼（V. Schreibman，1994）、巴纳吉和苏曼纳森（A. Banerjee，R. Somanathan，2004）等的研究结果一致①；第二，责任主体不合理。由于老旧小区初始产权无一例外为共有产权，在业主通过市场交易获得产权的同时，并未明确共有产权责任的权力，因此不少业主认为老旧高层电梯是"历史遗留"问题，不应该由业主个人来担责。这种情况在转型期普遍存在；第三，搭便车心理。持这种心理的业主选择暂时不交钱。总体来看，无论是何种原因只要认为"不交钱是合理的"，就意味着个人倾向承担较少。由此得到假设 2：

假设 2：被试对电梯更新方案的评价越高，表示实施"效果"越好；反之，则相反。

现实中，"电梯更新方案"的实施效果可以客观地度量。例如相关部门是否在规定的时间当中完成了整治任务。然而我们的研究视角是行动者均衡，要求从个人层面的"目标—行动—结果"框架中看政策效果，因此采用行动者的主观评价指标来度量。

现实中，业主对高层电梯维护和更新的责任认识并不清楚，不少业主认为"既然缴纳了物业费，电梯相关责任主体应该是物业公司"。相关部门在收不齐费用时也采取了"动员"物业公司垫付的办法。提倡物业公司承担，表明倾向自行负担较小。由此得到假设 3：

假设 3：越不赞成由物业公司垫付，自行负担倾向越大，政府承担倾向越小；反之，则相反。

电梯更新方案成功，可以避免实行"刷卡乘电梯制度"。如果业主认为集体合作失败概率高，就会预期所在的小区实行刷卡乘电梯；反之，如果业

---

① 他们认为，异质性的群体关于公共收益的分配难易达成意见，因为各个同质性小群体以外的个体的贡献容易被该同质性群体低估。

主认为集体合作失败概率小，就会预期所在小区不会实行刷卡乘电梯。由此得到假设4：

假设4：预计现实中不可能实行刷卡乘电梯制度时，表明集体合作失败概率较高；反之，则相反。

业主委员会是当前住宅小区业主自治的唯一形式，其责任被认为是维护共享资源的完整。如果无人愿意报名，说明无人关心公共事务。相应地，当认为无人报名参加业主委员会是"正常的"，说明在业主看来，本小区集体合作意愿低；反之，集体合作意愿高。由此得到假设5：

假设5：如果业主认为小区业主委员会无人报名不正常，集体合作意愿较强，自行负担倾向较大，政府承担倾向较小；反之，则相反。

各变量名称、含义及相互关系如表2-3所示：

表2-3　　　　　　　　变量名称、含义及相互关系

变量名	含义	预计对 U 的影响	对应的假设
响应变量 U	电梯更新的非物质利益偏好	—	—
调节变量 E	自行负担的意识	两者的距离越大，U 越小	假设1
调节变量 P	政府承担的意识		假设2
控制变量 M	物业公司承担的意识	反向	假设3
控制变量 D	集体合作成功的可能性	正向	假设4
控制变量 W	对集体合作意愿估计	正向	假设5

根据推论1和推论2，构建期待效应测量模型如下：

如果对于任意一个被试 i，自"电梯更新方案"实际获得的效用为 P_i，若他倾向于"政府承担"规则 G，期待自"电梯更新方案"获得的效用为 E_g；若他倾向于"自行负担"规则 H，期待自"电梯更新方案"获得的效用为 E_h。由他对这两种规则的选择而导致效用水平的改变量为 ΔU_i，那么就有下列公式成立，如式（2-5）所示：

$$\Delta U_i = -\alpha \max\{E_h - P_i, o\} - \beta \max\{P_i - E_g, o\} \qquad (2-5)$$

其中，若有 $\alpha > 0$，表示被试对自行负担费用的"期待"大于"电梯更新方案"的要求，说明被试倾向于业主还应该承担得更多一些，对"电梯更

新方案"感到"意外",意外效应由"意外率"α来度量;若有,$\beta > 0$表示被试对自行负担费用的"期待"小于"电梯更新方案"的要求,说明被试倾向于政府还应该承担得更多一些,对"电梯更新方案"感到"失望",失望效应由"失望率"β来度量。

实验数据是取值范围在$[1,5]$之间的定距变量,可以看作是连续变量。根据假设2和假设3,定义控制变量"期待"E为E_h,即自行负担的期待,与U成反比;相应地,控制变量"效果"P为P_i,其含义是电梯更新方案对自行负担的"要求"。

令:$T = E_h \div P_i$表示"期待"与"要求"的距离,可以建立测量控制变量总体解释程度的多元回归模型1(如式(2-6)所示):

$$U_i = \alpha_0 + \alpha_1 T_i + \alpha_2 M_i + \alpha_3 D_i + \alpha_4 W_i + \varepsilon_i \qquad (2-6)$$

模型1表示,对于任意一个被试i,若有$T \geq 1$,即$E_h \geq P_i$,表示他倾向于自行负担电梯更新费用不低于10%;若有$T \leq 1$,即$E_h \leq P_i$时,表示他倾向于自行负担电梯更新费用不高于10%。行动者对自行负担规则的"个人倾向",或者规则选择效应,由T的系数α_1来度量。其他控制变量的效应,由各自对应的系数来度量。

根据实验模型,先从全部被试中,选择$E \geq P$的行动者j,建立模型2(公式(2-7)),测量意外效应;然而再从全部被试中,选择$E \leq P$的行动者k,建立模型3(公式(2-8)),测量失望效应。

$$\log(U_j) = \alpha_0 + \alpha_1(E_j - P_j) + \alpha_2 M_j + \alpha_3 D_j + \alpha_4 W_j + \varepsilon_j \qquad (2-7)$$

其中,$\alpha_1 < 0$表明存在意外效应。

$$\log(U_k) = \beta_0 + \beta_1(P_k - E_k) + \beta_2 M_k + \beta_3 D_k + \beta_4 W_k + \varepsilon_k \qquad (2-8)$$

其中,$\beta_1 < 0$表明存在失望效应。

三、规则依循的效应

1. 对被试初始禀赋的控制

奥斯特罗姆(E. Ostrom,1990)对集体合作供给机制的梳理是沿着个体异质性如何影响合作水平展开的,因为她认为有关公共事务工作实践的经验研究证明个体异质性对公共物品的供给产生负面影响,合作的确在同质性个体间更有可能发生。林南(2005)的社会互动理论认为,同质个体的互动和异质个体的互动是两种基本形式，且个体行动以同质互动为主导，异质互动则相对较少发生，原因在于异质互动不能促进情感分享或者情感不能促进异质互动，而且由于互动参与者意识到，行动者对资源运用的控制是不相等的，是存在差异的，异质互动要求付出更多的努力。按照班得瑞等人（Bandiera et al.，2004）的观点，同质个体合作的主要原因包括：（1）偏好。由相似偏好的个体组成的群体，在公共治理决策中更易达成一致（A. Alesina，R. Bagir，1999；Esteban & Ray，1999）；（2）"排外"倾向。个体倾向于厌恶与集体外的个体互动来决定集体的公共事务（A. Alesina & E. La Ferrara，2000）；（3）个体的社会异质性。个体在社会结构中的地位等社会属性差异会降低集体产生更好的合作方法的可能性（M. K. Gugerty & Miguel E.，2004）。

根据上述理论和现实背景，样本选取遵循以下三项原则：

第一，控制物质利益偏好的影响。拟测度的两种规则偏好中，"自行负担"偏好反映业主依循个人应该承担电梯更新责任的规则；"政府承担"偏好则反映业主依循个人不应当承担电梯更新责任的规则，界定为个体的非物质利益偏好。因此，实证研究选择的样本并非电梯更新方案实施区域的业主，而是作为"旁观者"的次新小区电梯住宅业主，以避免个人自公共池塘资源（CPR）所获得的物质利益的影响。

第二，控制被试的个体资本差异。个体的人力资本、社会资本异质性会产生其他非物质利益偏好，我们主要通过控制被试的受教育程度和职业来分别控制人力资本异质性和社会资本异质性。

第三，控制被试对业主自治的认知。我们主要通过选择有集体合作经历的业主来控制对业主自治的认知水平。成立业主委员会是小区业主集体合作的重要形式，因此以成立业主委员会的高层住宅小区作为被试的初选。

根据上述三项原则，我们选择了 G 小区的业主作为被试。理由如下：

（1）该小区有 14 栋高层（18 层，2 部电梯），3 栋小高层（11 层，1 部电梯），有 864 户业主可以作为样本池，数量充足。进行实地实验时间是 2011 年 12 月，此时业主已经入住了 3 年，入住率 97%，且基本为业主自住，出租户不到总数的 1%。

（2）该小区的 502 户业主，集中居住于 11 栋单元楼，为某事业单位高级职称人员的团购房，其余 6 栋部分为开发商（前身为政府某部门）福利房，部分由附近2所高校教师购买。总体上，业主为科技人才和公务员，绝大多数学历在本科以上，相对而言，人力资本和社会资本差异可以忽略。同时，每套房屋建筑面积大都在136平方米左右，在2011年基本是唯一住房，物质利益初始禀赋差异也不大。

（3）该小区于2010年4月首次发起了业主委员会选举，并于12月在街道办事处成功备案。住户大都有公共事务决策的经历。

2. 对实验过程的控制

我们认为，电梯更新方案事关每一位高层住宅业主，被试应该不会拒绝关于"高层电梯"的相关问题，然而作为一项"田野实验"①，不能像在实验室那样完全控制实验过程，加之大多数居民对入户调查都有抵触情绪，接触被试的过程本身就十分艰难。为此，本次数据采集实际按照"先摸底后实施"的思路来实施。

2011年12月，G小区原业主委员会迫于业主压力解散，新一届业主委员会遭遇"成立难"的尴尬。3个月后，新一届业主委员会筹备组发起推举各单元楼业主代表的倡议，虽经努力，仍有8个楼栋未能产生楼长。实验小组迅速安排"志愿者"（测试人员）协助筹备组上门征集住户意见，实行摸底。

此次摸底有三个任务，一是了解业主接受测试（调查）的意向，确定被试；二是提醒业主关注《南京市电梯安全条例》②关于电梯所有权人的责任；三是了解完成测试需要耗费多少时间。

测试人员可以接触到439户住户，需要在两个晚上的时间完成征集业主代表意见的工作③，任务很艰巨，故而抽出参加团购的2号楼和未参加团购

---

① 尽管这里报告的行为实验是一项模拟真实场景的测试，不是在完全自然状态下观察行动者决策的田野实验，但是测试地点在被试的真实生活中，也具有田野实验的特征。

② 测试人员向业主传递的主要观点为：由于近年我市部分老旧小区高层住宅电梯缺乏有效维修养护，运行故障频出，因而极大地影响了群众正常生活秩序，存在较大安全隐患。为此2011年6月由相关部门出台政策对我市老旧高层住宅电梯集中整治，指导思想是对2000年以前的老旧电梯"属于私有产权房屋的，整治资金由市、区和产权人按照6∶3∶1的比例筹集。"同时南京市人大常委会于2011年10月28日制定《南京市电梯安全条例》（简称《电梯法》），2011年11月26日批准，自2012年3月1日起施行。第26条明确规定"电梯更新、改造、重大维修的费用，由电梯所有权人承担"。

③ 此次测试人员上门时间是2012年4月7日、4月8日。

的 8 号楼作为样本楼栋，实行重点摸底，即在楼长意见征集的同时，发放一张题为"住宅小区高层电梯安全调查问卷（居民）"的调查问卷，同时请居民就老旧小区电梯改造政策实施状况进行评价，并对配合填写问卷的住户发放纪念品①。在其他楼栋只征询是否愿意接受关于"电梯更新方案"的相关调查。

通过对 439 户住户入户调查，研究者在规定时间内，就住宅小区高层电梯安全问题访问了 265 户业主，对其中 47 户业主增加了电梯更新方案调查，对另外 217 户业主征询了电梯更新方案调查意向。217 户业主中，明确表示不接受访问的有 30 户。总体来看，G 小区业主对电梯安全问题关注度较高，没有明显抵触情绪，且乐意接受发放的纪念品。由于每个测试人员都要向被试介绍电梯相关立法背景及情况，摸底调查的业主每户最少要多耗费 4 分钟时间。加上楼上意见征询、电梯安全问题，完成一户平均耗时 10 分钟左右②。在 47 户回答电梯更新方案相关问题的住户中，有 3 户明确对该问题不关心③。在与被访者交流过程中，几乎每个测试员都听到"交了物业费了啊，电梯更新费怎么还要自己负担呢"，"有维修基金了，应该不要自己负担了"的看法。摸底结果表明，关于物业公司责任，问项设置比较合理，通过控制变量 M 应该可以反映出来；关于"维修基金"问题，需要在测试时向被试说明"维修基金也是业主的钱，而且电梯更新费用可以动用维修基金"。根据摸底结果，对问卷表述进行调整，最终确定的实验量表为"南京老旧电梯改造调查问卷"，如附录 1 所示。

"楼长推举"结束后，实验小组准备好量表，等待再次进入小区的时机。

2012 年 6 月 G 小区召开业主大会选举新一届业主委员会，测试人员得以第二次进入小区。此次小区选举集中投票时间只有 2 天④，业主对候选人意见分歧较大，一些业主言行比较极端，拒绝与"志愿者"交流。投票结束后

---

① 本次实验为被试提供的小礼品是品质较好的香皂和抽纸。尽管被试普遍乐意接受，但是香皂较重，抽纸体积较大，都不便于携带，使测试人员十分辛苦。在后来补充样本阶段，只好改由先填答后送，需至少上门 2 次，对被试生活干扰多了，测试不如之前顺利。若条件许可，应该改用精致小巧的日用品。

② 有老年业主对测试的学生非常热情，拉进家门谈话，谈话时间最长的一次约 15 分钟。

③ 不关心的理由有："你们说的是老旧电梯，我们是新房，没住几年，还不需要考虑"；"政府的规定啊，我们也不了解，说不好"。这些想法也符合理性人的特征。

④ 此次上门时间是 6 月 17 日、6 月 18 日。

仅采集到样本 40 个，其中数据缺失 2 个。

由于数据量不足，此后实验小组多次利用与小区业主联络的机会，补充样本，然而进度十分缓慢。所幸 2012 年 12 月 G 小区再次召开业主大会，此次会议仅对物业管理相关事项进行表决，不涉及选举，业主的情绪比较平静。而且从收集表决票开始到票数统计历时半个月[1]，使得测试人员有机会多次进入小区，完成数据采集。

总之，我们采用大学生志愿者作为调查员，利用协助 G 小区业主委员会征集业主意见的机会进行入户调查，通过受访者（旁观者）现场填答一份"老旧电梯改造调查"问卷，填答问卷者获得小礼品，从而在总体上控制了前述的"排外"倾向。

3. 期待效应的经验证据

实验人员于 2011 年 12 月至 2012 年 12 月期间，分 3 次采集数据，回收问卷 127 份，数据缺失 13 份，有效问卷 114 份，有效率为 89.76%。受访者年龄最大 80 岁，最小 24 岁，平均年龄 54.18 岁，男性占 31.8%，女性占 68.2%。事业单位和政府机关在职或退休人员占 86.4%。运用 SPSS16 软件进行处理。

实验数据是取值范围在 [1, 5] 之间的定距变量，可以看作是连续变量。效度检验结果为：取样适当性量数（KMO）值达到 0.656，球形检验近似卡方分布为（Bartlett X^2）385.776，$p = 0.000$。量表效度满足研究要求[2]。变量相关性分析结果，控制变量 E 的子变量 e_1、e_2、e_3、e_4、e_5 的共同性分别为 0.999、0.995、0.995、0.995、0.997。遂取其均值作为 E 的数值。其他变量之间的相关性满足回归模型的要求。

用公式探索模型的总体拟合程度，选择 $E \geqslant P$ 的样本用模型 2 测量意外效应，选择 $E \leqslant P$ 的样本用模型 3 测量失望效应。

总体模型回归结果如表 2-4 所示：

---

[1] 此次上门从 11 月 10 日、11 月 11 日集中投票到 11 月 24 日投票截止。

[2] KMO 值反应量表构建效度，最低要求为 0.5，一般理论验证要求不低于 0.8。本次实验是根据逻辑效度设计的量表，可以不符合建构效度要求。但是本次实验结果建构效度也达到了普通要求，表明数据能够测量到的理论建构心理特质程度较高（吴明隆，2010）。

表2-4 回归结果汇总表

模型	样本数	调整的 R^2	F 改变	系数				
				倾向性 T	规则偏好 E-P	物业公司承担 M	合作可能 D	合作意愿 W
总体	114	0.453	24.361***	-0.163**	—	-0.054	0.588***	0
意外效应	89	0.558	28.743***	—	-0.318**	-0.141	0.566***	-0.149
失望效应	27	0.300	3.782**	—	-0.063	-0.656**	0.408	0.374

注：$***P<0.01$，$**P<0.05$，$*P<0.1$。

调整过后的 $R^2=0.453$，W 的系数为零。说明 4 个控制变量只有 3 个能解释 U 变化的 45.3%。变量 M 和 W 的系数未在 5% 的显著性水平上通过 t 检验，变量 T 在 5% 的显著性水平上通过 t 检验，D 在 1% 的显著性水平上通过 t 检验；6 个解释变量的 VIF 依次为：1.288，1.437，1.221，1.359，1.178，1.372，变量之间不存在多重共线性①。整个模型 $F=24.361$（$p<0.001$），在 1% 的显著性水平上通过了 F 检验，表明调节变量 T 对响应变量的解释符合假设 1 和假设 2。假设 4 成立。

刷卡乘电梯的现实可能性 D 对"合意性"的影响程度十分显著。模型 1 和模型 2 都显示这种影响。例如模型 2 中，89 个偏好"政府承担"规则的被试，其合意性的增量因"失望"而减少 31.8%，同时却因"可能性"而增加了 56.6%。说明 G 小区业主认为该小区实行刷卡乘电梯的可能性不大，使得他们对电梯更新方案的合意性提高了。假设 5 得到证实。

业主从事小区公共事务的意愿 W 对"合意性"的影响则有差异。模型 2 显示，W 增加会使 U 增加，而模型 3 却截然相反。说明对于倾向自行负担的被试，关心小区公共事务的意愿越高，满足程度越大；而对于倾向于政府承担的被试，关心小区公共事务意愿越高，其满足程度反而越低。尽管这一结果未得到证实，但是关于 W 与规则倾向性的关系至少说明被试的规则倾向性差异是存在的。假设 3 可能是合理的。

---

① VIF 是方差膨胀系数，为容忍度的倒数，VIF 越大，显示共线性越严重。经验判断方法表明：当 $0<VIF<10$，不存在多重共线性；当 $10 \leqslant VIF$ 表示自变量之间可能有线性重合问题。（吴明隆，2010）。

总体来看，实证结果显示无论倾向于自行负担还是政府承担的业主，都"满意"要求物业公司现行垫付的处理方式，尽管结果并不显著，但是仍然可以看出基于理性假定设计实验是合理的。

进一步分析"意外效应"和"失望效应"。

调整过后的 $R^2 = 0.558$，说明 4 个控制变量只能解释 ΔU 变化的 55.8%。变量 M 和 W 的系数未通过 5% 的显著性检验，$E - P$ 通过 5% 的显著性检验，D 通过 1% 的显著性检验；4 个解释变量的 VIF 依次为：1.410，1.539，1.263，1.356，变量之间不存在多重共线性。整个模型 $F = 28.743$ （$p = 0.000 < 0.001$），在 1% 的显著性水平上通过了 F 检验。表明 89 个业主认为自行负担电梯费用不少于 10%，且"自行负担"意愿大于"政策期望"每增加 1 个单位，会引起福利降低 31.8%。因而这 89 个业主应该是倾向于电梯更新是自行负担的，对政府承担 90% 的更新方案产生的意外率为 0.318，并且这个结果十分显著。说明意外效应得到证实。

调整过后的 $R^2 = 0.3$，说明 5 个控制变量只能解释 ΔU 变化的 30%。变量 M 在 5% 的显著性水平上通过 t 检验，其他变量未通过 t 检验；4 个解释变量的 VIF 依次为：2.711，3.197，1.517，2.186，变量之间不存在多重共线性。整个模型 $F = 3.782$ （$p = 0.017 < 0.05$），在 5% 的显著性水平上通过了 F 检验。表明 27 个"政策期待"高于"自行负担"的业主，个人要求承担部分大于"期待"政府承担的部分每增加 1 个单位，可能会引起效用水平降低 6.3%。因而这 27 个业主应该是倾向于自行负担小于 10%，由自行负担 10% 的方案产生的失望率为 0.063，但这个结果并不显著。说明失望效应并未得到证实。

表明被试"期待"自行负担费用不少于方案要求时，因"意外"于无需承担更多，竟引起效用水平下降；被试"期待"自行负担费用应该不多于方案要求时，也会因"失望"使效用水平下降。说明行动者均衡不仅是对"喜爱的"商品组合进行选择的过程，也是对"合意的"规则进行选择的过程。并且，由行动者的规则选择会产生意外效应和失望效应。然而，由于倾向于"自行负担"规则的被试比倾向于"政府承担"的被试要多，模型 2 的"意外效应"显著而模型 3 的"失望效应"难以测量。

4. 期待效应的稳健性

由上述实证结果可以看出，G 小区业主公共事务决策中倾向自行负担的业主与期待政策解决的业主比例为 89 : 27。因为问卷数据为近似抽样数据，我们据此赋值 G 小区业主期待效应——自行负担意识强度数值为 0.78。

如果期待效应确实影响个体决策，那么该小区公共事务集体决策结果应该受到"自行负担"或"政府承担"意识强度比例的影响。为此，我们跟踪了 G 小区公共事务决策情况，对该小区业主"自行负担"或"政府承担"意识强度比例的稳健性进行了检验。

（1）数据来源。G 小区 2012 年 12 月和 2014 年 3 月①分别进行了两次业主大会表决。全体业主对 6 项公共事务：物业公司更换、物业费标准、停车费标准、监控系统更换、单元门更换、路灯更换进行了投票。2012 年 3 ~ 4 月 G 小区实行楼长推举，不同单元参与度差异很大，最终 9 栋楼自发选出楼长，8 栋楼未能自发选出楼长。志愿者对未能按时推荐楼长候选人的楼栋，上门征询意见，然而部分单元至 2014 年 4 月尚没有楼长。

（2）检验样本与变量。G 小区楼长通过自荐或推荐产生候选人，全体业主投票过半数后产生，充分体现了业主对公共事务决策的自行负担的意识。推举成功的单元自行负担规则偏好较强，未推举成功的单元自行负担规则偏好较弱。因此，将是否选出楼长作为规则偏好的代理变量，响应变量为业主大会投票率。由于 G 小区有团购住户和非团购住户两类业主，分别住在不同的单元，考虑一定程度上团购住户单元是"熟人社会"，非团购住户单元则是"陌生人社会"，其互动机制有差异（林南，2005），为此增加群体属性变量作为控制变量。

（3）模型。设业主大会的"投票率"为因变量 Y，表示集体合作水平。设虚拟变量 IR 表示自行负担规则偏好，$IR = 0$ 表示成功推举楼长的单元，倾向自行负担，$IR = 1$ 表示未成功推举楼长的单元，倾向不由业主而是政府或第三方（如物业公司）来承担；设虚拟变量 S 控制群体属性，$S = 0$ 表示非团购住户（陌生人），$S = 1$ 表示团购住户（熟人）。由于规则偏好应当具有一定的稳定性，因此只考虑静态状况；熟人与陌生人的群体属性尽管会随时间变化而变化，但是这里采用的数据在 3 年内发生，也做静态处理。为此，检测模型如式（2 - 9）所示：

$$Y = a_0 + a_1 IR + a_2 a + \varepsilon \tag{2-9}$$

---

① 2013 年业主大会从 12 月 26 日开始，有 3 个月投票时间，选票统计日为 2014 年 3 月 26 日。

（4）检验结果。回归结果表明：业主的政府承担期望效应对合作水平影响是显著的，相对而言，业主身份是否为同一单位团购住户，即是否为熟人，对合作水平的影响几乎没有证实。模型总体回归情况如表 2 - 5 所示，回归系数如表 2 - 6 所示。

表 2 - 5　　　　　　　　　　　　　模型摘要

年份	R^2	调整的 R^2	估计的标准误	F 改变	显著性 F 改变	Durbin - Watson 检验
2014 年	0.779	0.747	6.738	24.682	0.000	1.559
2012 年	0.442	0.362	6.507	5.541	0.017	1.789

表 2 - 6　　　　　　　　　　　　　系数

年份	模型	未标准化系数		标准化系数	t	显著性
		B 估计值	标准误	Beta 分布		
2013 年	（常数）	88.346	5.942		14.868	0.000
	楼长推举	-25.313	5.267	-0.971	-4.806	0.000
	熟人	-3.185	5.501	-0.117	-0.579	0.572
2012 年	（常数）	80.619	5.738		14.049	0.000
	楼长推举	-9.333	5.086	-0.589	-1.835	0.088
	熟人	1.536	5.313	0.093	0.289	0.777

2012 年业主大会的投票结果近 60% 可以用政府承担期望效应来解释，在 10% 的显著性水平上通过检验，表明这个结果并不十分显著。但是 2013 年业主大会的投票结果则解释程度高达 97%，且在 1% 的显著性水平上通过检验，表明结果十分显著。

比较 2012 年和 2013 年两个模型，2013 年模型拟合优于 2012 年模型，"楼长推举"结果对投票结果影响更加显著。

两次投票配对 t 检验的结果 $t = -1.151$，$p = 0.267$，并不显著。表明两次投票结果并无显著差异。两次投票结果的相关系数为 0.651，对应的 $p = 0.005$，在 5% 的显著性水平上通过检验。2012 年业主大会投票率为 76.06%，

2013 年业主大会投票率为 73.61%。合作水平与"旁观者问卷"估计的结果
78% 基本一致。

至于"团购"单元中住户的"熟人"性质，一定程度上反映社会资本异
质性。然而，本次检验中，是否为"熟人"对投票结果的影响无法确定。至
此，政府承担期待效应理论模型基本得到检验。

考虑到政府承担电梯更新费用，实际是使业主收入增加，"期待"由自
行负担更多的被试，显然并不是基于物质利益的考虑。事实上，在测试过程
中，很多被试表示，政府不可能什么都承担，既然法律规定应该由产权人承
担，即使一些"不交钱"的理由比较合理，如过去没有维修基金等，业主也
不该推卸责任。测量结果显示在样本构成的群体中，多数人因倾向业主应该
交钱而对电梯更新方案结果感到意外。如果这种倾向的确普遍存在，意味着
确定产权人责任的"电梯法"推行将十分顺利。由此可见，"自行负担"或
者"政府承担"的确在被试的经济可行集合中。因此，即使失望效应的实证
样本严重不足，意外效应的发现，也足以证明行动者的规则选择效应在一定
程度上的确存在。

当然，我们这次实证的结果是存在局限的。首先，我们无法在事先对被
试进行分组，导致政府承担倾向业主人数较少，从而未检测到意外效应；其
次，如果很多人从未经历过刷卡乘电梯制度，就很难保证他对那个制度的看
法是真实的。有的量表上被试注明"多人乘坐怎么办""来客人怎么办"，显
示这个因素不该被忽略；第三，由于本次行为实验的被试是从高学历、收入
较稳定的社会群体中产生的，而且愿意接受测试的业主，应该是他们当中公
共意识更强烈的一部分人。因此，电梯更新方案合意性的评价结果，可以视
为一种群体规范的倾向，也就是这个小区制度场域的特征。

四、有待解决的问题

我们对自行负担与政策期待偏好的研究，已经尝试将"规则依循"引入
行动者的效用函数，并且将内化的规则作为决策人的自我约束，如同价值观
和信念，独立于物质利益偏好来研究。沿着这一思路，有望进一步拓展理性
选择框架。

范伯格将内化的规则引入理性选择框架的目的是为了给出个人主义的某

种规范，一种来自宪政层面的，自上而下的规范。他将规则依循作为主观约束变量，[①] 意味着这个变量并不在行动者的经济可行集合中。我们遵循范伯格关于规则依循的思想，借鉴社会偏好实验的模型，依靠现实生活体验和观察，采用定性和定量相结合的方法，通过"电梯更新方案合意性"行为实验，证实规则的确成为行动者决策的一个部分，因而行动者均衡过程，也是一个对规则进行选择的过程。

在实验中，业主作为"理性人"，他对"电梯更新方案"的合意性，就是对"政府承担"规则和"自行负担"规则的选择。此时，规则进入了行动者的经济可行集合，并成为其效用函数的一部分。当对"自行负担"的期待大于方案效果（对自行负担的要求）时，因意外而导致效用水平下降；当对"政府承担"的期待大于方案效果时，因失望同样导致效用水平下降。这一过程发生在行动者均衡过程中。对于一个依循规则的行动者而言，当且仅当"效果"与"期待"相一致时，满足感才不变，即实现了行动者均衡。是为行动者规则选择的机理。

至此，似乎可以将行动者对规则的选择称为"行动者规则偏好"。然而，相关问题的研究其实才刚刚开始。大体上，研究需要解决 3 个关键问题。

第一，为什么会产生规则偏好？

我们所谓规则偏好，强调行动者对资源支配规则的倾向性，是个体层面的规则内化，而非群体规范。群体规范的形成源于个人违背规范可能会遭受惩罚，而行动者可能具有对某种支配规则的倾向，这应该只是群体中的个人对规则的认知差异，这种差异未必产生于曾经受到的惩罚，也未必会遭受惩罚。群体规范构成的行为约束是普遍的，群体中的每个行动者都受到约束。然而，规则偏好影响行动者均衡却是特别的，只有在经济可行集合中出现既定的规则时，对规则的选择才可能发生。群体中可能会有若干规则偏好不同的行动者，但是规则偏好不同不会影响他们遵守共同的社会规范。事实上，迄今为止，被经典模型引入效用函数的偏好，无不是基于基因层面的，而我们尚不能证明"政府承担"规则依循或"自行负担"规则依循，与人类基因的关系。如此看来，断言行动者存在规则偏好，为时尚早。

第二，行动者规则偏好是哪种性质的偏好？

---

① 范伯格. 史世伟，钟诚译. 经济学中的规则和选择 [M]. 西安：陕西人民出版社，2011：51-56.

从表现形式看，对某个支配规则的倾向性，反映行动者可能"预设立场"的心理活动，使行动者在决策前就已经有一个"信念"，形成了自我约束，这一点与内化道德非常相似。然而内化道德出自人类的道德情操，"规则偏好"是行动者对规则选择的结果。我们只发现因"期待"与"效果"的反差而产生的意外或失望，没有发现因这种反差是否产生了不公平感或其他情感。从形成原因看，行动者"预设立场"的习惯，应该出自行动者的理性——趋利避害的本能。这个本能，使行动者的决策其实是"策略选择"。然而，策略选择隐藏了行动者的动机，规则偏好却恰好体现了行动者依循规则的动机。这个动机不是物质利益的满足感，而是纯粹心理层面的满足感。从产生过程看，规则偏好是因规则内化而形成的，与他人无关，应当视为自利偏好。如果这样，也许应该在经典理性选择模型中，加入一种新型的自利偏好。但是这样一来，规则偏好与同样来自非物质利益社会偏好又有何不同呢？或者，支配规则合意性带来的满足感，其实与遵守道德规范带来的满足感原本就没有区别。那么，一定要强调行动者依循某种规则的倾向又有什么意义呢？

第三，行动者规则偏好有哪些类型？

如果行动者规则偏好存在，就需要找到那些异质规则偏好的行动者，对其"喜爱程度"进行度量。首先必须了解一个行动者的经济可行集合中有哪些可以选择的规则；其次，要确定这些规则如何影响行动者均衡；最后才能对其"喜爱程度"进行度量。虽然效用函数的主观性是其难以度量的真正原因，然而实际中困扰研究者的，并非测度的工具，而是测度的方向——如何对规则进行分类。对于研究者而言，行为经济学真正的挑战在于能否深刻理解人性和人类社会。因而，本项研究将规则内化引进行动者效用函数，并试图用直接而透明的方式来求证，无疑是一项重大挑战。

本研究尚未确定什么原因导致行动者的规则选择，以及行动者会对什么样的规则进行选择。本研究所做的尝试，是将遵守规则的倾向，即规则依循作为效用函数的一部分。这样处理，比将规则依循作为主观约束变量，对于解释个人层面上的行动者均衡应该更恰当。比如关于电梯更新政策合意性的讨论，如果能建立在对社会群体广泛调查的基础上，就可能反映出真正的"民意"。

此外，中国现实的规范某种程度更像是自下而上的规范。例如，凑够一群人闯红灯的行人，是不是面临"法不责众"与"有法必依"两种不同的规则选择呢？当对行人闯红灯进行处罚时，会不会改变此类行动者的"偏好"？如果在相当数量的人群中，普遍存在"法不责众"的倾向，并相对稳定，那么就需要考虑这个闯红灯的"规则"是否已经在行动者的经济可行集合中。当面临大众普遍存在"法不责众"的规则倾向时，处罚行人闯红灯的社会成本，恐怕并不见得会比"司机礼让行人"而损失的社会收益要小。现实中，当经济资源由一项规则来支配时，就成为一个配置"方式"或一项"政策"。如果行动者确实内化了某个规则，同样也有一种自己喜欢的"方式"或"政策"，如同一个信念，构成了对那个"方式"或"政策"的"期待"。当此类规则的约束与行动者的信念产生冲突时，理性的行动者将会采取行动进行调整。由此可见，如果能构建一个解释行动者规则选择的理性选择框架，对于理解中国现实社会的冲突协调机制，应当是十分有益的。

第三章　规则依循与群体偏好：
资源支配者说

第一节　小区治理与业主行为相关研究回顾

一、社区治理层面的研究

在中国语境下，住宅小区就是社区的基层单元，住宅小区治理是政府与社区组织、社区民众共同管理社区公共事务、提供社区服务的活动（魏娜，2015），是社区治理的一个有机构成部分，因此研究住宅小区治理应从研究社区治理入手。我国学术界关于社区治理研究重点是社区民主建设、社区自治建设、社区实践建设、社区治理结构四个方面，但是目前研究主题之间的关联性不足，研究成果相对独立，尚未形成对现实有较强解释力的社区治理分析框架，定量分析成果偏少（赵岩、孙涛，2016）。

第一，社区组织和政府关系研究。尽管早期就有学者指出我国城市社区组织和政府之间应该是委托代理关系（陈喜强，2004），然而在以单位住房社区为主向以商品房社区为主的社区转型过程中，社区资源的积累不足导致了单位组织退出曲折化、"治理空缺"出现并伴随社区环境快速恶化（毛子丹、柴彦威，2013）。可见社区治理中的政府角色定位不清至今仍然存在。

第二，社区治理模式研究。在国内社区经历了"单位制""街居制"和"社区制"3个历史阶段后，治理模式呈现出多元化的趋势（陈广宇等，2016），当前城市社区治理模式主要有政府主导模式、市场主导模式、社会自治模式和专家参与模式四种（葛天任、李强，2016）。可见现实中治理模式差异对住宅小区治理绩效的影响客观存在。

第三，社区自组织能力评价研究。杨贵华（2009）从社区共同体的资源整合利用能力，社区自组织网络的结构和发育程度，社区居民自主参与社区公共事务和社区活动的状况，社区共同体的自我管理能力，社区共同体的自我服务能力，社区共同体的自我教育、自我约束、自我调解纠纷的能力六个方面来评价社区自组织能力。根据单菲菲（2016）采用文献分析、比较分析的方法回顾理论与实践，发现城市社区治理绩效评价存在着社区中行政与自治配置何以最优、政府行动与居民需求何以对接、"碎片化"的实践绩效与学术评价何以整合的现实困惑。基于公共价值的视角反思认为，作为地域型社会生活共同体的社区，社区治理的绩效不仅仅是政府自己生产的，而且是多元主体合作的产物，必须以反映广大社区居民集体偏好的公共价值为基础。表明对社区的描述有可能采用量化的指标，而不仅是案例研究，关键是如何将"碎片化"的实践绩效纳入统一的实证框架。

第四，转型期社区治理困难原因研究。王星（2012）指出，由于当前中国城市基层社会参与主体因利益分化而产生不平等，以居民为代表的生计型弱势参与者相互间"利益冲突"难以平衡，迫使以政府为代表的权责型强势参与者重新介入，造成中国城市基层社会秩序建设的"悖论事实"，为此需要创建研究转型期中国城市基层社会秩序建设的实证理论。葛天任和薛澜（2015）认为，社会转型的变化趋势是个体逐渐脱嵌于社会，个体的权利意识觉醒，行为方式和生活方式不再过度依赖于社会。社会冲突出现个体化倾向，社会冲突的主体出现个体化趋势。例如非法上访、个体泄愤、个人反社会极端暴力事件等。其原因在于社会的个体化或原子化现象显现。因此，当前具有总体性特征的社区管理模式已经失去了其社会经济基础，难以适应社会新的变化，应当引入社会治理的理念。

二、住宅小区管理层面的研究

学界从住宅小区管理层面的研究也多聚焦在我国城市住宅小区治理机制这个主题上，并呈现多视角研究、多点开花的状态。相关研究从社会管理和制度建设两个视角展开，同样以定性研究为主。

第一，社会管理视角。主要研究城市住宅小区中与物业管理相关的问题。

重点研究住宅小区物业管理纠纷性质、原因及解决机制。研究的目的是解决现实问题，主要是针对物业管理纠纷，提出解决问题的对策和思路。如提出要强化监管以规范物业公司行为（黄安永、钟国贺，2009），要完善物业管理纠纷调解机制（马克力等，2008），要用行政手段加强城市老旧小区的管理（陆婷婷，2008），如通过协调高低楼层住户利益，制定公平合理的费用分摊补偿比例，合理确定各楼层的投票权数来推进老旧住宅加装电梯（刘晓君、孙勇凯，2019）。总体上，该视角研究者来自建筑学、管理学、社会学、法学等领域，大都与政府相关部门有合作关系，主张继续发挥行政和法律手段在社会管理领域的主导作用。典型的研究机构如东南大学物业管理研究中心。

　　第二，制度建设视角。主要探讨业主自治对中国社会基层民主建设的意义。重点是小区业主委员会选举和业主维权。研究者普遍认为住宅小区治理的困难在于社会自治不足、政府职能转换不到位、居委会资源匮乏（陈天祥、杨婷，2011）。为此，有学者主张将业主自治作为中国城市运行的方向，期望通过民主进程自然解决中国城市住宅小区的治理困境（唐卫娟、黄平，2009）。魏娜、张小进（2010）将集体行动界定为利益相关者所采取的一致行为的过程。该过程不仅包括了非制度化的各种组织外集体行为（如集体上访、集体维权等），而且也包括了制度化渠道内的组织化集体行为（如公共政策的问题发现、政策制定和执行等）。而制度化的设计是非制度化组织外集体行为达成的根本途径，因此主张让公民有序参与公共政策制定。陈文（2011）提出当前社会管理的主要任务是通过基层群众自治制度建设，在完善居民委员会和业主委员会自治制度的基础上加强社区多元治理。魏娜、崔玉开（2011）研究了社区公民网络参与的运行机制，并指出网络社区的身份困境是影响网络参与社区治理效果的原因之一。朱瑾、王兴元（2012）指出关系治理和文化治理应当成为我国进行网络社区治理的关键方式，主张以关系治理手段，如契约关系、人际关系，促进网络社区成员的互惠互利关系。张晓娟、周学春（2016）认为虚拟社区治理策略会影响用户的知识贡献行为，并且这种影响是通过用户就绪度中介的。此外，研究还发现虚拟社区治理策略的影响是非对称的，即不同的治理策略通过不同的路径和机制影响用户的知识贡献行为。该视角关注者较多，是政治学、行政管理、法学等研究领域的热点问题之一，总体上将住宅小区治理存在问题的根本原因归结于当前中国基层社区治理制度不健全，希望通过完善自治组织运行机制促进业主参与自治，提高社会治理水平。

三、业主行为研究

前述社区治理、住宅小区管理层面的研究都是问题导向的，缺乏系统性。

一些学者把中国城市住宅小区看作是具有典型公共池塘资源特征的研究对象，认为公共池塘资源是特定群体的公共财产或公共事务（The commons），主张这类事务应当以当事人（业主）为主体来处理。代表性的观点是基于"有限政府"假定，主张个人应当在公共事务中发挥积极作用（毛寿龙，李梅，2000）。在这个理论背景下，有学者以住宅小区业主自治为行为情境，研究业主合作与集体选择，重点是业主行为。

典型的代表是南京理工大学应用经济研究所。该团队把住宅小区的公共事务称为"共享资源（shared resource）"，把业主自治视为"自发供给制度（The voluntary supply institution）"（朱宪辰、章平，2005），认为在我国制度转型中，人们对城市社区尤其是住宅小区的共享资源普遍存在个体认知状态异质性，需要引入个体决策的学习行为模型来考察个体认知状态异质性与共享资源治理的关系（朱宪辰、李玉连，2006）。他们认为，"社会转型需要个体信念和决策规则、群体内个体间行为互动方式与制度体系的匹配"，可以通过"考察从科层化的垂直行政权力支配体系向市场化水平协调规则体系转型过程中，个体对共享资源治理认知状态的变化，例如个体原有的依赖政府的偏好关系和对资源损益预期的变化"来理解这种互动方式与制度体系的匹配关系。在学习过程中，制度约束是外显的，个体认知是内隐的，外显的制度层面可因各种外生"冲击"而迅速发生改变，而内隐的认知调整——对应规则认同与具体决策知识的习得与调整，则是一个缓慢发生的个体心智模型与环境互动的调整试错学习过程（朱宪辰等，2006）。朱宪辰等还认为个体认知的调整还受到"资源支配的规则偏好"的影响，曾明确指出，中国的政治、经济"转型意味着改变，环境发生剧烈变化的一个突出表现是资源支配规则逐渐多元化，即从单一行政控制向行政控制规则与自愿交易规则并存转变。长期生活在计划经济体制下的各级政府、各类组织及国人均尚未建立起适应市场经济环境的信念及交往惯例，导致身处其中的组织及个体因此面临着既定信念与变化了的环境之间的不适应。由此形成了两类不同的关于资源支配的规则偏好：一类是偏好自主决策，另一类是偏好依赖政府供给。持不同偏好的个体在交往过程中的行为取向往往各行其是，社会经济领域的诸多冲突产生的根源正在于此"（朱宪辰等，2014）。总体上，其理论框架是"个体偏好－策略预期"框架，其中个体在"共享资源治理制度转型中的规则认同（偏好）"是对"垂直行政权力支配"或"水平市场化协调"的偏好，政府和市场角色的变化与民众对于政府及其政策偏好取向和信念估计是协同调整的（朱宪辰等，2015a），引发个体信念于偏好互动调整的原因是规则公平偏好（朱宪辰等，2015b）。有关"资源支配规则偏好"被直接表述为：个体对规则的偏好源自对规则正当性的好恶。将奥斯特罗姆"民主制度"与"极权制度"相分立的思想，理解为两类博弈规则：一是由资源占用者（当事人）内部约定，如投票；二是由外部权威当局规定，如政府。其中，"当事人内部约定"属于内生制度，具有"自下而上"的水平（horizontal）民主协商特征，而"外部权威规定"属于外生制度，具有"自上而下"的垂直（Vertical）规定特征，就是"科层规范"（hierarchical norm）（李志云等，2017）。其两种资源支配规则明确为"权威—服从"和"水平—协商"，并开展了多项住宅小区业主调查，对业主的规则偏好及其影响因素进行了检验。

四、总结与评述

上述研究，从社区治理角度研究住宅小区治理，关注到影响政府与居民关系的治理规则及其变化；从社会管理视角研究住宅小区治理，关注到物业公司与小区业主的利益冲突及纠纷解决规则；从制度建设视角研究住宅小区治理，关注到业主自治组织运行机制和业主参与自治组织的机制。这些研究有一定的关联性，但是缺乏系统性。业主行为视角的研究，以业主与政府的冲突为焦点，把规则简化为"权威—服从"和"水平—协商"，这其实是两种沟通方式，且博弈中的学习、沟通、协商都是在假设没有利益冲突的前提下，很难说明结果为什么不是物质利益偏好而是规则偏好。对这两项与本项目的研究成果进行分析，可以看到内生规则与外生规则的矛盾。

第一项研究成果发表于 2015 年。该论文以"南京市老旧高层住宅电梯整治工作"政策为背景①。该项研究认为当前我国制度转型的特征是"垂直行政权力支配"向"水平市场化协调","在一项特定制度运行或政策实施中，随着个体经历时间足够长，其偏好与信念也会发生与制度相对应的变化。当历经转型期，该项制度名义上发生变化，但是却会引起个体认知调适危机——偏好和信念未能及时随制度转型做相应调整。"研究者将南京市老旧高层住宅小区分为政策内组（政府出资整治政策范围内小区）和政策外组（政府出资整治政策范围外小区），于 2012 年 7 月至 12 月间，取得了南京市 35 个住宅小区的业主问卷数据，其中政策内组 17 个小区，有效问卷 351份，政策外组有 18 个小区，有效问卷 350 份。主要结论为"垂直行政权力支配"仍然是小区治理各方的主要规则认同，但是个体依赖"政府解决"的策略预期降低，而"业主协商解决"策略预期有所提高，福利政策照顾经历对个体规则认同与策略预期调整产生影响，以往经历中福利政策经历时间长、范围广及受特定福利政策照顾的个体，其持有的"垂直行政权力支配（政府应负责）"规则认同度显著高、持有的"业主协商解决"小区共享资源治理的策略预期显著低。

第二项研究成果发表于 2016 年的学位论文。该研究以住宅转型维修资金政策为背景，将"规则偏好"表述为"对于既定的决策规则个体的好恶态度"，假设个体对维修资金治理的两种规则——"依赖政府代管"和"自我协商合作治理"存在规则偏好。其中，"依赖政府代管"被定义为旧的治理规则，"自我协商合作治理"被定义为新的治理规则，"规则偏好就是对维修资金治理不同模式的认同程度"。通过南京市某小区的业主问卷，得出主要结论为：个体新旧治理规则与策略的认知不协调是导致维修资金治理存在困境的主要原因；以往受到特定福利政策照顾的个体，对于资金治理，持有的依赖政府部门监管的认可度较高，相反持有的合作治理的策略预期较低。

两项研究中，老旧电梯更新是提供情境，维修资金使用是提取情境。在这两种公共池塘资源的行为情境下，都观察到政府依赖（权威—服从）倾向，但是在理性选择模型中，可以用不同的原因来解释。提供情境下政府依赖是为了搭便车，提取情境下政府依赖是对行政监管资金的信任，并不能排除物质利益偏好。因此，政府依赖究竟是行为表现还是行为动机，显然存在

---

① 这个背景也是我们第二章实证的情境变量。

矛盾。

我们意识到，在物理空间限制下，业主互动是重复博弈，互动均衡就是治理方式或规则。因此，通过研究业主决策依循的规则，就可以理解业主参与自治的条件，理解自治组织的运行机制。但是依循规则要作为偏好，成为行为动机，必须具有生物学的基础，这样就需要借鉴行为理论和演化理论来研究。我们已在2016年完成了含群体属性角色特征的个人决策模型：价值观、资源支配方式、信念、约束与偏好互动的 VSBPC 模型（李涛，2016），可以直接在该模型中研究住宅小区业主的规则依循行为，基于业主依循的规则，研究群体偏好，理解不同小区的治理方式与群体属性的关系，进而探索群体偏好异质性与业主自治的激励之间的关系，为解决业主委员会成立难、认同难提供政策思路。

第二节　资源支配者决策模型（VSBPC）

一、个人决策的 BPC 模型

1. 理性选择与"动机—结果"范式

经济学研究的基本范式是将纷繁复杂的经济现象抽象为若干经济变量，构建一个统一的经济模型来反映变量的相互关系。为此，主流经济学建立了行为研究的理性选择模型（rational chosen model），考察行为者客观约束和主观偏好如何影响其决策均衡，是一个"动机—结果"范式。行为经济学家泰勒（R. H. Thaler，2016），主张用行为主义取代理性主义，研究与标准经济学模型相悖的反常行为。然而，在金迪斯（2011）看来，行为经济学家"只瞄准理性行动者模型，是因为他们坚信实验结果否认了理性"，这种做法是十分错误的。究其原因，"部分缘于他们从经典博弈论中借用了一个残缺的理性概念，部分缘于他们太狭隘地理解了理性行动者模型，部分缘于他们对公认至理的一种无理不敬"。为此，他构建了 BPC 模型拟统一人类行为分析范式。

行为经济学与经典经济学的分歧核心是行为者理性或非理性，实质是经济学研究范式之争。与之相关的概念主要是理性、非理性和有限理性。

经济学家莱宾斯坦提出完全理性概念。"完全理性"的含义是行为者既有完整的知识，又能对行为所发生的结果进行完全预测，同时结果是个人利益的最大化（Leeibenstein，1979）。与其相应的概念是选择性理性，即不同程度的理性。这样就产生了与完全理性对应的概念"非理性"。

"非理性"又包括"认知理性结果非理性"和"认知非理性"两种观点。结果非理性是指未能最大化行为者收益。鉴于行为者决策是一个时间过程，结果非理性可能未必是行为者的偏好，而是因信息失真做出的错误决策。为此，我国学者何大安（2006）认为：个体的理性选择根源于对收益和风险的比较，判断个体行为是否理性时可以落实到认知、信息、环境这三个因素上，可以将直觉、经验、从众心理、权威观念等看作是影响或决定个体非理性选择的变量。

心理学家兼经济学家西蒙（H. A. Simon，2013）指出：即使在信息不充分条件下，行为者也会努力采取让自己满意或自己认为"足够好"的行动，这个行动过程是行为的"满意化"（satisficing），体现了行为者的"有限理性"（bounded rationality）。行为的"满意化"可以理解为认知理性，也就是说，行为者是按照自己认为合理的方式来采取行动的。他所谓的"信息不充分条件"是指信息处理能力、知识有限，可以看作是认知能力的局限。"有限理性"可以理解为认知能力达不到选择在给定偏好和约束条件下最高回报的方案。

在经济学家森（A. Sen，2006）看来，理性选择模型只是理性选择理论（rational chosen theory）的一种数学形式。其中理性通常被定义为某种公式性的条件，比如满足选择的内在一致性（internal consistency of choice），或符合预期效用最大化（expected utility maximization）的公理，或者彻底的自利最大化（relentless utility maximization），并排除了其他选择理由的可能。理性假定是个人选择服从于推理要求（the demands of reason）的需要。因此，只需在理性选择模型结构中拓宽信息基础，就可以加入其他选择的理由。因而不存在所谓有限理性。

事实上，森（2006）理性概念十分宽泛。他认为"某些对偏好和选择的非常刻板的看法，比如那种认为个人仅追求视为其个人利益的目标的观点（不给其他目标留下余地，并忽视狭隘的自私自利之外的所有价值）"简直是

"理性的白痴"，对理性的理解应该更加宽泛，除了私人利益，还包括个人的福利、个人的目标、个人的价值（包括阿罗①所说的"对价值观的估价"）及"个人可以合理选择的不同理由"。总之，但凡行为者有明确的行为目的，即可视为理性。

经济学理性假设源自有关人类行为是有目的的活动的思想。这一思想的基础是心理学对人类行为动机的研究。根据心理学家亨特的研究，心理学早期主要以行为主义和精神分析为代表，从生物的维度研究人的动机。随着行为主义的衰落，现代心理学裂变成为由 70 多个专业分支构成的学科，主要包括人格心理学、发展心理学、社会心理学、知觉心理学、动机与情绪心理学和认知心理学六大领域，并呈现诸学科融合的特点（亨特，2013）。

从融合的角度看，心理学家倾向于建立一个解释人类行为动机的统一框架。这个框架中，人的行为动机具有三个功能：一是动机的始动功能，即个体行为启发、激发功能；二是动机的定向、引导、维持功能，即个体行为方向、持续、稳定功能；三是动机的调节和强化功能，即个体行为改变、从本能到自觉的习惯。我国学者沐守宽（1998）因此将动机分为三个层次、五种因素，第一是外在诱因，起到始动的作用；第二是本能、需要、驱力，起定向、引导、维持的作用；第三是行为目标，起调节和强化的作用。动机要素的主要构件为目标、诱因、本能、需要、驱力五种因素。如果将动机看作是引起、维持个体活动并使活动朝某一目标进行的内在动力系统，那么认识也应属于动机系统。总体上，在心理学家看来，由行为人意志决定的动机有两种基本形式，一种是无意识的动机，另一种是被意识的动机。前者体现为本能或潜意识驱动的行为，后者体现为主动有目的学习和认知调整的行为。动机的定向、引导和维持功能只有靠在认知学习的目的性动机下才能发生持续作用，因而总体上，被意识动机是基于行为者内在需要，在认知过程产生激励的。由本能产生的驱力是无意识动机，在被意识到的目标、诱因作用下，无意识动机被强化形成某种固定模式，并伴随特定的情绪，这些固定模式在行为者来看，是其行为的"习惯"，这种习惯又影响了学习和认知协调；学习和认知协调活动持续反复，使得人类活动具有的那些固定模型体现出类似本能或潜意识驱动行动的特征。

---

① 指 1972 年诺贝尔经济学奖获得者美国经济学家 K. J. 阿罗（Kenneth J. Arrow）。

2. BPC 对理性的统一

在逻辑上，当理性、非理性和有限理性同时进入一个行为"动机—结果"链条后，理性选择模型就得以扩展到无意识行为、信息不完全条件下被意识行为领域。然而，由于只有理性偏好才能用效用函数来描述，由无意识动机引发的行为结果，原则上不能进入效用函数。此外，扩展后的模型虽然纳入非物质利益偏好，但是对非物质利益偏好的表征异常困难①。

为此，经济学家金迪斯认为，既然无法用理性选择模型解释非理性、有限理性行为，而且理性并不意味着行动者是自私的，那么就没有必要纠结行为者究竟是哪一个类型的"理性人"。事实上，真实世界中的行为者，行动通常会由其信念来主导，只要遵循"偏好一致性"公理，即人们在不同的约束下表现出的显示偏好，具有一致性，理性选择就是特定场景中秉持某种行为信念的个人，给定偏好和约束下的行为。因而可以将理性选择模型转换为信念、偏好和约束（beliefs, preferences and constraints）模型，简称为 BPC 模型。BPC 在形式上就是一个博弈论方法的体现（a variant of a game-theoretic），它建立在人们具有可传递偏好及关于他人行为和自身行为后果信念的前提下。在此框架下对人类行为的分析可表述为：行为者给定信念和约束的条件下，对最符合自己偏好的行为做出选择（H. Gintis，2007）。

在金迪斯看来，信念是决策理论的主观先验，合理地存在与选择和赢利之间，是理性行动者模型中行为的初始数据。信念是社会过程的产物，并且会在个体之间分享。因此，BPC 模型的偏好一致性具有基本进化论的理论支持。同时，由于偏好一致性并没有假定无限的信息处理能力和完美知识，即便西蒙所谓的有限理性，也与 BPC 模型相符。

在心理学家看来，信念是激励个体根据自己的观点、原则和世界观去行动的、被意识到的需要的系统。以信念的形式表现的需要，其内容是关于自然环境和社会环境的知识及对这些知识的某种理解。当这些知识形成有序和有内在组织的观点体系时，就可以被看作是个体的世界观。因此，BPC 的信念应该是由价值观决定并反映价值观的，同时对行为具有指导作用。

―――――――――

① 为了表征非物质利益偏好，实验经济学设计了一个激励机制，用货币激励行为者，从行为者对货币激励的反应中观察其非物质利益偏好。简单地说就是给你钱，如果不要，那你一定是不爱钱，而爱其他。尽管这个范式广受诟病，尤其是受到心理学家的严厉批评，但是也体现经济学家对偏好一致性原则的维护。

3. 心理学层面对 BPC 模型的理解

从心理学层面看"动机—结果"范式，BPC 模型信念是基于情境的，这个意义上信念更接近心理学家的价值取向概念。社会心理学家金盛华（2010）认为，价值取向是人们对特定事物所采取的价值观，是和具体事物、情境相关联的，人们在特点对象之上所进行的价值选择，也是人们对特定事物的态度。为此有必要梳理经济学家与心理学家在"态度""价值""偏好"和"选择"几个概念上的认识。

行为经济学家威尔金森（N. Wilkinson，2012）认为，经济学家和心理学家对上述这些概念"并未达成理解的共识"。经济学家在传统上比较关注偏好，但是心理学家更关注态度，在标准理性模型中假定态度决定偏好。心理学家把态度理解为"在用某种程度的喜好或厌恶来评价一个特定的实体时所表现的心理倾向"，其产生物属于心理表征（mental representations），经常会根据表征进行直觉推断。价值的含义是指对某一物品的定量评估，这种评估由态度得出，即价值的决定涉及判断。价值的这个含义也就是标准模型中的效用，既包括行为过程引发的"体验效用"，也包括行为后果引发的"决策效用"。在标准模型中，选择就是显示偏好。于是，在理性选择标准模型的"动机—结果"范式中，这几个概念的逻辑关系如下：

态度（内隐偏好/动机）/效用（价值）→行为/选择（显示偏好）

BPC 模型中，信念作为态度，反映了行为者的价值取向，涉及行为者对得失的判断。得失本身是客观的，但是引发对得失进行判断的态度是主观的，于是信念作为行为者的先验概率，成为定义行为的初始数据。同时，行为者对得失的期望，而不是得失本身，才是真正的行为动机。

行为者对得失的期望，被称为期望效用。而选择的结果，即"得失"，作为显示偏好，显示了期望效用。因此，期望效用就是行为者的价值取向——信念。

4. 博弈行为层面对 BPC 模型的理解

在博弈行为层面，与价值取向密切相关的概念是价值观。关于价值观和价值取向之间的关系，按照金盛华（2010）的观点，前者强调的是认知层面，注重人们判断事物价值的视角，具有系统性和静态性等特点；后者的指向性更为明确，与更为具体的行动选择相关联，是个人价值观的体现。很多研究情境中，价值观可以和价值取向互换，不过价值取向的说法更强调了主体与客体的关联性和主体对客体的选择性。社会学家斯科特把价值观视为文化—认知性规则（W. R. Scott，2010）。如果我们将价值取向视为与特定情境相关的行为者信念，那么可以理解 BPC 模型关于人类行为的分析范式如下：

价值观→基于情境的信念/态度（价值取向)/效用→行为/选择（显示偏好）

根据上述理解，结合金迪斯 BPC 模型的博弈论思想，参照经济学家肖特（A. Scott，2009）对社会制度的定义，可以将 BPC 模型概述如下：

定义一个行为者的价值观 V，使他处于一个情境 A 中时，可以从情境 A 的 A×A 个子集中识别出自身面临的处境（选择集 X，观念上的可选集），然后分析所有的约束条件（审时度势），确立行为目标（态度），继而估计出选择集 X 的子集哪些可能是与目标相符合的行动空间（可行集 B）及与目标相符的可能性（信念），引导他在情境 A 中采取行动，以实现行为目标。

其中，情境 A 给定了行为者所受的约束（可行集 B）。行为目标包括增加的收益和减少损失的自利目标，也包括关怀他人的目标，是在情境 A 下个人对特定实体的心理倾向，即价值倾向和态度的反映。而对行为目标实现可能性的估计，就是行为经济学家所谓的信念。其中，价值取向与行为的关系是：（1）行为是价值取向的表现；（2）价值取向引导行为；（3）行为可能诱导价值取向的改变。可见，信念、偏好与约束是互动关系。BPC 模型结构如图 3-1 所示。

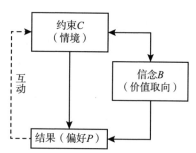

图 3-1　信念、约束和偏好理性选择模型（BPC）

图 3-1 中，信念 B 是决策情境约束 C 和行为者偏好 P 的主观先验，同时也是在决策情境 C 约束下的价值取向，基于信念的偏好和约束互动的结果为显示偏好，由偏好一致性公理，这个结果就是行为者偏好。理性行为者不仅在行动前持有信念，即过程理性，而且当行为结果 P 发生后，会重新回到

约束情境下判断行为结果是否符合信念，即结果理性。BPC 互动的结果，过程理性与结果理性得到统一。

综合起来看，BPC 模型分析行为采用了"目标—行动—结果"分析范式，将特定情境下的行为目标作为行为的起点。信念受行动场景（情境）的约束，目标由信念决定，行动以目标为主导，后果反映了行为偏好。

由于偏好一致性并没有假定无限的信息处理能力和完美知识，即便西蒙所谓的有限理性，也与 BPC 模型相符。因为，在"目标—行动—结果"的行为机制中，"行为者理性"指的是"有目的"的行动；"行为者均衡"指行动结果符合目的。这就意味着，凡是有目的的行动，皆为理性。

BPC 模型的方法论是个人主义视角，其中信念 B 与约束 C 互动给定了参与者的行为情境，然而真实世界行为者是某个制度场域中的某个经济"角色"，重复发生的经济行为应该具有某种类属性特征。在社会学家看来，社会角色由其遵循的规则来定义，在社会心理学看来，行动者的角色并非由其某种外显的身份来定义，而是由其对自身的认同——自我感知的角色来定义。以社会心理学理论为基础，结合方法论的规则主义，当从行为者自我感知的角色层面来考察行为动机时，需要将 BPC 模型从行为者层面扩展到角色层面。

二、基于制度结构的 BPC 模型：VBPC 模型和 SBPC 模型

1. 结构主义 BPC 模型的逻辑

按照我国学者张曙光（1992）的理解，制度作为"某一特定类型活动和关系的行为准则"时，是具体的"制度安排"；制度还可以指"一个社会中各种制度安排的总和"，即"制度结构"。

金迪斯（2011）认为，他的 BPC 模型是建立在行为分析的统一框架上的，这个框架包括五大概念单元：（1）基因—文化共同演化；（2）规范的社会心理学理论；（3）博弈论；（4）理性行动者模型；（5）复杂性理论。他指出"基因—文化共同演化源自社会组织的生物学理论（社会生物学），并且是基础性的，因为智人是一种进化而来的高度社会化的生物物种。规范的社会心理学理论包括来自社会学和社会心理学的基本见解，这些见解适用于从狩猎—采集社会到发达科技社会所有的人类社会组织形式。这些社会都是基因—文化共同演化的产物，具有涌现性，包括社会规范及其心理关联或先

决条件，无法从系统（互动的行为主体）的构成部分解析推导出来。"这就意味着，BPC 模型包含了制度结构、制度化及行为者社会化等视角。

2. 从静态的制度结构角度来理解 BPC 模型

新制度主义将制度视为人群中个人遵从的社会规范。其中，"遵从"强调遵守和认同，具有客观上被约束和主观上愿意接受双重含义。社会学家斯科特（2010）明确提出"制度的三大基础性要素"思想，将"规制性（regulative）""规范性（normative）"和"文化—认知性（cultural-cognitive）"作为制度的基础性要素。他认为，规制性要素强调制度制约、规制、调节行为，体现为明确、外在的各种规制过程，如规制设定、监督和奖惩活动；规范性要素强调制度的说明性、评价性和义务性，体现为规范性规则，包括价值观和规范；"文化—认知性"要素强调制度关于社会实在性质的共同理解，以及建构意义的认知框架（符号系统）。这三大基础性要素构成了一个连续体，相互独立或相互强化，可以以某种方法，构成一个强有力的、具有弹性的社会框架，以容纳和展现这些结构性力量。按照斯科特的思想，制度的三大基础性要素，会通过不同的机制产生影响。形成了三个同时运转的制度化机制：（1）规制性规则机制；（2）规范性规则机制；（3）"文化—认知"机制。

在斯科特之前，社会学把制度的构成要件归纳为"目的、思想和手段"。结合斯科特的思想，制度的目的和手段应该是由规制性规则和规范性规则来体现的；制度思想，则应该由"文化—认知"规则来体现。进一步分析可以发现，关于制度目的、手段的制度安排，应该是对制度思想的遵从和体现。"遵从"是就规制性规则而言，"体现"是就规范性规则而言。于是，斯科特所谓同时运转的机制，并非平行的，而是有秩序的：由"文化—认知"形成制度思想，然后体现制度思想的规范性规则产生；体现规范性规则的部分制度思想得到遵从，进而规制性规则产生。在规范性规则和规制性规则都产生之后，"文化—认知"机制与规范性机制、规制性机制共同作用，形成制度的传递机制，使制度得以维持和扩散。

进一步理解斯科特（W. R. Scott，2010）的观点，三大机制对制度的传递是通过符号系统、关系系统、惯例和人工器物四个"传递者"进行的。其中，他采用萨奇曼（M. C. Suchman，1996）的定义，将人工器物等同于为物质产品可以理解为制度化带来的物质利益；惯例是习惯化的行为，往往在关系系统内习得；关系系统反映与行为者社会位置相联系的网络，也就是身份。尽管这四个传递者是交叉的，但是规制性规则要能够为维护规则的"外在权威"带来日益递增的回报，才能得以维持、扩散，因此必须强调物质激励的作用；规范性规则的繁荣以所涉各方日益递增的承诺为基础，因此必须强调身份的作用；"文化—认知性"规则的力量，有赖于那些"将制度思想当成真实和当然的主张而接受"的人们之间的关系，因此必须强调思想观念的作用。在三大基础性因素基础上衍生了三大激励机制，分别为：物质利益机制、身份机制和思想观念机制。

金迪斯（2011）认为，在一个复杂社会系统中，由社会规范给每种角色赋予恰当的行为，使得个人有动力履行其职责，这种动力来自物质利益和规范倾向的相结合。他指出，制度安排对于社会角色有规范性和规制性（积极性）两个方面的影响。在规制性方面，与社会角色相关的赢利（奖励和惩罚）必须对行为人履行其角色职责提供恰当的激励。由于资源稀缺，在与其他角色的参与人存在利益关系时，必须由外在权威维持与之相关的规则，维持规则的奖励和惩罚就是激励机制。结合斯科特的思想，这个机制应该是物质利益机制。

制度安排是制度结构化机制的产物。制度化是指这三大基础性因素通过物质利益机制、身份机制和思想观念机制共同发挥作用。具体而言，与"文化—认知性"对应的思想观念机制，聚合人们的关于制度的思想观念，形成制度思想；基于制度思想，身份机制发挥作用，并产生了价值观，形成规范性规则；物质利益机制作用与价值观，产生明确的价值取向，形成规制性规则。

根据经济学家肖特演化博弈的思想，在社会进化或经济演化过程中，习俗、民德等非正式规则被个人认同后法典化为正式规则（A. Scott，2003）。由偏好一致性公理，个人对非正式规则的认同应该体现在其行为上。物质利益和规范倾向相结合反映了行为者的社会性。行为者的社会性是制度安排对给定社会角色的恰当行为的规范，包括对社会角色的职责、权利及与角色相关的正常表现的认知，于是可以归纳结构主义的 BPC 模型逻辑如下：

制度结构（规制性/规范性）→行为者社会角色（情境）→信念（物质利益/规范倾向）：目标→行动→结果（物质利益/规范倾向）

心理学家兼经济学家卡尼曼（D. Kahneman，2012）在其代表作《思考，快与慢》中表明人们的认知思维存在两个系统："系统 1"和"系统 2"。系统 1 表现为印象、直觉、意向和感觉等，一直处于自主运行状态；系统 2 则通常处于不费力的放松状态，在系统 1 运行遇到阻碍时被激活，并明确给出处理问题的方式。

3. VBPC 模型

沿着上述逻辑，当行为人置身于一个稳定的制度结构中时，就获得一个关于其社会角色的价值观（value），在面临与该角色有关的决策时，这种价值观就会进入 BPC 模型，我们将其称为 VBPC 模型。

图 3－2 是 VBPC 模型的结构。图形中 V 指行为者基于其社会角色的价值判断，即价值观，行为者面临与其社会角色有关的决策情境 C 约束时，在这个情境下获得决策的主观先验——信念 B。信念 B 是决策情境约束 C 和行为者偏好 P 的主观先验，同时也是在决策情境 C 约束下的价值取向，基于信念的偏好和约束互动的结果为显示偏好，由偏好一致性公理，这个结果就是行为者偏好。理性行为者不仅在行动前持有信念，而且信念与约束互动，会重新审视自己对该社会角色的价值判断，决策过程理性；当行为结果 P 发生后，也会再次回到与社会角色相关的价值观层面，评价约束情境下的行为结果是否符合价值判断，如果符合，结果为理性，否则为非理性。VBPC 互动的结果，过程理性与结果理性可能分离。

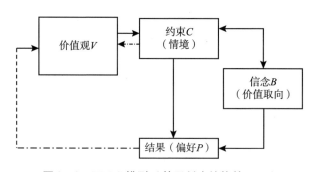

图 3－2　VBPC 模型（基于制度结构的 BPC）

事实上，VBPC 模型引入了对行为结果的价值判断，并通过信念调整来达到结果与期望的一致，实现行动均衡。在社会角色认知稳定的前提下，相当于实现了重复博弈的均衡，过程理性与结果理性最终仍然会一致。可见，

VBPC 模型仍然沿用了"目标—行动—结果"分析范式，只是纳入了个体认知学习机制，从而可以将结果非理性视为学习的代价。这也意味着，在考察日常重复发生的经济活动时，可以忽略可能出现的过程理性而结果非理性的情况。因此，VBPC 更适合考察长期决策。

4. SBPC 结构模型

如果在决策前，行为者社会角色的识别已经通过对规范性规则的认同完成了，那么这个角色就构成了他感知的"身份"。此时，在规范系统中，他已经获得了与其身份相应的有价值资源——社会资本和人力资本。

社会学家林南将有价值资源分为人力资本和社会资本，这就意味着，个体所处的社会结构，是个体所能支配的价值资源的集合（N. Lin，2005）。个体拥有的资源使他得以居于社会结构中，处于资源支配的某个位置上，与社会结构中其他行为者的资源支配行为发生互动，围绕有价值资源进行交易（竞争或合作）。当社会结构稳定时，这种资源支配关系相对也稳定，从而使得个体的资源支配方式成为习惯。演化博弈论专家史密斯（J. M. Smith，2013）将个体习惯采用的某种行动方式称为行为表现型（be-havioral phenotype），并称"演化稳定策略"（evolutionary stable strategy，ESS）（J. M. Smith，2013）。鉴于所有生物个体活动都可以有行动策略，而经济行为却是人类独有的活动，因此采用"资源支配方式"概念既可以恰当地表征人类行为的策略（strategy），又能将人类行为与动物行为严格区分开来。

引入行为者资源支配方式，基于制度结构的 BPC 模型 SBPC 模型如图 3 – 3 所示。

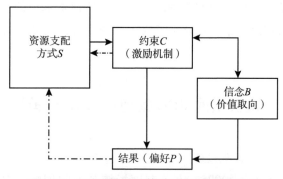

图 3 – 3　SBPC 模型（基于制度结构的 BPC）

图 3-3 的 SBPC 结构显示，行为者习惯采用某种策略 S 来支配有价值资源，资源支配方式 S 引导下，行为约束 C 体现了行为者对激励机制的理解，基于这个理解，产生了行为的价值取向并作为行动的信念，进而影响行动结果。

如前文所述，心理学家把行为者动机系统视为一个过程，这个过程包括行为始动、定向、引导、维持四个环节。以本能、驱力、需要为基础，认知贯穿始终。被意识动机应该是行为人主动的认知活动，对应于卡尼曼（D. Kahneman，2012）所谓"系统2"；无意识动机是认知过程简化的结构，对应于卡尼曼所谓"系统1"。行为目标和诱因作为动机系统的调节和强化因素，也是靠系统2发挥作用。因此，SBPC 模型事实上用资源支配方式变量体现了卡尼曼所谓系统1对行为的影响。换言之，行为者之所以按照 SBPC 来决策，原因在于这样可以提高决策效率。

SBPC 模型中，由于决策过程中信念、约束和偏好互动，过程仍然理性，但是结果可能是符合其行为策略的，也可能是不符合行为策略的。如果按照收益—成本原则来评价，即使符合其行为策略时，也可能是不理性的。在 BPC 互动的框架中，只要这个行动策略始终起作用，就意味着只要符合其行为策略的结果，就是理性的。因此，均衡可以通过重复博弈中行动策略是否稳定来判断。由于 SBPC 中行为策略符合经验主义行为假设，因此更适合分析短期行为。

5. 资源支配方式 S 与价值观 V 的关系

如前文所述，资源支配方式是个体从事经济活动的行为策略，而个体经济行为的目的是增加有价值的资源。因而，个体惯常采用的行为策略应该是增加价值资源的有效策略，在这个意义上，资源支配方式是在价值观指导下的行动策略。

三、基于制度层次的 BPC 模型：VSBPC 模型

1. 制度层次、价值观层次

根据林南（N. Lin，2005）有关制度场域观点的理解，制度场域个体行为发生的情境，同一个制度场域中的行为者服从的"同一套制度"，即对于

每一个行为者，受到该制度的约束与激励完全相同，因此相应的制度安排是所有人的"共同知识"。可见，制度场域体现了行为者的价值观。

斯科特（W. R. Scott，2010）是从制度场域角度来划分制度层次的。这就意味着，行为者价值观也应该存在层次，并且与制度场域层次相对应。

2. 社会结构、资源支配方式与行为者信心

个体拥有的价值资源人力资本和社会资本是个体所能支配的价值资源的集合。个体所处的社会结构，是一个包含了一群人的价值资源的更大的集合。可见，单个行为者的资源支配方式，与其他行为者资源支配方式组合而成的资源支配关系，就构成了社会结构。换言之，社会结构内的个体资源支配方式是与群体其他成员互动的行为表现型。

经济学家阿克洛夫和希勒认为，信心实际上反映了真实的行为态度（G. A. Akerlof & R. J. Shiller，2010）。结合资源支配方式的行为表现型，我们可以看到，信心是其核心要素，即行为者的行为表现是对某种规则支配资源有信心。可见，引入资源支配方式，事实上已经将无意识动机引发的非理性行为引入了 BPC 模型框架[①]。

3. 基于制度层次的价值观 V 和资源支配方式 S 的关系

由于价值层次与制度场域层次一致，那么就可以假定一个价值观 V 定义了一个行为者的制度场域，于是在该行为者看来，个人就被各种层次的制度场域所包围，小至家庭，大到世界，从微观到宏观，对每件事的态度，对每个人的态度，都是其价值观的一部分。

假设某中年男士每天在家要面对 3 个人：妻子、女儿、母亲。他的资源支配方式如下：

对妻子——忠诚（不欺瞒）

对女儿——疼爱（积极回应她的需求）

对母亲——孝顺（不顶撞）

家庭是他的制度场域，"家庭"定义为价值观 V_1；他和家庭其他成员还同时在亲朋好友这个更大的制度场域内，"亲友"定义为价值观 V_2；所有人都在社会这个制度场域中，"社会"定义为价值观 V_3。于是他的价值观

---

① 行为博弈论、认知博弈论、演化博弈论都不拘泥于信念作为主观先验的观点。金迪斯认为信念是基因—文化共同演化的结果，而不是理性个体的精确计算。

包含 3 个层次，依次为 V_1、V_2、V_3。那么资源支配方式 S 与价值观 V 的关系如图 3 - 4 所示。

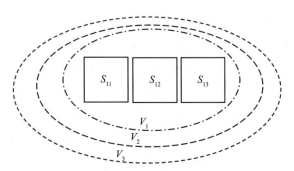

图 3 - 4   基于制度层次的价值观与资源支配方式的关系

其中，考虑 S_1、S_2、S_3 是在 V_1 层次上的行动策略，因此分别用 S_{11}、S_{12}、S_{13} 来表示。

4. VBPC 和 SBPC 的关系（VSBPC）

S_{11}、S_{12}、S_{13} 分别是在给定不同情境下 C 的行动策略，这些策略的形成机制是 SBPC。例如，在女儿小学低年级阶段，每天都有大量的字词要抄写，有时候写到晚上 9 点后，父亲就会让她去睡觉，帮她抄写。"女儿写作业太晚"是这位父亲决策的情境约束，他的信念为："小孩不能晚睡，字会写就行了，没必要抄那么多遍"，相应的期望为"让孩子按时睡觉"，行动为"帮她抄"。如果女儿的确按时睡了，该男士行动均衡。于是，他疼爱孩子的态度不变，"积极回应女儿需求"策略不变。其他的策略形成也是如此。

显然，这位父亲的三个策略总体上都是爱家人的，"爱"体现了他对家庭的价值判断。把他爱家的方式——具体对待家庭成员的态度，纳入 VBPC 模型，这个 VBPC 框架就转化为 VSBPC。通过简单的推理就可以发现，每一个 VSBPC 中都应该包含若干 SBPC。VBPC 和 SBPC 的相互关系如图 3 - 5 所示。

图 3 - 5 中，该男士家庭层面的价值观的形成机制是一个包含了 2 个策略的 VBPC 模型。我们将这个模型称为 VSBPC。

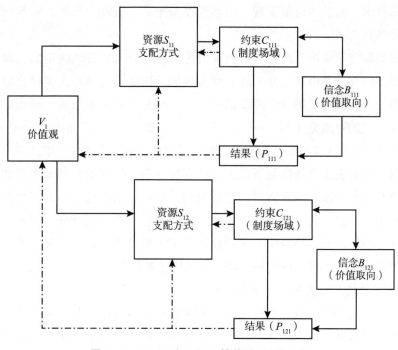

图 3-5 VBPC 和 SBPC 的关系（VSBPC）

四、资源支配方式与行为：非理性信念与行为

1. 资源支配方式的经济演化逻辑

经济激励问题是伴随劳动分工和交易而产生的。按照斯密的观点，社会分工而带来效率是经济发展的首要动力。学者阮加（2010）综合斯密（A. Smith）和杨格（A. A. Young）对于劳动分工与市场规模相互关系的论述，总结了"斯密—杨格定理"：劳动分工和市场范围是一个经济过程的不同侧面，互为因果关系，推动经济进步。这就意味着，经济活动（市场行为）受劳动分工的制约并影响劳动分工。经济过程继续下去的充分条件是劳动分工和市场范围共同发展。"正是因为分工带来的效率，现实经济才向我们呈现了报酬递增的经济事实。劳动分工取决于市场规模，而市场规模又取决于劳动分工，经济进步的可能性就存在于二者互为因果关系的条件之中。递增的报酬不是新古典所谓技术进步、规模收益等决定的，而是由专业化和分工决定的。技术进步是分工的必然结果，而规模收益递增或递减是分工收益和分工成本

的简单算术。商品的价值实现、市场规模与土地、劳动力无关，而与参与分工的劳动有关。"

根据斯密—杨格定理，分工的价值是由参与分工的劳动决定的，即个人价值资源的获得是由参与分工的劳动实现的。按照马克思对人类社会经济发展阶段的划分来看，每一个阶段都有一种劳动分工的主要形式：原始部落人群大家庭式的互惠分工形式——各尽所能，互助互利，相互信任，不必承诺；奴隶制以及封建主义依靠特权阶级支配资源的权力分工形式——服从指派，不得违背；资本主义市场机制下以工资的交换价值为特征的权利分工形式——明确权利义务关系，达成协议，遵守契约。在市场规模与劳动分工相互促进的过程中，三种劳动分工形式交织在一起，并相应产生三种分工规则，进入不同社会群体的制度场域中，深刻地影响了人们经济行为。可见人类经济活动始终在劳动分工和市场规模互动发展的历史进程中。

2. 资源支配方式的生物演化逻辑

金迪斯（2011）从基因—文化共同演化的视角将信念与约束、偏好的互动过程理解为社会规范内化的过程。他认为，社会是由道德价值观组织在一起的，这些道德价值观由社会化过程代代相传。这些价值观通过规范的内化来具体实现。规范内化的过程，依赖于威信和影响的复杂的相互作用，在这一过程中，已规范化的人会对未规范化的人（通常是更年轻的一代）潜移默化。通过规范的内化，新人被教之以道德价值观要求他们恪守其意愿担当职位之职责。当然，规范的内化也预设了道德认知的遗传倾向，而道德认知却只能由基因—文化共同演化予以解释。

内化的规范不只是作为达到其他目的的工具而被接受，它更是作为个人试图最大化的偏好函数的自变量而被接受。例如，一个拥有"说实话"内化规范价值的个人，即使在说实话的净赢利为负时也会说实话。当个人受到严重罪过（诸如愤怒、贪婪、暴食和淫欲之类）的短暂快感所诱惑时，完全社会化的个人就会调动诸如羞耻、内疚、自豪和同情之类的基本的人类情感来强化亲社会的价值观。将规范视为约束而不是目的，但是所有的规范都可能会被个人在某些条件下违背，这表明存在着权衡取舍，仅仅约束行为的规范并不存在（H. Ginitis, 2007）。

人类对社会化的开放性，或许是自然界中可见的最强大的表观遗传传递形式。这种表观遗传的灵活性很大程度上解释了智人物种进化的巨大成功，因为当个人内化规范时，意愿行为的频率将高于人们仅仅工具性地遵守规范的时候，即人们由于其利益或其他理由而感觉到应该遵循规范的时候。正是日益增加的亲社会行为，使得人类在群体中的有效合作成为可能（Ginitis，2003）。

3. 资源支配方式的制度演化逻辑

社会学家出身的经济学家范伯格（V. J. Vanberg，2011）认为，社会学家强调的规则指的是行动者遵循的行为规范。当这种行为规范独立于外部制裁，成为一个人性格的一部分时，就会发生规则的内化，即行动者遵守规范的意愿，指导其行为呈现出遵守规则的倾向，称为行动者的规则依循（rule-following）。由于人类行动遵从规范的倾向非常普遍，一切人类行动都可视为规则依循行为。他倡导制度研究方法论上的个人主义，指出"个体无论是单独还是共同行事，都只是基于他们对其周围世界的理解去追求他们眼中的利益"，同时规范的个体主义（normative individualism），即假定相关参与人对其利益和价值观的评价，是最终判断规则的优劣及"合意性"的重要标准。事实上，人类行为具有两大特征，一是对激励做出反应，二是依循规则行事。因此将规则依循行为"系统地纳入理性选择的框架是经济学视角的一个扩展。"

范伯格把制度看作是规则的交互连接和相互稳定的构型（configurations of rules），强调人类行动所依循的规则是内化了（internalization）的，是行为人自我设定的指导其个人行为的规范，是参与者单独行动或共同行动都会"依循"的规则，这些规则主要是道德、信任、团结和互惠。他还在哈耶克（F. A. Hayek）演化理论的基础上，研究人类行所依循规则的演化。假定相关参与人对其利益和价值观的评价，是最终判断规则的优劣及"合意性"的重要标准。在实证方法上，他借鉴贝克尔（G. S. Becker，1974）的家庭生产函数对约束变量的处理方法，把"规则依循"作为主观约束变量，作为家庭生产函数中环境变量的一部分，并强调环境变量的内生性，"以包括真实主观的、内心的变量的方式，如个人对世界的看法，来定义约束变量"（V. J. Vanberg，2006）。经验结果表明，这种内化的规则即行为规范是普遍存在的，几乎每一个人的行为都或多或少地受其影响，因此可以将人类的行动都看作是"真正的"规则依循行为（genuine rule-following behavior）。

金迪斯的 BPC 模型框架是个人主义和结构主义的耦合，范伯格的主张是用规则个人主义代替行为个人主义。张旭昆（2005）指出，方法论制度主义强调以制度（尤其是历史上特定的制度）为出发点，倾向以若干人组成的社会群体（如阶级、民族、宗教团体，等等）为决策单位来说明制度演化；而方法论个人主义则强调以个人（主要是抽象的经济人）为出发点，倾向以单个人为决策单位来说明制度演化。

4. 信心与信念的关系

阿克洛夫和希勒（G. A. Akerlof，R. J. Shiller，2010）认为，经济学家要从理解人类行为机制出发来理解经济运行机制。他们呼吁重新重视凯恩斯（J. M. Keynes）关于"动物精神"（animal spirits）的观点来对人类行为动机进行表征。在他们看来凯恩斯所谓"动物精神"，并不像标准模型所预测的那样，是量化收益乘以其量化概率的加权平均值，而是来自人们想要采取行为的自发冲动。他们将动物精神分为信心、公平、腐败与欺诈、货币幻觉和故事五个维度，并指出"信心实际上反映了真实的行为态度"。

制度经济学者李建德（2019）对信念所下的定义为，"信念是动物在不确定性环境条件下确定性行为的意向，是人类的意识与认知的基础。"他强调，"从制度的演化与形成过程视角，任何制度都是以个体的行为信念为基础的"，因为"智力的经济效率来自于适应性行为信念，而不是理性"。他主张，"信念应该被严格定义为一种意会知识或默认知识，甚至是非意识的、一种直觉，一种对行为与结果之间关系的直觉，"是个体适应性行为的直觉，一旦有此信念，"就已经进入行为本身，但是，从主观而言，还没有达到'理解'的水平"。可见，在他看来，信念就是直觉，而不是金迪斯所谓的理性。

按照对阿克洛夫和希勒所谓信心的理解，信心与信念的关系是卡尼曼所谓思维系统 1 和系统 2 的关系。如前文所述，BPC 模型是对理性选择标准模型的修缮，而不是背离。因而金迪思所谓的信念，是理性行为者的主观先验，也是行动的目标，是思维系统 2 运行的结果。

基于 BPC 框架，结合行为动机、思维模式，可以对信念与信心关系进一步梳理如表 3 - 1 所示。

表 3 -1　　　　　　　　　　　　　**信心与信念的关系**

变量	行为表现	思维模式	动机系统	在 BPC 中的含义	在 VSBPC 中的含义
信心	直觉的	卡尼曼系统1	无意识动机	无	对依循资源支配方式行事有信心
信念	理性计算的	卡尼曼系统2	被意识动机	目标（期望）	目标（期望）

5. "资源支配方式"的定义

在演化主义视角，资源支配方式是"演化稳定策略"（ESS）。史密斯（J. M. Smith，2013）从演化博弈论的角度对 ESS 解释为："如果整个种群每一个成员都采取了这个策略，那么在自然选择的作用下，不存在一个具有突变特征的策略能够侵犯这个种群。"这个策略就是 ESS。

资源支配方式也是一种规则依循行为。规则依循（Vanberg，2006）的含义是规则的内生化，"内生的规则"是制度演化的结果。可见，对于规则依循的行动者而言，与规则依循有关的行为只不过是规则"内生"的表现形式，因此在这个意义上，与其将规则依循作为一种偏好，不如将其作为一种行为方式来看待。同时，制度演化只有在社会变迁的层面上方可以得到更准确的观察，因而将规则依循行为后果作为行为者内化规则的显示偏好，只有在社会角色层面上才能理解。如果要在个人层面研究激励机制，依循的规则作为外生的约束处理更为合理。在组织（制度场域）层面上，正式约束规定了制度的主要框架，遵守这个框架是理性选择，除非存在投机的机会。而非正式约束作为组织的公共知识或组织成员的共同知识，是依循规则的行为者之间互动的结果。如果行为者对正式约束与非正式约束的信念存在分歧和冲突，在权利平等的基础上，互动结果会使二者趋于一致，因而在组织层面上，受到依循规则约束的参与人假设，是形成参与人信念（博弈论局中人先验概率）的前提。为此，将规则依循行为作为互动均衡的结果，在组织层面上处理为行为者的信心更为合理。

如果将方法论的制度主义和个人主义结合起来，就可以看到，内化的规范如同生物的本能一样，成为人类行为无意识动机系统的组成部分，从而打破了无意识动机系统和被意识动机系统的藩篱。因而，资源支配方式是范伯格所谓的"规则依循行为"。

综上所述，对资源支配方式进行界定如下：

行为者在社会互动中，由基因—文化共同演化形成价值观中包含了某种内化规则，使得他对在自己熟知的处境中，依循该规则行事有信心。这个规则成为他的行为表现型，就是他的资源支配方式。

6. VSBPC 框架模型——行为随信心而波动

在规则个人主义的视角下，BPC 模型产生制度化，进一步拓展为 VSBPC，其框架模型如图 3-6 所示。

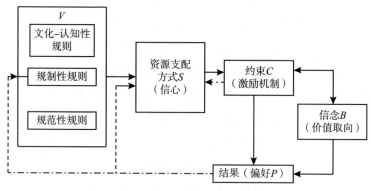

图 3-6　VSBPC 框架模型（制度化的 BPC）

如图 3-6 所示，价值观决定资源支配方式，行为结果影响信心的同时影响价值观。由于每个 V 在结构上对应若干个 S，因而行为结果对 V 的影响是通过 VBPC 和 SBPC 两者的关系为路径的。只有经过相当一段时间后才能显现出来，短期的影响是悄无声息、潜移默化的。然而行为结果对 S 的影响是直接的，从而致使行为者产生信心波动。

在 VSBPC 中，基因—文化共同演化形成个体价值观 V，包含了对规制性规则和规范性规则的认同，其中最为稳定的（演化稳定）的规范内化成为行为者依循的规则。在获取价值资源的活动中，依循规则类型化为某种资源支配方式 S，并成为其行动策略，意味着行为者建立了这种方式能增加价值资源的信心。已经建立了信心的行为者面临一个新的处境时，会以信心为基础估计自己的行动空间，形成行动的主观先验（信念），进而选择能够最大化自己利益（期望效用，包括非物质利益）的行动。如果行动收益（增加的价值资源的效用）与期望效用相符合，行动者实现均衡。对资源支配方式 S 的信心不会改变，信念也不会改变；如果行动收益大于期望效用，会提高该资

源支配方式 S 的信心；如果行动收益小于期望效用，会降低该资源支配方式 S 的信心，行动者未实现均衡。

于是进一步可以归纳信心与信念的关系如表 3 - 2 所示。

表 3 - 2　　　　　　　　　信心与信念的关系

	行为表现型	思维模式	动机系统	行为分析变量
信心	依循规则	卡尼曼系统 1	无意识动机	S：资源支配方式
信念	理性计算的	卡尼曼系统 2	被意识动机	B：期望效用

VSBPC 模型假设行为者是某个制度场域（如社会和组织）的成员，其行为是他自我感知在该制度场域内的角色行为，因此行为结果（显示偏好 P）是自我感知角色的价值观 V（自我评价）、对该角色的信心（资源支配方式 S）、对行为的信念 B（价值取向）、行为受到的激励机制约束 C（行为情境）互动的结果。

第三节　群体偏好的资源支配者说

一、群体偏好与群体规范

1. 群体偏好

我们在第二章的规则依循行为假说中，将偏好分成物质利益偏好和非物质利益偏好。一般地，行为经济学家把偏好分为自利偏好（self-preference）和社会偏好（social preference）。前者指追求个人利益而与他人行动无关的偏好，后者指受他人行动的外部性影响的偏好（斯科特[1]，2009）。理论上，一切人类的情感，同情、嫉妒、不公平厌恶等，都可以纳入受他人行动外部性

---

[1]　为纽约大学经济学教授斯科特（Andrew Schotter），此处引用观点参考其著作《中级微观经济学现代观点》中文版，机械工业出版社 2009 年版，第 17～26 页。本书引用的另一本该作者的著作《社会制度的经济理论》其姓名的中文翻译又为安德鲁·肖特。

影响产生的偏好上。这种划分忽略了物质利益偏好和非物质利益偏好可能交叉、平行的关系。例如，一个追求自己内心平静的人帮忙他人时，行善的理由不是对他人的同情，而是自身的修行。此时，自利偏好就包含了非物质利益偏好。如此，就不难理解，为什么斯密在《道德情操论》中把基于个人利益的利己主义称为"自爱"（self-love）（斯密，1997）。在斯密看来，自爱的动机与利他的结果可能是一致的。

金迪斯在文化—基因演化层面考察偏好，但是 BPC 模型从给定的行为场景出发，借助标准模型来考察行为结果与偏好的关系，认为有目的的行为皆为理性，未对物质利益偏好和非物质利益偏好进行区分，从而无法解释自爱的动机与利他的结果之间的矛盾。

受社会心理学所谓一切行为皆为价值观引导的影响，VSBPC 模型把价值观归纳为物质利益/规范倾向。而且强调在社会结构中，个人的物质利益/规范倾向是在与其他人互动过程中形成的，物质利益/规范倾向存在差异的个人与他人博弈的协调，使得个人行为呈现规则依循行为的特征，能够体现参与者偏好受制度场域约束的特征，进而得以从行为结果观察到行为偏好与制度场域之间的稳定关系。因此，我们认为群体偏好为非物质利益偏好，并将之称为规范偏好。

2. 群体属性

规范偏好是群体属性的一个本质性特征。在生物学意义上，群体的属性是社会性动物的群体行为特征。

如前所述，史密斯提出"演化稳定策略"（ESS）概念来表征群体行为，被视为群体的稳定行为。李建德（2019）认为，"ESS 被定义为作为群体中策略的频率分布不会被一小群变异者侵扰成功。任何这种分布都必然是某个潜在博弈的纳什均衡"，"也就是在局部的情景中，行为交往的各方都出于对自身有利的行为，众多这样的微观决策的结果就能成为可观察、可分析的宏观稳定的行为模式。"这就意味着，既定情景中，个体决策的信念，会呈现为群体层面的总体的、稳定的行为模式，通过观察和分析总体、总量的变动反映的行为结果，可以揭示个体在该情景中所持的 ESS。换言之，社会群体稳定的行为模式是由个体的 ESS 决定的，个体的 ESS 就是社会性。

奥斯特罗姆等（E. Ostrom, R. Gardner & J. Walker, 2011）给出了考察群体属性的四个维度：（1）公认的行为标准；（2）对行动场景的共识度；

（3）偏好同质性程度；（4）成员之间的资源分配情况。我们认为，当一群人成为某个情景下经济活动的主体时，进入了同一个制度场域（林南，2005），那么应该在行为标准、行动场景方面达成了某种共识，同时其成员之间的资源分配情况差异要小于全体社会成员，并且资源分配情况的差异是容易观察并可以控制的。因此，偏好同质性程度是刻画群体属性的关键。

3. 规范偏好与依循规则

按照李建德的思想，由 ESS 决定的群体行为还不能概括人的社会性。人类群体行为的本质是在 ESS 中剔除了一部分纳什均衡的"随机稳定"，是基于共有信念产生的习俗。"习俗是共有的习惯""群体中会有各种不同的行为习惯""不同行为习惯个体互动是多种行为相互作用的动态均衡"，进而产生了行为规范，"由第三方强制实施的规范"称为规则，完成了从信念到规范的制度化。

现实中，当经济资源由一项规则来支配时，就成为一个配置"方式"或一项"政策"。如果行动者确实内化了某个规则，同样也有一种自己喜欢的"方式"或"政策"，如同一个信念或责任意识，构成了对那个"方式"或"政策"的"期待"。当个人的信念或认知与支配规则产生冲突，即使受这个规则支配的个人因此获利，也会因意外得益或期待更高而不满。

在理论上，自行负担与政府承担期待的倾向性，是行动者选择的结果。这种倾向性，可以当作是个人对特定公共事务决策规则的认同程度，或者说，是对特定决策规则的偏好。由于这种倾向性主导了行动者决策，因而是持续存在且稳定的，可以看作是内化在决策者行动可选集中的规则。

李建德将制度定义为由信念、规范、规则和组织构成的系统。他指出，规则是"能由第三方实施的规范""一般指群众共同制定、公认或由代表人统一制定并通过，由群体里的所有成员一起遵守的条例和章程"，包括成文法律，是诺斯所谓制度化的产物（"诺斯把信念通过规范而形成规则的过程，称为制度化"），是正式约束或正式制度，"具有强制性和有意识性"，并且，其强制性在于"利益的差别性"。在这个意义上，规则是规制性规则，与物质利益机制相对应。

我们将群体偏好定义为群体规范偏好，是剔除了物质利益偏好的影响，其含义是在既定的物质利益不变时，群体所呈现的依循规范行为倾向。借鉴李建德关于规则是从信念到规范的制度化的思想，我们采用术语"规范偏好"而不是"规则偏好",将制度化和尚未制度化的惯例纳入其中,从博弈层面来理解,规范也是博弈规则,因而也可以称为依循规则。

综上所述,规范偏好与依循规则二者互为因果关系,即群体层面规范偏好反映个体依循规则,并由个体依循规则决定。

二、劳动分工与群体偏好

VSBPC 模型定义资源支配方式为 ESS,并推导了从劳动分工机制到群体成员角色层面资源支配方式形成的全过程,通过比较 BPC 模型和 VSBPC 模型,可以尽快理解从群体分工机制到个体资源支配方式、再到群体行为的规范偏好的过程。

BPC 模型的行动均衡是特定行为的行动均衡。VSBPC 模型的行动均衡是惯常行为的行动均衡。前者体现了对特定人或事的价值取向,后者体现了行动者的价值观。而价值观是制度化的结果,因此随着信心波动的是制度化的角色行为,是群体行为。

BPC 模型中的约束是博弈规则的约束。这个博弈规则一方面是文化—基因视角下当事人理解的博弈规则,某种程度上呈现出行为习惯的特征;另一方面,又是行动者面临的信息约束,是行为发生的条件或对行为的客观约束。VSBPC 将约束分解为角色情境约束 S 和行为情境约束 C 两个方面。C 是行为层面的约束,专指行动者面临的信息约束,即这次行为发生的条件或行动者认知的客观约束;S 是行为者的自我约束或者是内化的规则。内化的规则是主观约束,即资源支配方式。在给定的博弈规则下,资源支配方式是行动者对惯常行为的信心,是行动策略,而不是行为习惯。受信心的影响,行为者行动呈现出规则依循行为的特征,其依循的规则也就成为惯常行为的策略,并影响行为者的信念。博弈规则给定时,行为约束已定,资源支配方式体现了惯常行为的策略,即对哪种资源支配方式有信心。

BPC 模型是从行为层面来理解信念的,VSBPC 模型是从角色层面来理解信念的。行为层面的信念核心是对特定行动的期望效用,角色层面的信念核心是惯常行动的期望效用。在博弈论中,特定行动不仅指那些只发生一次的行为,而且也包括那些重复发生的行为,但是并未强调是否为习惯行为。惯常行动是特定行动的一个特例。"惯常行为"是心理学家都希格(C. Duhigg,

2013）提出的一个概念，指重复发生且成为习惯的行为。都希格将惯常行为描述为包含习惯回路的行为。习惯回路是通过暗示激发个人需求，然后对行为进行奖赏来工作的。

　　结合 VSBPC 模型理解图 3-7，"奖赏"是期望效用，是根据上次行动的效用估计的下次行为发生的期望，也就是信念；"暗示"是对行为者的刺激。"惯常行为"是刺激—反应（行动），内在需求就是偏好。由此可见，VSBPC 中显示偏好公理是通过习惯行为来工作的。

图 3-7　习惯回路：行为反复

　　格雷夫（A. Greif，1994）把制度视为规则、信念、规范和组织共同作用并导致行为秩序产生的一个系统，这些要素共同激励、促使和引导人们根据社会情景采取某一行为，而该行为是众多技术上可行的行为之一。制度化信念和规范为个人遵循制度化规则提供激励。通常制度化信念和规范又分两种，一种是"内在信念"（internalized beliefs），指关于人们经验世界的结构和细节，以及行动与结果之间关联的信念；另一种是"行为信念"（behavioral beliefs），指关于不同情况下他人行为是否会真正发生的信念。从劳动分工历史看，成功的劳动分工方式为个人遵循制度化规则提供了有效的激励，因此格雷夫的"内在信念"指向 VSBPC 模型的资源支配方式 S，而其"行为信念"又指向金迪斯的信念 B。

　　在李建德（2019）看来，人类存在两类信念，一类是"对自然适应性行为的信念"，另一类是"人与人之间的适应性行为的信念"。自然适应性行为信念"与自然世界的结构和变化的细节相关"，人际互动的适应性行为信念"与环境中的其他人行为的细节相关"。并非所有个体适应性行为的直觉都能成为信念，自然适应性行为信念的形成"最终要由自然规律所选择"；人际互动适应性行为信念在经过人际互动的选择过程中，受制于规范和规则。无论是适应自然还是适应人际互动，信念作为直觉，是本性或习惯，是剔除了

ESS 中部分纳什均衡的随机稳定，而不是条件反射。因此，李建德的信念概念指向为 VSBPC 模型的资源支配方式 S。

将行为者视为特定制度场域内的社会角色，其无意识动机就体现为对应这个社会角色的资源支配方式。由于价值观有多个层次，因而行为者经济活动微观层面上社会结构中的每个制度场域，都应该有一种资源支配方式。从人类发展的历史看，最基础的社会角色是劳动分工形成的，而且劳动分工机制是决定行为者物质利益/规范倾向的基础性机制①。

按照经济学家萨缪尔森的观点，当前世界绝大多数国家和地区的经济是混合经济，即由部分计划经济和部分市场经济组合而成。通常，计划经济中的分工靠权力实现，市场经济中的分工靠权利实现。权力分工途径是通过科层制基础上的政治权力作用机制实现的；权利分工途径则是通过市场竞争机制基础上的要素所有者权利作用机制实现的②。此外金迪斯、鲍尔斯及奥斯特罗姆（E. Ostrom，R. Gardner & J. Walker，2011）强调自人类社会产生以来，一直存在一种劳动分工的自然途径——互惠，互惠分工途径是通过社会规范基础上的人类合作机制实现的③。于是，形成劳动分工的三种机制——权力型、互惠型和权利型机制。

自然界生物种群的 ESS 是一个能抵抗侵略的策略，是生物进化的或自然选择的结果，因而社会角色的 ESS 其实是能让其生存下去的策略，是在基因—文化共同演化过程中，满足行为者生存需要的社会规范。正因为如此，也才能成为内心自觉遵从的规范。基于社会角色的规则依循行为来定义的行为者，不是在行为层面来理解单个行为者的动机，而是在制度结构层面理解社会角色的规则依循行为，也就是社会角色对资源支配方式 ESS 的选择。按

---

① "现代人类社会也有由许多特定角色划分的劳动分工，社会规范给每种角色赋予恰当的行为，个人即有动力履行其职责的行动者，这种动力来自物质利益和规范倾向相结合。"金迪斯（Herbert Ginitis）. 理性的边界——博弈论与各门行为科学的统一［M］. 上海：格致出版社，2011：167.

② 通常权利是一个法律概念，一般指了赋予人们的权力和利益，即自身拥有的维护利益之权。它表现为享有权利的公民有权作出一定的行为和要求他人作出相应的行为。这里权利概念是经济学意义上的，指享有资源的权能或利益。参阮加. 宏观金融——货币政策的理论基础［M］. 北京：电子工业出版社，2010：140.

③ ［1］金迪斯（Herbert Gintis），鲍尔斯（Samuel Bowles）. 走向统一的社会科学：来自桑塔费学派的看法［M］. 上海：上海世纪出版集团，2005；［2］奥斯特罗姆（Elinor Ostrom），加德纳（Roy Gardner），沃克（James Walker）. 规则、博弈与公共池塘资源［M］. 西安：陕西人民出版社，2011.

照范伯格关于依循规则的三步选择法①，每类社会角色的选择结果就是各自有信心的资源支配方式。

如果把劳动分工作为劳动力资源配置来看，三种分工机制可以看作是三种资源配置的支配力量。资源支配方式作为人类行为的 ESS，也就成为相应的规则依循行为，于是就产生了三类最基础的社会角色——权力型资源支配者、互惠型资源支配者及权利型资源支配者。三类角色由既定行为场景下行为人各自有信心的资源支配方式来定义，每类角色定义了一种资源支配方式，这就意味着这些人的行为分别呈现：依循权力规则行为、依循互惠规则行为和依循权利规则行为的特征，相应表现为对控制权有信心、对信用关系有信心和对信任关系有信心。于是形成群体行为的三种基本规范。

三、群体偏好异质性

1. 物质利益/规范偏好

资源支配方式 S 就是群体层面有关行为规范的信念，因此可以将群体偏好理解为：对依循资源支配方式行事有信心。然而，我们不能用一种资源支配方式来定义一个群体偏好。根据维特根斯坦的规则的悖论，"一条规则无法确定任何行为方式，因为每一种行为方式都可以被搞得与规则相一致。对此的回答是，如果每一种行为方式都可以搞得与规则相一致，那么也就可以被搞得与规则相矛盾。于是这里就既没有一致也没有矛盾"②。所以，群体偏好是社会成员对三种资源支配方式选择的结果，选择结果异质性也就是群体的制度场域。

在演化主义视域下，制度场域变化是行为者物质利益/规范倾向改变的结果。在 VSBPC 模型中，物质利益/规范倾向是价值观，也可以称为偏好。也就是说，群体偏好的基本类型是物质利益/规范偏好。

给定群体行为由某种资源支配方式主导，三种资源支配方式主要对应三种群体偏好，即物质利益/控制权偏好、物质利益/信任偏好、物质利益/信用

---

① "一是对既定规则的选择，二是规则之间的选择，三是对选择规则的选择"，每类社会角色的选择结果就是各自有信心的资源支配方式。范伯格（Viktor J. Vanberg）. 经济学中的规则和选择［M］. 西安：陕西人民出版社，2011：17.

② 维特根斯坦，楼巍译. 哲学研究［M］. 上海：上海人民出版社，2019：107.

105

偏好。我们将其简述①如下：

（1）物质利益/控制权偏好。指在制度结构中，权力型资源支配者主导形成、维持和扩散权力机构运行的机制。行为者的物质利益/规范倾向建立在权力规则应该主导资源配置的价值观基础上，或者说，对运用权力规则支配资源有信心。群体成员中相当一部分是权力型资源支配者，这些人的物质利益/规范倾向中包含了"控制权"思想，并且信用和信任规则对他们的影响是中性的。个体"控制权"观念要相对群体其他成员的控制权观念来看，也就是需要根据群体文化中的权力思想来考量个体的控制权。群体价值观的权力思想是文化特征，可以借用组织文化学者霍夫斯塔德（G. Hofstede，1980）提出的文化维度概念——"权力距离"（power distance）② 来度量。总体上，权力距离较大的制度场域内，会呈现出群体的物质利益/控制权规范偏好，金钱的激励作用也要小于权力距离较小的制度场域。在行为人的角度看，这一偏好的核心是"可控制的"。

（2）物质利益/信用偏好。指在制度结构中，由权利型资源支配者主导下，形成、维持和扩散竞争性市场运行的机制。行为者的物质利益/规范倾向的偏好建立在权利主导下的社会价值观基础上，社会价值观包含了权利意识，即自主享有资源权能与利益的思想。这种思想体现在制度结构上，导致个人行动的策略反映个人对权利规则支配资源的信心，权利规则支配资源是靠信用关系，即明确权利义务关系的契约来维系的。因此社会角色对信用关系有信心，成为其行动策略。在行为人的角度看，这一偏好的核心是"承诺可信的"。

（3）物质利益/信任偏好。指在制度结构中，由互惠型资源支配者主导维持和强化社会的关系信任，促进陌生人之间或集体内成员的合作。行为者的物质利益/规范倾向的偏好建立在互惠规范基础上的社会价值观③，社会价值观包含了互惠利他的思想，即不是只关心个人的利益得失而是从关心他人的利益得失的思想。这种思想体现在制度结构上，导致个人的资源支配方式反映了对信任关系的信心，进而影响其行为或决策。在行为人的角度看，这

---

① 李涛. 薪酬制度及激励机制研究 [M]. 北京：经济科学出版社，2016：116 – 136.
② 权力距离可以泛指是指人与人之间社会地位不平等的状况，权力距离越大，人与人之间越不平等。参 Hofstede, G. Cultures' Consequences：Internatinal Differences in Work-related Values [J]. SAGE Publications, Inc., 1980.
③ 社会价值观指个人在社会层次的价值观。

一偏好的核心是"可信任的"。

以上三种群体偏好，就是群体偏好的基础类型，由于规范偏好不可能脱离物质利益偏好，为了表达更简明，我们分别用控制权偏好、信任偏好、信用偏好指代物质利益/控制权偏好、物质利益/信任偏好、物质利益/信用偏好。由劳动分工途径演化出来的三种资源支配方式形成的群体偏好的思想，就是群体偏好资源支配者说。主要观点如表3-3所示：

表3-3　　　　　　　　群体偏好资源支配者说

分工途径	社会角色	依循规则	资源支配方式	群体规范	群体偏好
权力	权力型资源支配者	权力	对控制权有信心	权力规范	物质利益/控制权（控制权偏好）
互惠	互惠型资源支配者	权利	对信任关系有信心	互惠规范	物质利益/信任（信任偏好）
权利	权利型资源支配者	互惠	对信用关系有信心	权利规范	物质利益/信用（信用偏好）

2. 控制权偏好

借鉴奥斯特罗姆等考场亲社会性的无差异曲线表述方法，按照范伯格的"三步骤法"来考察权力型资源支配者对依循规则的选择。然后讨论对权力型资源支配者物质刺激的效应：物质利益诱因 Δm 和初始非物质利益禀赋 z_0 之间的偏好关系。

在社会结构中，个人权力或控制权是一个相对概念。单个行为者置于给定的制度场域中时，制度场域内包括规范性规则和规制性规则。其中，规制性规则为物质利益规范，规范性规则看作是一个由权力规则和其他规范性规则组成的集合。

第一步，给定行为者规范性规则的可选集为 R（物质利益规范，权力规范，其他规范），由于物质利益规范是规制性规则，是必选规则，因此先把物质利益规范拿出来，放在一边，行为者关于规范规则的可选集中剩下的行动空间为 R_1 =（权力规则，其他规范性规则）。

假设一个典型的权力型资源支配者是将权力规则视为唯一的规范性规则的行为者。那么对于这个行为者而言，他只关心权力规则引致的价值（效用），而不关心其他规范性规则引致的价值。其含义是，除了权力，其他社会规范对他都没有影响，即权力以外的社会规范都是他的中性品。无差异曲线如图3-8和图3-9所示：

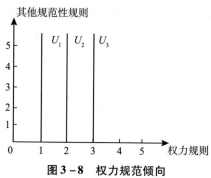

图3-8　权力规范倾向

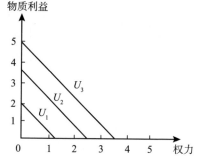

图3-9　物质利益/规范倾向

图3-8、图3-9中横轴和纵轴的单位表示制度场域中规范性规则的引致价值，无差异曲线U_1、U_2、U_3分别代表三个不同的偏好水平，其形状表示，无论其他规范性规则有多少，只要权力规则引致价值增加，效用水平就提高；反之，权力规则减少，效用水平下降。

第二步，将物质利益规范引入规范性规则可选集，由于行为者只关注权利规则，其他规范性规则已经不再可选集中，于是"真正的可选集"① 变成

① "真正的可选集"源自对范伯格真正的规则依循行为（Genuine rule-following Behavior）的理解。含义是行为者观念上确实有可能的选择集。

物质利益与权力，而且物质利益与权力是替代关系。

在极端情形下，物质利益与权力完全替代，此时无差异曲线如图 3 - 9 所示，物质利益和权力是完全替代关系，令非物质利益偏好为权力倾向，于是行为者偏好 $V(m_0 + U(x, y), z_0 + \Delta z)$ 可以用 $V(m_0 + U(x, y) + z_0 + \Delta z)$ 来表示。即式（3 - 1）所示：

$$W(x, y) = V(m_0 + U(x, y) + z_0 + \Delta z) \qquad (3-1)$$

第三步，先找出行为者的行动空间，再讨论权力型资源支配者的物质利益诱因 Δm 和初始非物质利益禀赋 z_0 之间的偏好关系。

行为者行动空间由制度场域来定义。引入霍夫斯塔德（G. Hofstede，1980）权力距离概念。理论上有两种极端情形：第一种极端情形，权力与物质利益完全替代，意味着权力的价格 = 物质利益；第二种极端情形，权力与物质利益完全不相关，意味着权力的价格 =0。

第一种极端情形下，行为者获得一个物质利益的增加额，如一定数量的金钱，意味着他同时要放弃相应的权力，在他看来，放弃的权力与增加的金钱价值相当，激励无效。

此时，激励效应 $V(\Delta m + \Delta z) = 0$，获得的金钱与减少的控制权等价，则 $V(m_0 + U(x, y) + z_0 + \Delta z) = V(m_0 + z_0)$。$W(x, y) = V(m_0 + z_0)$，行为者效用仍然来自初始禀赋。

第二种极端情形下，行为者获得一个物质利益的增加额，如一定数量的金钱，意味着他没有放弃任何其他的物质利益，在他看来，金钱是纯粹的奖赏，不附带任何条件，因而激励效应最大。

此时，由于 $\Delta z = 0$，即控制权未改变，$V(m_0 + U(x, y) + z_0 + \Delta z) = V(m_0 + \Delta m + z_0)$。激励效应为 $W(x, y) = V(m_0 + \Delta m + z_0)$，$\Delta V = U(x, y)$，为金钱刺激的结果。

总体上，权力距离较大的制度场域内，物质利益激励的效应小于权力距离较小的制度场域[①]。

霍夫斯塔德认为，权力距离可以泛指人与人之间社会地位不平等的状况，在各种社会文化群体中普遍存在的现象。低权力距离文化与高权力距离文化是两个极端，大多数国家都处于这两者之间。可见"权力距离"在宏观层次

---

① "权力距离越大，金钱的作用就越小"，也是社会上一些人对待金钱和权力关系的态度。

上不是一个好的维度，经验表明，在微观结构中，从单个行为者层面看，制度场域的权力距离会有显著的差异，如家庭内的控制权差异。因此，权力型资源支配者的激励机制应该根据权力距离的具体情况来考察。通常对于权力型资源支配者而言，高权力距离制度场域内物质利益的激励效应较低权力距离制度场域要小。

3. 信用偏好与信任偏好

按照李建德（2019）的观点，理解信任与信用的关系，要从信念开始。他将信念、信任与信用三者之间的关系精辟地表述为："个体对于另一个体的某种信念直接形成对该个体的信任"，"信任是具有人物指向性的信念"，"信任的重复及其制度化就成为了个体之间的信用"。在他看来，制度化始于信念，基于共同信念，发展为习俗；有利于合作的习俗成为规范；由第三方实施的规范成为规则。规则就是正规的或正式的制度。这就使得我们可以将信任理解为"未制度化"的信用，并将信任和信用理解为两种规则。

依循权利规则和依循互惠规则的个体，是信用和信任两种人际互动关系的信奉者。而且在一个固定的风险水平上，二者会形成替代。例如，行为者在信任不足时，会要求提高信用；反之，在信任足够时，可能会忽略对信用的要求。于是在风险中性前提下，行为者会保持风险水平不变。此时，在资源支配方式 ESS 形成过程中，会对信用规则和信任规则进行选择。

权利型资源支配者和互惠型资源支配者将面临相同的真实的可选集 R_2 =（信任规则，信用规则）。同样采用无差异曲线来描述这两类行动者的偏好。考虑不同风险偏好者的差异，分为风险中性的线性无差异曲线和包含风险偏好的非线性无差异曲线两种形式。

图 3 - 10 和图 3 - 11 分别是权利型资源支配者规则偏好的两种典型情况：Ⅰ型为信任规范中性的权利型资源支配者；Ⅱ型为信任规范对信用规范低替代①的权利型资源支配者。

图 3 - 12 和图 3 - 13 分别是互惠型资源支配者规则偏好的两种典型情况：Ⅰ型为信用规范中性的互惠型资源支配者；Ⅱ型为信任规范对信用规范高替

---

① 无差异曲线平坦，斜率的绝对值较小，增加一定的信任规范只需要降低较小的信用规范，效用可不变。

代率①的互惠型资源支配者。

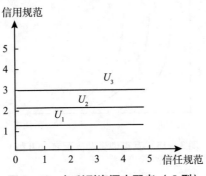

图 3-10　权利型资源支配者（Ⅰ型）

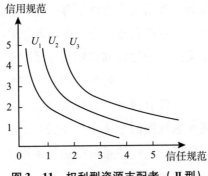

图 3-11　权利型资源支配者（Ⅱ型）

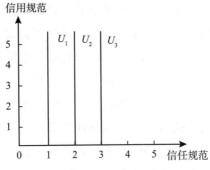

图 3-12　互惠型资源支配者（Ⅰ型）

---

①　无差异曲线陡峭，斜率的绝对值较大，增加一定的信任规范需要降低较多的信用规范，效用才不变。

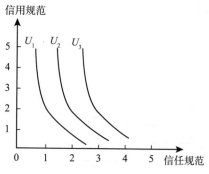

图 3 - 13　互惠型资源支配者（Ⅱ型）

对于这两种类型的资源支配者而言，物质利益激励的效应比较复杂。大体上，可以分获得物质利益和损失物质利益两种情形来分析。

第一种情形，提供一个物质利益激励，使行为者增加物质收益，如金钱。如果金钱获得来自信用关系，依循权利规则的个体对信用关系信心增加，会提高金钱的激励效应；与此同时，良好的信用有助于增加人际信任，依循互惠规则的个体对信任的信心没有减少，金钱激励效应不会减少。如果金钱获得来自信任关系，依循互惠规则的个体对信任关系信心增加，会提高金钱的激励效应；与此同时，良好的信任关系对信用关系形成替代，依循权利规则的个体对信用的信心下降，金钱激励效应会减少。

第二种情形，提供一个物质利益激励，使行为者减少物质收益，如金钱。如果金钱损失来自信用关系，对于依循权利规则的个体而言，金钱损失是预期损失，对信用关系信心不变，金钱损失的效用不会放大，因此不会减少金钱的激励效应（负效应）；与此同时，对于依循互惠规则的个体而言，金钱损失是未预期到的损失，信用关系由中性变成厌恶品，并产生不公平感，并减少了对信任关系的信心。然而，因损失自信用关系产生，对信任关系信心下降不会增加对信用关系的信心，于是金钱损失的效用被放大，金钱激励负效应增加。如果金钱损失来自信任关系，对于依循权利规则的个体而言，金钱损失是未预期到的损失，信任关系由中性品变成厌恶品，并产生不公平感，对信用关系信心增加，金钱激励负效应放大；与此同时，对于依循互惠规则的个体而言，尽管是预期到的损失，但是由于感觉到不被信任或不值得信任，会产生被欺骗的感觉，对信任关系信心下降，转而希望通过信用关系防范风险，金钱激励的负效应放大。

如果把获得金钱激励的效应称为"金钱增加效应"，把损失金钱激励的效应称为"金钱减少效应"，互动关系、结果、规范倾向及物质刺激效果四者关系归纳为表3-4所示，这四者关系决定了物质利益的效用。

表3-4　　　　　　　　　　信用偏好和信任偏好

群体规范	结果	依循权利规则	效用	依循互惠规则	效用
权利规范	获得金钱	信任对信用替代率不变	金钱增加效应	信任对信用替代率下降	金钱增加效应信心减少效应
	损失金钱	信任对信用替代率不变	金钱损失效应	权利规范成为厌恶品	金钱损失效应
互惠规范	获得金钱	信任对信用替代率上升	金钱增加效应信心增加效应	信任对信用替代率不变	金钱增加效应
	损失金钱	互惠规范成为厌恶品	金钱损失效应	信任对信用替代率下降	金钱损失效应

表3-4列出了与依循规则有关的金钱激励如何影响个体效用，总体上，信用偏好与信任偏好的影响，取决于群体规范是权利规范还是互惠规范，从个体层面看，依循权利规则还是互惠规则，亦可以视为信用/信任偏好。

在制度场域层面，产权和信息也会对规范偏好产生影响。产权，尤其是所有权，涉及人与人之间的契约和人对自然的支配两个方面，由成员内部的规范性规则发展而成为法律形式的规则性规则，形成一种权利，是所有制的外部形式。竞争性市场为解决所有权冲突提供了一个高效而稳定的机制——交易机制。依循权利规则时，人们的权利意识包含对交易机制提高所有权冲突解决机制效率的信心。因此，如果产权不明晰，金钱的激励效用较小；反之，产权明晰前提下，金钱激励更有效。信息不完全或信息不对称会降低交易的效率，加上获取信息本身构成了交易费用的一部分，金钱激励效应会受到信息显著影响。通常竞争性市场条件下，物质利益激励效应较大，非竞争市场条件下，物质利益激励效应较小。当物质利益激励下降时，人们会倾向用信任来替代信用。

互惠与信任的关系在社会学范畴里有很多不同类型，如亲人之间的信任不需要处罚机制介入也能保持高度信任，但是宗族共同体成员的信任就要靠声誉或处罚机制来约束。熟人社会和陌生人社会个体间的合作都需要基本的信任，但是信任的风险不同，如果某种关系被认为是降低不确定性的最优选择，对这种关系的信任就成为行为者依循规则的一部分，激励机制的效应取决于降低关系信任风险的效果。简单地说，如果行为者认为某人是值得信任的，合作的结果是受到对方欺诈，此时若受到强互惠利他规范约束，欺诈者受到惩罚，行为者的利他规范倾向得到鼓励；反之，则相反。因此，激励机制作用的方向应该是处罚叛离者，奖励利他者。

当我们将行为者视为特定制度场域内的社会角色，其无意识动机就体现为对应这个社会角色的资源支配方式。遵循新制度主义的思想，制度场域的行为者就是激励机制的设计者。为此可以将 VSBPC 框架模型中的行为者定义为"激励机制设计者"。从劳动分工的历史进程来看，分工形式，就是资源支配方式。人类社会发展迄今，劳动分工只采用过权力分工、权利分工和互惠分工三种形式。假设一个典型的资源支配者只采用一种单一的资源支配方式，那就只有这三种典型的资源支配者：权力型资源支配者、权利型资源支配者和互惠型资源支配者，可以视为三种激励机制设计者。每个设计者只对其中一种资源支配方式有信心。这就意味着，权力型资源支配者依循控制权规范，权利型资源支配者依循信用规范，互惠型资源支配者依循信任规范，基因—文化演化的结果反映了行为者（激励机制设计者）对三种规范进行选择的结果。按照范伯格关于依循规则的三步选择法，每个设计者的选择结果就是各自有信心的资源支配方式。三个设计者的选择结果分别是物质利益/控制权倾向，物质利益/信用关系倾向和物质利益/信任关系倾向。

在把对个人行动的策略——资源支配方式的信心纳入 BPC 模型后，动物精神也相应进入行为者的行为机制。此时，行动者的选择集为"物质利益：金钱，其他物质收益，非物质利益：控制权、信用规范、信任规范"，行为机制为"信心—信念—约束—偏好"互动，行为范式为"策略—目标—行动—结果"，思维方式为"思维系统1→思维系统2"。行为者行动的"目标—行动—结果" BPC 模型，已经拓展为规则个人主义的 VSBPC 模型，适用于制度及激励机制研究。

四、业主自治情境下的群体偏好

1. 政府承担规则行为倾向不是群体偏好

在 VSBPC 框架内，群体规范是群体中个体的 ESS，因此也就是奥斯特罗姆等（E. Ostrom，R. Gardner & J. Walker，2011）所谓群体属性层面的群体偏好。当我们将研究视角聚焦于群体属性时，才有可能在理解群体行为的基础上，通过探索引导和干预措施，来推动业主自治场域向解决公共池塘困境的方向改变。因此，有必要从群体行为层面进一步审视业主自治情境下的群体行为规范是否为群体偏好。

电梯更新方案的形成是利益协调的结果，也是由第三方实施的规则，由于"旁观者问卷"控制了个人利益的影响，基于实证结果，电梯更新方案选择中，业主行为存在两种倾向：自行负担倾向和政府承担倾向，这种简化具有合理性。然而，"自行负担"和"政府承担"行为倾向是否对应于"自治"还是"依赖政府"的两种治理规则呢？政府承担电梯更新费用的规则符合李建德定义的规则，因此朱宪辰等通过住宅小区电梯更新、维修资金使用场景中相关小区业主调查的结果，得出群体的业主存在政府承担"规则偏好"的结论，也是有道理的。因为，政府承担电梯更新费用的规则符合李建德定义的规则——第三方强制实施。然而，由于其研究的对象都是当事人，在电梯更新的情境下，政府负担费用规则会使当事人的金钱所得不减少；维修资金使用情境下，政府保管维修资金规则会减少被盗用的风险。总体上，都会影响当事人的物质利益。根据章平和黄凯南（2012）的观点，自治还是依赖政府是业主知识和策略认知的结果。其基本含义是，自治还是依赖政府，是业主的成本—收益计算的结果。无论是依赖政府的行为倾向，还是所谓政府承担规则，都不是群体规范。

总之，政府代管是一种治理规则，其实质就是政府承担，是对业主参与的替代，且政府与业主没有利益冲突关系，因此将业主自治的规则简化为业主自行负担与政府承担是合理的，但是政府承担不是角色层面的群体偏好，而是个人行为层面搭便车的理性。

2. 自行负担行为倾向为权利规范

电梯更新旁观者调查结果显示，群体行为倾向为自行负担倾向，而且在对业主期待效应的实证中，检验政府承担倾向的失望效应未得到证实。根据规则依循行为假说，在电梯更新的情景下，如果自行负担倾向的群体政策期待也低，就会产生对政策的失望效应，然而我们并没有发现失望效应存在。此外，业主自行负担并非是物质利益偏好，政府承担会增加个人收益，因此政府承担同样不能作为规范偏好。因此，同样不能将业主选择视为自行负担与政府承担二选一。只有在完全不受利益影响的情景中，发现自行负担与政府承担是替代关系，那么才可以考虑将这两种行为倾向视为群体偏好，即李建德所谓行为者信念（直觉）。事实上，我们的被解释变量为"赞同刷卡乘电梯的倾向"，实证结果的真实含义是对自行负担解决电梯更新费用有信心会减少赞同刷卡乘电梯的倾向；反之，则相反。因此，自行负担规则倾向反映了业主的态度，与之对应的动机为：对业主自行解决电梯更新费用有信心。进一步考察信心的来源，应该是来自对邻居会履行产权人责任的信任，对顺利收齐该交的钱有信心，即该交钱的时候大家都会交，电梯更新问题可以自行解决，无须政府承担。可见，自行负担规则倾向背后的群体偏好是信用规范，对产权人权利的认知推知他人行为的判断。

事实上，业主参与自治是需要花费时间和精力，甚至金钱的。业主参与，如进入业主委员会，参选楼栋代表，其行为情境符合奥斯特罗姆等（E. Ostrom，R. Gardner & J. Walker，2011）所谓"提供行为"情境。他们设计了提供博弈分析参与者提供公共池塘资源的成本—收益，结论为：当参与者个人的外部收益机会大于公共池塘提供资源带来的机会时，不会带给参与者任何激励。由此可见，缺乏对参与者激励是现实中自治难的根本原因。沿着这个思路，假设"政府承担"行为倾向表现出对政府的依赖是搭便车的理性，即"政府承担"行为倾向是由业主参与自治的成本—收益权衡的结果。

电梯更新方案中，老旧电梯更新费用筹集是一个提供问题，供给方面需要解决的关键是搭便车的激励，我们确实发现了业主的政策期待效应，这种效应应该是由搭便车带来的。但是业主自行负担倾向则是非物质利益偏好，是对产权人权利的确认，可以视为依循权利规则。业主代表推举中，业主的接受指定倾向和推荐他人，都是搭便车行为，只有轮流，才是防止搭便车的有效规则，而轮流的本意是权利共享和义务分担，可以视为依循互惠规则。

至此，我们可以将前述电梯更新方案选择的业主规则依循行为进行总结如下：

电梯更新是一个提供公共池塘资源的行为情景，自行负担是法定的义务。当利益主体多元化时，政府承担倾向的群体自行负担的意识未必就弱，即自行负担和政府承担不一定是排斥的；当公共池塘资源提供的自行负担其他利益主体无法取代时，政府承担期待高的群体，自行负担的意识弱，与之相应地，自行负担期待高的群体，政府承担的意识也较弱，即自行负担意识和政府承担意识是替代的。此时，政府承担期待高是因为不愿意自己负担。同样，楼栋代表选举也是一个提供公共池塘的行为情景，推荐别人或接受指定，可能原因都是自己不愿意担任。可见，我们发现的政策期待效应与其他研究者发现的"权威—服从"倾向都是业主自治的理性——搭便车，在 VSBPC 模型中是物质利益偏好。我们发现的业主自行负担倾向则可以归于 VSBPC 模型的群体规范之一：信用规范偏好，业主对电梯更新费用的负担主体的认知是基于产权人的角色产生的，认为应该是其自行负担。当有行政介入时，业主对邻居履约的信任使他们对收齐更新费用产生信心，从而对刷卡乘电梯的赞同度减少，行政介入是一个意外或惊喜，进而产生了自行负担行为倾向。而对政府承担行为倾向的原因是认为邻居缴费的"承诺不可信"，故期待政府承担更多，整体上反映了 G 小区业主群体偏好为信用规范偏好[①]。

3. 治理状态异质性与群体偏好

当我们聚焦于住宅小区业主集体行动时，核心的问题是业主与业主互动关系，在委托物业这种自治方式下，因业主与物业公司的利益冲突使得互动的结果主要受委托—代理关系的影响。近年来，一种被称为小区自管的治理方式开始普及，我们发现在业主参与程度这个维度上，这种治理方式比委托物业形式更进了一步，而且从运行状况来看，这种方式比委托物业潜在产出要高。为此，我们重新对住宅小区治理方式进行划分，将其分为四种类型：业主自管，业主委托物业公司管理（以下简称"委托物业"），开发商委托物业公司管理（以下简称"开发商管"），社区委托物业管理（以下简称"政府代管"），对其异质性进行分析如表 3－5 所示。

---

① 调查为随机抽样，此后该小区业主自治发生的多个事件均证明群体行为主导规则为权利规则。

表3-5 住宅小区业主自治情境下的群体偏好

治理方式	业主自管	委托物业	开发商管	政府代管
互动主体	业主—业主	物业公司—业主	开发商—业主	政府—居民
实施规则	业主公约	服务合约	购房合约	行政法
群体偏好	未知	权利	权利	权力
自治程度	业主管理	业主监督	不参与	不参与
困境	公共池塘资源	道德风险	信息不对称	搭便车
状态	均衡	均衡	均衡	均衡
性质	自治	自治	开发商控制	行政介入

其中，业主自管小区是由业主直接管理小区公共事务，不聘请物业公司，或业主成立物业公司，由业主委员会代理业主大会管理，由于业主参与程度，尤其是业主委员会控制小区公共财产程度最高，可将其视为自治的更高程度[①]。业主自管小区的治理尚没有一个统一的模式，在全国范围来看，有的是通过业主共有的物业公司管理，如长沙东城大厦小区；有的是通过业主委员会设立物业管理委员会聘任物业管理，如无锡HY小区。我们将在后文通过个人行为的依循规则、群体偏好异质性来揭示自管小区治理模式的差异。

在现行法律框架下，受开发商委托的"前期物业"管理小区是业主自治的过渡形态；政府部门（主要是街道）委托物业管理的"政府代管"，是对于无人管理的小区的行政介入，也是业主自治的过渡形态。其中，业主与开发商的关系是买卖合同关系，以购房合约为主体行为的约束；与物业公司的

----

① 《现代物业》杂志宋有兴主编认为，自管现在无非是三种类型：一是由业主决策，决定管理事项、管理方式、管理标准，将全部事项委托社会专业化物业公司按照业主的意志对小区进行管理，这是真正的自管，也是立法提倡的；二是业主将小区事务切割，挣钱的部分如停车收费、外墙广告等留给自己管理，将不挣钱事项如保安、卫生等包给服务企业；三是业主抛开物业服务企业，完全由自己人来管理小区所有事项。但是涉及物业服务收费无法解决税务主体资格问题，按照我国法律规定，不具备税务主体资格就不能开展经营性收费，所以小区业主就自己成立了公司，这与社会物业服务企业没有本质区别，不能算自管。上述三种情况，第一、第三少，大部分是第二种情况，所以真正的自管是不存在的。宋主编有关自管的定义是以是否参与物业服务专业化分工为依据，参与分工的就不是业主自管。我们从自治程度来理解，业主参与越多，自治程度越高，因此自管是业主自治的最高形式。

关系是购买服务关系，以物业管理合同为主体行为的约束；与政府的关系是基层政府与社区居民的关系，以行政法为主体行为的约束。因此，群体行为层面的约束为：业主规约对应互惠规范，服务合约和购房合约对应权利规范，与政府关系对应于权力规范。

业主自管和业主委托物业公司管理，都是在业主委员会主导下发生的治理形式，是业主自治制度的正式表达，是住宅小区治理的均衡态。然而，因业主大会成立困难，由前期物业管理的小区普遍存在，成为一种常态，其基本特征为开发商控制；若政府介入及时，"被物业弃管"的小区很快被"政府代管"，即，"被物业弃管"同时发生"政府代管"，因此"政府代管"也应是一种常态，并且将政府承担视为自治失败的结果；若政府介入不及时，"弃管"是一种过渡形态，不能视为均衡态，除非具有制度化的特征。可见，从制度化的角度来看，住宅小区公共事务决策的结果呈现"开发商控制""业主自管""业主委托物业公司管理""政府代管"四种均衡。

此外，从自治主体参与的程度来看，可以将上述四种均衡业主行为策略简化为："参与"（自管、委托物业公司管理）和"不参与"（开发商控制和政府代管）两种。在博弈层面，称为两种规则。显然，根据规则的利益差别性特征，由业主"不参与"引发的两种均衡是截然不同的：政府代管不会引发政府与业主的利益冲突，因为代管是以社会利益为目的的；而开发商控制则难以避免开发商与业主利益发生冲突，因为开发商与业主是基于交易关系联结的，并且开发商拥有信息优势，一旦发生冲突，往往造成业主利益受损[①]。

同时，业主"参与"自治的两种均衡，利益格局也有异质性，业主自管，利益格局是业主个人利益和集体利益的冲突，如搭便车；委托物业公司管理，利益格局是委托—代理关系产生的利益冲突，业主集体利益和物业公司利益的冲突。因此，按照业主自治相关利益主体及冲突关系，治理状态还可以简化为三种形式：个体与群体利益冲突（业主自管）、委托—代理关系冲突（委托物业）、控制权冲突（开发商控制）。

---

① 事实上，业主针对开发商的维权行动是发起业委会成立的主要原因之一，后文将结合业主自治中的维权行为对开发商与业主利益冲突作进一步分析。

我们已经对住宅小区治理方式进行了重新划分，并假设每种方式都有对应的群体偏好，但是对于控制权、信用、信任三种规范作为群体偏好还需要经验证据。基于个人资源支配规则的随机性，我们在实验室控制实验难以获得稳定结果。于是，一方面从自然实验中找寻经验证据，另一方面梳理经典行为实验的文献，对群体偏好的分工机制说进行经验检验。这些工作结果将在第四章进行呈现。

第四章 资源支配者说检验：控制权、信任与信用偏好

第一节 管理者群体控制权偏好

一、理性与非理性之争

投资决策是企业日常生产经营过程中的一项主要内容，投资效率是决定企业生存和发展的关键性因素。从经济学角度来看，企业投资可以分为效率投资和非效率投资，其中非效率投资通常指"投资不足"和"过度投资"两种状态。"投资不足"是指企业放弃投资符合企业自身发展的、净现值为正的项目；"过度投资"是指企业投资净现值小于零的新增项目，或者企业用净现值小于零的投资项目替代风险和预期收益都很低的项目（M. C. Jensen & W. H. Mecklin，1976）。效率投资是公司保持稳健增长和持续发展的基础，而非效率投资，尤其是过度投资，通常只能为少数群体带来短期利益，却给公司的整体利益造成损失。过度投资问题，国内外学者展开了大量的研究。主要存在管理者代理与管理者过度自信两种分析范式，并体现了经济学范式的理性与非理性之争（李云鹤，2014）。

管理者代理范式来自传统经济学的委托代理理论。在委托代理理论框架下，公司制企业的一个明显特征是所有权与经营权的分离，这就会导致股东与管理者之间的委托代理问题。杰森和梅克林（M. C. Jensen & W. H. Mecklin，1976）指出过度投资违背了利润最大化的理性假设，原因在于存在代理人的道德风险。杰森（M. C. Jensen，1986）的研究发现，代理人道德风险通过企

业自由现金流与过度投资二者的关联得到证实，即当企业拥有较高的自由现金流时，容易发生过度投资。他对此的解释是，企业投资是不利于控制代理成本的行为，由信息不完全导致委托人对代理人监督不力，代理人有意识地采取过度投资，以增加与自己相关的物质利益，从而增大了企业滥用自由现金资源的可能性。说明自由现金流是企业的代理成本，并且能够解释过度投资。在委托代理理论的框架下，企业过度投资违背了委托人利润最大化目标，符合代理人的理性，即过度投资是代理人的策略行为。

管理者过度自信范式源自行为经济学的认知偏差理论和投资者过度自信理论。该理论基于心理学的研究，认为过度自信是人类普遍存在的一种心理倾向，大多数人对于自己的能力和他们所获得知识的准确度都是过度自信的，假设投资者的过度自信会导致交易过量，通过研究证券投资交易者行为，该理论得到检验（T. Odean，1999），成为投资者过度自信说，通过马门迭尔和塔特（U. Malmendier & G. Tate，2005；2008）的研究发展而形成了管理者过度自信理论。管理者过度自信理论认为，管理者过度自信的心理倾向使得他们在投资决策时过高地估计了个人的能力，从而导致过度投资。这就意味着，即使管理者本着最大化股东利益的信念，由于会高估公司投资项目的前景及其所带来的价值，从而造成公司的过度投资。

两种范式的焦点集中在自由现金流上。杰森（M. C. Jensen）将自由现金流视为代理成本，马门迭尔和塔特（U. Malmendier & G. Tate，2005）则将自由现金流视为企业的投资机会，他们指出在企业自由现金流充沛时，过度投资倾向更显著。为此，有学者试图对两种范式进行调和。李云鹤（2014）以中国沪深 A 股上市公司为样本，构建了"现金流—成长机会"框架，通过直接度量管理者代理行为及管理者过度自信行为，对导致中国上市公司过度投资的理性与非理性两类范式进行了区分检验，认为中国企业过度投资问题，部分是由管理者滥用企业资源的行为所致，部分是由管理者过度自信行为所致。这个解释似乎更符合人们对现实的观察，但是按照经济理论的准则[1]，至少该模型缺乏一般性。

---

① 经济理论的准则是符实性、一般性、易处理性和简约性。参见威尔金森（Nich Wilkinson）. 行为经济学 [M]. 北京：中国人民大学出版社，2012：6 – 8.

二、基于控制权偏好的 VSBPC 模型

1. 企业投资决策当事人行为的 VSBPC 模型

根据 VSBPC 模型的思想，价值观是企业投资决策当事人在企业这个制度场域中，对每件事的态度，对每个人的态度的集合；资源支配方式是当事人与该制度场域内其他成员互动均衡时依循的规则；信念是对投资决策结果的预期；约束是投资环境的客观约束；偏好是投资结果的显示偏好。

2. 行为层面的分析

在行为层面，假设当事人是一个行为者，他要就企业是否增加投资项目作出决策。按照"目标—行动—结果"范式，项目的预期投资收益为信念 B、项目投资的内外部环境为投资约束 C，即行为情境，决策结果为行为偏好 P。

3. 角色层面的分析

在角色层面要分析作为当事人，即组织中的社会身份为高管的行为者，他的资源支配方式 S 与 P 的关系。

如前文所述，VSBPC 模型中当事人与他人过去打交道过程中对二者关系的信心影响角色意识，体现为规则依循行为 S；对行为结果的预期体现为信念 B；当信心引导行为呈现出结果 P 符合当事人信念时，会增强当事人采用相应资源支配方式 S 的信心；反之，会消减行为者采用相应资源支配方式的信心。因此，当事人与他人博弈的协调均衡时，信念受信心影响，且呈现出行为随信心波动的特征。于是建立高管决策的 VSBPC 结构如图 4 – 1 所示。

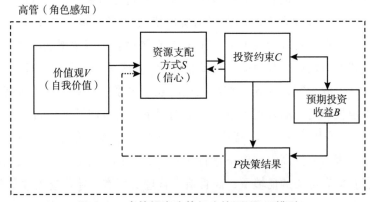

图 4 – 1　高管投资决策行为的 VSBPC 模型

考虑现代公司制度以股东、管理者、员工三者之间的报告关系为分工机制的主体，角色层面的"高管"是当事人与股东、一般管理者、员工互动过程中形成自我感知的角色。企业分工机制包含了三重上、下级报告关系，即：①股东—当事人（高管）；②当事人（高管）——一般管理者；③管理者—员工。投资决策是当事人（高管）重复进行的行为，该行为应该体现当事人对自己在这三重关系中自我感知的角色——"高管"。

给定"高管"在这三重关系中的资源支配方式为 S_1、S_2、S_3，从而可以考察三重关系约束下的信念与偏好的关系。三重关系型中"高管"投资决策的信念分别记为 B_1、B_2、B_3。

根据协调博弈理论，在当事人（高管）与股东、一般管理者、员工博弈同时均衡时，组织中上、下级报告关系成为"惯例"，"高管"的资源支配方式（S）不再改变。此时，S 体现了当事人（高管）对互动关系的信心。

企业投资决策是反复发生的行为，决策当事人（高管）行为同时受到角色情境和行为情境的约束。角色情境下，当"高管"感知的自我角色是追求个人物质利益最大化时，其物质利益/规范偏好为"物质利益"，即物质利益偏好成为他的价值观 V。这个价值观是基于高管角色的人际互动均衡的协调，也就是"高管"与股东、一般管理者、员工三者互动的协调，是决策行为的主观约束；在行为情境下，影响企业投资效率的因素是客观约束。为此，首先分别考察"高管"与股东、一般管理者、员工三者分别博弈的协调；然后考察"高管"与股东、一般管理者、员工三者同时博弈的协调。

（1）当事人与股东、一般管理者和员工分别博弈。根据委托—代理理论，理性的当事人（高管）是代理人。在企业制度约束下，高管的自利行为会转向通过提高管理费率增加在职消费的机会（李云鹤，2014）。由此，假设当事人在股东—管理者关系中，其 S_1 为对依循管理费率增加的规则，即对提高管理费率有信心，其对应的行动信念 B_1 应该是预期公司管理费率提高。于是，存在资源支配方式 S_1：在与股东的互动关系中，对增加管理费率有信心。在给定投资行为的客观约束 C 不变前提下，对该假设可作如下表述：

假设1：当事人在股东—高管关系约束下，对增加管理费率有信心，从而在预期管理费率提高的前提下进行投资决策，结果导致过度投资。即在对提高管理费率有信心的情境下，高管追求管理费率增加导致企业过度投资。

当事人（高管）是管理团队中的一员，当他自我感知的角色为既是管理者团队的"领导"，又是管理者的一员时，他和管理团队是一个利益整体，与其下属，又存在利益冲突。这就意味着，持最大化自身利益态度时，薪酬分配会向自己倾斜。当前公司制企业中，高管薪酬普遍采用年薪制，普通管理者和员工的薪酬则为月薪，都是现金报酬形式，但是激励方式并不相同。根据马克思剩余价值理论，无论是年薪还是月薪，都是剩余价值的一部分，与股东获得的现金回报共同构成公司可分配剩余。理性的高管应该意识到，短期股东期望获得的可分配剩余份额是稳定的，比如一个最低的回报，否则股东就会撤销投资。这就意味着，高管、普通管理者和员工能够分配的剩余也是一个稳定的量。高管要增加个人现金报酬，就需要在制度上保证个人薪酬在高管薪酬份额较高，同时管理者团队的薪酬相对员工薪酬增加。于是，在当事人（高管）—其他管理者协调博弈均衡时，存在资源支配方式 S_2：在与管理者团队成员的互动关系中，当事人对提高个人的薪酬份额有信心；在当事人（高管）作为管理者中的一员，参与管理者—员工博弈并协调时，存在资源支配方式 S_3：在与员工的互动关系中，高管对增加管理者的薪酬份额有信心。

　　与 S_2 对应的信念为，在与高管团队成员互动的角色情景下，当事人的行动信念 B_2 是增加自己现金报酬占管理者报酬的比重；与 S_3 对应的信念为，在与员工互动的角色情境下，当事人的行动信念 B_3 是增加管理者薪酬相对员工薪酬的份额。根据前人的研究（辛清泉等，2007），高管薪酬占管理者报酬的比重称为"相对薪酬"。在会计科目中，股东获得的可分配剩余部分来自利润，年薪和月薪计入成本。根据马克思剩余价值理论，年薪和月薪来自剩余价值。据此，将管理者薪酬相对员工薪酬的份额称为"相对剩余"。

　　当决策结果 P 为过度投资时，可作进一步假设如下：

　　假设2：在高管——一般管理者关系约束下，对提高当事人薪酬份额有信心的高管，在预期相对薪酬提高的前提下进行投资决策，结果导致过度投资。即在对提高个人薪酬比例有信心的情境下，高管追求相对薪酬增加导致企业过度投资。

　　假设3：在员工—管理者关系约束下，对增加管理者的薪酬份额有信心的当事人，在预期相对剩余份额增加的前提下进行投资决策，结果导致过度投资。即在对提高管理者可分配剩余比例有信心的情境下，高管追求相对剩余增加导致企业过度投资。

至此得到给定 C 前提下，$S—B—P$ 之间的关系。

（2）当事人与股东、一般管理者和员工同时博弈。当事人与股东、一般管理者和员工同时博弈的协调是当事人在股东—管理者—员工三者关系同时均衡。此时，当事人的资源支配方式是在三者关系互动中的行动策略，并显示为当事人的物质利益/规范偏好。对应的假设为：

假设 4：当事人同时追求管理费率、相对薪酬和相对剩余增加时，如果导致过度投资，说明当事人的物质利益/规范偏好为物质利益/控制权偏好。

这一假设的含义是，对于拥有控制权的当事人而言，对运用权力增加自己的物质利益有信心，当事人的行为符合金迪斯从文化—基因演化层面理解的"理性人"。为此，也可以将其表述为：过度投资行为是高管的理性行为。

至此得到给定 C 前提下，$V—S—B—P$ 之间的关系。

三、过度投资者群体识别

1. 样本

选取 2008 年 12 月 31 日之前在上海证券交易所和深圳证券交易所上市的 A 股公司为研究对象，样本观察期间为 2010~2015 年。由于在衡量过度投资时需要用到上一年的相关数据，所以采用 2009~2015 年的数据作为初始样本。数据主要来源于国泰安数据库（CSMAR）和锐思数据库（RESSET），并运用 Excel 2010 软件和 Stata12.0 软件对相关数据进行处理和分析。对初始样本进行以下处理：

（1）考虑到公司的正常经营活动及财务的异常，剔除了 ST、*ST、PT 公司。

（2）考虑到上市公司会计处理时所运用的会计政策的差异、监管制度的不同，剔除同时发行 B 股或 H 股的公司。

（3）考虑到金融行业的特殊性，剔除了金融业的上市公司。

（4）考虑到本书要进行民营和国有上市公司的对比分析，剔除在样本观测期间，最终控制人性质发生变化的上市公司（由民营上市公司转变为国有上市公司或者由国有上市公司转变为民营上市公司）。

（5）剔除数据残缺和数据异常的样本。

运用 Excel 2010 软件对初始研究样本进行整理和筛选后，得到 5 970 个有效样本，并对筛选好的数据运用 Stata12.0 软件进行数据统计分析。

2. 变量及计量模型

（1）被解释变量——过度投资（INV）。过度投资是二值变量。在公式（4-1）中，若模型残差大于零，则表示公司存在过度投资现象，INV = 1；残差小于零，代表不存在过度投资，INV = 0。

基于杰森和梅克林（M. C. Jensen & W. H. Mecklin，1976）过度投资的概念，霍威克敏和提特满（G. Hovakimianhe & S. Titman，2003）构建了过度投资度量模型，理查森（S. Richardson，2006）在其基础上提出的衡量过度投资方法得到了学界广泛认同。理查森（S. Richardson，2006）的模型，首先对公司投资支出结构进行了分解，区分预期投资支出和非效率投资（过度投资、投资不足），然后通过公司预期投资支出与企业的成长机会、现金流、财务杠杆、公司规模、行业、年度等因素的关系，估计预期投资支出合理水平，最后以预期投资支出为"理性"，判断是否存在过度投资。其中，对投资支出结构划分如图 4-2 所示。

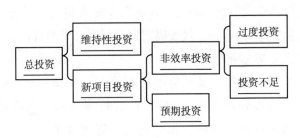

图 4-2 理查森（S. Richardson，2006）对公司投资支出结构的划分

如图 4-2 所示，理查森（S. Richardson，2006）在新项目投资中，根据预期投资判断是否存在过度投资。因此判断过度投资的思路为：新项目投资—预期投资，如果大于 0 为过度投资，小于 0 为投资不足，等于 0 则说明预期与结果一致，按照委托—代理理论，此时，企业投资者是理性的。

本书借鉴理查森（S. Richardson，2006）模型，参考辛清泉等（2007）

以我国上市公司为样本的研究，将营业收入增长率作为公司成长机会的替代变量，衡量预期投资水平的模型如公式（4-1）所示。

$$I_{i,t} = \alpha_1 + \alpha_2\,Growth_{i,t-1} + \alpha_3\,Size_{i,t-1} + \alpha_4\,Cash_{i,t-1} + \alpha_5\,Lev_{i,t-1}$$

$$+ \alpha_6\,Age_{i,t-1} + \alpha_7\,Yret_{i,t-1} + \alpha_8 I_{i,t-1} + \sum Year$$

$$+ \sum Industry + \varepsilon_{i,t} \tag{4-1}$$

在公式（4-1）中，被解释变量 $I_{i,t}$ 代表新项目投资，$Growth_{i,t-1}$ 表示公司的成长机会，用 $t-1$ 年的营业收入增长率衡量；$Size_{i,t-1}$ 表示公司规模，用 $t-1$ 年末总资产的自然对数衡量；$Cash_{i,t-1}$ 表示公司的现金持有量，用 $t-1$ 年末的货币资金和交易性金融资产之和除以总资产度量；$Lev_{i,t-1}$ 表示公司的资本结构，用 $t-1$ 年末的资产负债率度量；$Age_{i,t-1}$ 表示公司的上市年限，用从公司上市日到 $t-1$ 年末的年数量化；$Yret_{i,t-1}$ 表示公司的股票收益，用 $t-1$ 年股票的年收益率量化；$I_{i,t-1}$ 表示 $t-1$ 年的新项目投资支出；$\sum Year$ 和 $\sum Industry$ 分别指的是年度虚拟变量和行业虚拟变量。其中，$I_{i,t}$ 计算方法是：$I_{i,t} = (Capex - Salesppe + Acq - Intaintenance)/Asset$。（$Capex$ 代表构建固定资产、无形资产和其他长期资产支付的现金，$Salesppe$ 代表处置固定资产、无形资产和其他长期资产收回的现金，Acq 代表购买和处置子公司及其他营业单位支付的现金，$Intaintenance$ 代表固定资产折旧、无形资产和长期待摊费用摊销，$Asset$ 代表年初总资产。）

（2）解释变量。解释变量是角色层面的 $V-S-B-P$ 之间的关系。基于上述假设，分别以管理费用率 Mfr、相对薪酬（第一名高管薪酬与前三名高管薪酬之和的比例）Mam、相对剩余（管理者员工薪酬比）Mae 为解释变量。

（3）控制变量。控制变量是给定投资行为的约束 C。根据相关研究，选取影响投资效率9个因素（自由现金流、公司成长能力、债务融资水平、公司规模、公司盈利能力、独立董事比例、股权制衡、两职合一、企业性质）作为控制变量。

①自由现金流（free cash flow，FCF）。如前文所述，无论是管理者代理范式，还是管理者过度自信范式，都认为过度投资倾向与自由现金流正相关。李云鹤（2014）的模型，将自由现金流视为投资机会，因此给定约束 C 为投

资机会，用"自由现金流"指标进行度量。

②公司成长能力（growth）。公司的成长能力也会对公司的投资支出产生重要的影响。公司的成长能力越好，越有可能扩大投资规模，增加过度投资的可能性。辛清泉（2007）的研究表明，与托宾 Q 值相比，营业收入增长率对公司投资的影响更为显著，因此本书采用营业收入增长率作为公司的成长能力的指标。

③债务融资水平（lever）。杰森和梅克林（M. C. Jensen & W. H. Mecklin, 1976）的研究表明公司的债务融资会影响到公司的投资支出。当公司债务到期时，管理者会面临还本付息的压力，这会使得自由现金流量减少，从而抑制公司的过度投资，因此债务融资与过度投资成反比。本书运用资产负债率来衡量公司的债务融资水平。

④公司规模（size）。公司规模可以反映出公司拥有资源的整体水平，会对其投资支出产生一定的影响。吕长江和张海平（2011）的研究表明公司规模与过度投资正相关。公司的规模越大，所拥有的资源越多，资金来源的渠道越多，可供选择的投资范围越广，更有可能造成过度投资行为。本书将年末总资产的自然对数作为衡量公司规模的替代变量。

⑤公司盈利能力（return on equity，ROE）。公司的盈利能力可能会对企业的投资支出造成一定的影响。当企业的盈利能力较强时，会给公司带来大量的自由现金，而当可控制的自由现金流量增加时，管理者会更倾向于进行过度投资，因此公司的盈利能力与过度投资之间可能存在正相关的关系。本书利用净资产收益率来衡量公司的盈利能力。

⑥独立董事比例（ratio of independent directors，RID）。独立董事是指不在公司内部任职，独立于公司股东，与公司或公司管理者没有重要关联的，独立地对公司事务做出判断的董事；独立董事比例即指独立董事在董事会成员中所占的比例，可以在一定程度上反映董事会的独立性和客观性；而独立董事的专业能力和客观性可以在一定程度上监督公司的投资决策，遏制公司的过度投资。陈运森（2011）的研究表明独立董事的网络中心位置越高，对公司过度投资的抑制作用越强。

⑦股权制衡（equity ratio of the largest shareholder，RLS）。股权制衡是指几个大股东共同拥有并分享公司的控制权，并且通过他们彼此进行制衡，任一大股东都无法单独进行决策，从而达到大股东相互监督的股权安排模式。

李颖琦（2012）认为在内部管理机制的建立过程中，股权制衡发挥了重要作用，且良好的内部管理机制可以提高公司的投资效率，遏制公司的过度投资行为。本书参照其研究以第一大股东的持股比例作为衡量股权制衡程度的替代变量。

⑧两职合一（chairman and manager are the same person，CM）。两职合一是指董事长与总经理是由同一人担任的情况。作为公司的主要经营者和管理者，董事长和总经理对投资决策有着关键性的作用。如果公司的董事长与总经理由一个人担任，那么容易导致该管理者的机会主义行为，张炳才（2014）认为两职合一为管理者谋取个人私利提供了更多的操作空间，引起了更大的代理问题，从而加剧了公司的过度投资。本书设置虚拟变量 *CM*，以此来量化两职合一，若董事长和总经理由同一人担任，则虚拟变量为1，否则虚拟变量为0。

⑨企业性质（state）。由于企业性质的不同，民营上市公司和国有上市公司在行业监管、财政支持力度和干预程度、公司治理、内部控制及管理经验等方面也会有所不同，因此可能会导致公司的过度投资水平存在差异，所以本书拟在实证模型中设置企业性质这一虚拟变量，当上市公司为国有企业时，该虚拟变量为1，否则设为0。

同时通过设置虚拟变量 *Year* 和 Industry 来控制年度和行业的影响。在控制年度效应时，当年度为2010年时，虚拟变量设为1，其他设为0，共设置5个虚拟变量；在控制行业效应时，当行业为制造业时，虚拟变量设为1，其他设为0；按照证监会的分类标准，共有18个行业，因此共设置17个虚拟变量，如表4-1所示。

表4-1　　　　　　　　　　模型中各变量的定义和解释

变量类型	变量符号	变量名称	变量定义
被解释变量	*INV*	过度投资	预期投资模型中残差为正取1，为负取0。
解释变量	*Mfr*	管理费率	管理费用/营业收入
	Mam	相对薪酬	第1名管理者薪酬/前3名管理者薪酬之和
	Mae	相对剩余	相对剩余，管理者薪酬/员工薪酬

变量类型	变量符号	变量名称	变量定义
控制变量	FCF	自由现金流	（经营活动现金流量净额－资本性支出）/总资产
	Growth	公司成长能力	营业收入增长率
	Lever	公司偿债能力	资产负债率
	Size	公司规模	总资产的自然对数
	ROE	公司盈利能力	净资产收益率
	RID	独立董事比例	独立董事人数/董事会人数
	RLS	股权制衡	第一大股东持股比例
	CM	两职合一	董事长与总经理由同一人担任为1，否则为0
	State	企业性质	国有企业为1，其他企业为0
	Year	年度控制	2010年为1，其他为0，共设置5个虚拟变量
	Industry	行业控制	按照证监会的分类标准，共有18个行业，共设置17个虚拟变量

（4）实证模型。公式（4-2）~公式（4-4）分别从当事人（高管）与股东、其他管理者和员工博弈情境下，研究高管过度投资行为的动机。其中，公式（4-2）研究当事人在股东—高管互动均衡时，高管信念与过度投资的关系，公式（4-3）研究当事人—其他管理者互动均衡时，高管信念与过度投资的关系，公式（4-4）研究当事人在管理者—员工互动均衡时高管信念与过度投资的关系。

$$INV_{mf} = \beta_1 + \beta_2 Mfr + \beta_3 Cf + \beta_4 Idr + \beta_5 Growth + \beta_6 Lever + \beta_7 Size +$$
$$\beta_8 ROA + \beta_9 Hii + \beta_{10} CM + \sum Year + \sum Industry + \varepsilon \quad (4-2)$$

$$INV_{mm} = \beta_1 + \beta_2 Mam + \beta_3 Cf + \beta_4 Idr + \beta_5 Growth + \beta_6 Lever + \beta_7 Size +$$
$$\beta_8 ROA + \beta_9 Hill + \beta_{10} CM + \sum Year + \sum Industry + \varepsilon \quad (4-3)$$

$$INV_{me} = \beta_1 + \beta_2 Mae + \beta_3 Cf + \beta_4 Idr + \beta_5 Growth + \beta_6 Lever + \beta_7 Size +$$
$$\beta_8 ROA + \beta_9 Hill + \beta_{10} CM + \sum Year + \sum Industry + \varepsilon \quad (4-4)$$

公式（4-5）研究受到公司制度场域约束的当事人自我感知的"高管角色"层面研究其投资决策的动机，即当事人同时受到股东—管理者—员工三者关系约束，并达到互动均衡时，投资决策行为是否具有一致性。

$$INV = \beta_1 + \beta_2 Mfr + \beta_3 Man + \beta_4 Mae + \beta_5 Cf + \beta_4 Idr + \beta_5 Growth + \beta_6 Lever +$$

$$\beta_7 Size + \beta_8 ROA + \beta_9 Hill + \beta_{10} CM + \sum Year + \sum Industry + \varepsilon$$

$$(4-5)$$

（5）实证结果。

①对投资结果的判断：是否存在过度投资。对模型 1 进行两次多元回归，第 2 次增加了行业、年份为控制变量。回归结果如表 4 - 2 所示。

表 4 - 2   对投资结果的判断：回归结果

变量	$I_{i,t}(a)$	$I_{i,t}(b)$
$Growth_{i,t-1}$	0.01089 *** (5.30)	0.00904 *** (4.22)
$Size_{i,t-1}$	0.00238 *** (4.00)	0.00242 *** (3.91)
$Cash_{i,t-1}$	0.04696 *** (8.52)	0.05106 *** (8.86)
$Lev_{i,t-1}$	− 0.01844 *** (− 5.05)	− 0.01731 *** (− 4.51)
$Age_{i,t-1}$	− 0.00096 *** (− 6.97)	− 0.00084 *** (− 5.58)
$Yret_{i,t-1}$	0.00472 *** (5.55)	0.00574 *** (4.52)
$I_{i,t-1}$	0.43661 *** (41.22)	0.43007 *** (40.39)
Year		Control
Industry		Control
Constant	− 0.03194 *** (− 2.59)	− 0.04532 *** (− 3.37)
F	336.65	111.10
Prob > F	0.0000	0.0000
R − squared	0.2520	0.2594

注：*** $p < 0.01$，** $p < 0.05$，* $p < 0.1$

由表 4 - 2 可以看出，模型 1 整体 R^2 为 25.2%，说明模型有一定的解释力。各自变量的解释程度都在 1% 的显著性水平上通过了检验，说明各自变量的解释程度都很高。控制年份和行业之后，R^2 提高了 0.0074，显著性没有变化，说明年份、行业的影响小。

②验证假设的回归结果。考虑研究对象高管投资决策行为具有连续性，因此采用面板数据进行 logistic 回归，回归时控制了年份和行业变量。回归结果如表 4 - 3 所示。

表 4 - 3 待验证假设的回归结果

待验证假设	H_1	H_2	H_3	H_4
模型	公式（4 - 2）	公式（4 - 3）	公式（4 - 4）	公式（4 - 5）
变量	INV	INV	INV	INV
Mfr	5.0721*** (4.33)			5.1204*** (4.37)
Mam		1.5409*** (3.43)		1.5971*** (3.53)
Mae			8.3469*** (3.50)	8.1245*** (3.44)
FCF	1.2551*** (2.73)	1.2427*** (2.71)	1.3573*** (2.93)	1.4038*** (3.01)
RID	1.0113* (1.92)	0.9934* (1.89)	0.9819* (1.86)	1.0177* (1.92)
Growth	0.2117* (1.78)	0.0841 (0.74)	0.0828 (0.73)	0.2178* (1.83)
Lever	-0.3122 (-0.76)	-0.3215 (-0.78)	-0.2775 (-0.67)	-0.1902 (-0.46)
Size	0.1648 (1.54)	0.0683 (0.65)	0.1505 (1.39)	0.2403** (2.17)
ROE	2.9897*** (3.29)	2.1117*** (2.45)	1.7184** (1.96)	2.7056*** (2.92)

待验证假设	H_1	H_2	H_3	H_4
RLS	0.1579 (0.24)	0.0509 (0.08)	0.1292 (0.20)	0.1026 (0.16)
CM	0.1179 (1.00)	0.1707 (1.44)	0.1116 (0.95)	0.1754 (1.47)
State	0.1524 (0.54)	0.1613 (0.57)	0.2223 (0.79)	0.1468 (0.51)
Year	*Control*	*Control*	*Control*	*Control*
Industry	*Control*	*Control*	*Control*	*Control*
LR chi2	59.46	50.56	53.08	86.16
Prob > chi2	0.0001	0.0018	0.0009	0.0000
结论	得证	得证	得证	得证

注: $*** p < 0.01$, $** p < 0.05$, $* p < 0.1$。

如表 4-3 所示：公式（4-2）回归结果显示，*Mfr* 的系数为 5.0721，在 1% 的显著性水平上通过了检验，说明当事人（高管）在高管与股东博弈情境下，管理费率增加导致过度投资，假设 H_1 得证；公式（4-3）回归结果显示，*Mam* 的系数为 1.5409，在 1% 的显著性水平上通过了检验，说明当事人（高管）在与其他管理者博弈情境下，高管相对薪酬增加导致过度投资，假设 H_2 得证；公式（4-4）模型回归结果表明，*Mae* 的系数为 8.3469，在 1% 的显著性水平上通过了检验，说明当事人（高管）在管理者与员工博弈情境下，管理者剩余份额增加导致过度投资，假设 H_3 得证；公式（4-5）模型回归结果显示，*Mfr*、*Mam*、*Mae* 与过度投资成正比，其中 *Mfr* 的系数为 5.1204，*Mam* 的系数为 1.5971，*Mae* 的系数为 8.1245，3 个系数均在 1% 的显著性水平上通过了检验，假设 H 得证，当事人的行为符合金迪斯从文化—基因演化层面理解的"理性人"，即过度投资是当事人（高管）在当前公司层面的制度场域约束下的自爱行为。

公式（4-2）至公式（4-5）的 9 个控制变量都是根据相关研究选取的，最终只有自由现金流 FCF 和公司盈利能力 ROE 能够显著解释投资行为结果。其中，自由现金流代表投资机会，公司盈利能力代表资源配置效率，且投资机会和配置效率都提高了过度投资倾向。说明过度投资行为的确发生在机会较多和历史业绩较好的前提下，是符合标准模型对投资行为约束的假定的。独立董事比例 RID 的影响很轻微，其他变量的影响未能考察到，原因可能是 VSBPC 模型考察的制度场域是基于上、下级报告关系产生的，独立董事比例、两职合一、企业性质、股权制衡等是有关公司治理的变量，理论上应该影响制度场域，但不是影响上、下级报告关系的直接指标。以企业性质为例，国企和非国企上、下级报告关系可以相同也可以不同，从而在 VSBPC 模型框架下，企业性质不是影响投资效率的因素。而学界相关研究往往将国企和非国企作为不同的对象来考察。同时，规模、债务水平、行业乃至年份这些与经营活动直接相关的指标，其影响也未观察到，说明这些变量对投资行为的约束可能是短期的，且并不稳定。

四、控制权偏好的群体属性结论

采用 VSBPC 模型对过度投资行为研究，是将该行为作为群体行为来理解。基于公司制，在组织层面考察制度场域，人际互动是以上、下级报告关系为核心的。互动均衡是薪酬制度及激励机制（李涛，2016）。追求管理费率增加、相对薪酬增加、相对剩余增加，是当事人（高管）在股东—管理者—员工三者之间的态度，体现了公司内上、下级报告关系的基本性质：分工关系及对应的利益分配关系。在这个意义上，过度投资的高管角色情境与治理机制无关，与公司经营活动无关，而只与公司利益分配关系有关。为此可得实证结论为：给定投资机会和公司盈利能力条件下，过度投资是当事人（高管）在当前公司层面的制度场域约束下的追求物质利益的结果。这就意味着，投资结果很大程度上取决于当事人（高管）决策的动机是否为只考虑个人物质利益。

事实上，当事人追求物质利益动机确实是物质利益偏好，并且这种自利行为不会导致企业投资效率提高，反而会导致过度投资产生。当发生过度投资时，一般管理者是得益者，在他们看来，当事人（高管）决策是利他行为——自利动机导致利他结果；员工是受损者，在他们看来，当事人（高管）决策是利己行为——自利动机导致利己结果；长期来看，股东的利益无疑也是受损的，在他们来看，当事人（高管）决策是欺诈行为——自利动机导致损人的结果。其中，角色情境才是判断行为结果与动机是否一致的标准，而角色情境中最为核心的部分是物质利益/控制权偏好，其含义是对由控制权获得物质利益有信心。

进一步梳理过度投资相关实证工作的框架，可以对标准模型、BPC 模型和 VSBPC 模型的研究框架进行比较如表 4－4 所示。

表 4－4　　标准模型、BPC 模型和 VSBPC 模型研究过度投资的差异

	偏好假设	解释变量	解决思路
标准模型	代理人自利	管理费率	完善治理机制
BPC 模型	有意识行动	管理费率或相对薪酬或相对剩余等	治理机制完善或心理干预，视具体情况而定
VSBPC 模型	有意识或无意识行动	管理费率、相对薪酬和相对剩余	制度场域内物质利益/控制权偏好的改变

将 VSBPC 模型的实证结果与标准模型框架下的研究进行对比，可以看到标准模型假设行为者理性是结果理性，决策者的目标是适度投资，造成过度投资的原因是委托代理问题。因此，解决的思路就是强化公司治理机制，降低代理成本。

如果在 BPC 框架下考察过度投资的动机，行为者理性是过程理性，造成过度投资的原因是行为者信念，换言之，决策者的目标可能不是适度投资。很多因素都会影响决策者的信念，尤其是文化—基因层面考察的偏好，对信念的影响不可忽视。具体而言，各种因素的影响针对不同的研究对象存在差异，要在研究具体问题的基础上才能提出解决方案。

在 VSBPC 框架下，我们发现过度投资是非常普遍的行为，其根本原因在于组织层面制度场域的物质利益/规范偏好存在差异，这种差异是组织成员的互动结果并影响组织成员的互动关系。决策者的行为受他对互动关系的信心的影响。尽管不同的研究对象的制度场域存在差异，但在制度场域相似的情境下，可能找到统一的解决方案。总体上，治理机制也受制度场域的影响，因而在群体偏好视角下理解企业过度投资问题更有可能找到有效的解决方案。

第二节　投资者群体的信任或信用偏好

一、信用与信任替代关系假说

如前文所述，李建德（2019）在比较了青木（Masahiko Aoki，2001）、诺思（D. C. North，2005）、瓦利斯（J. J. Wallis）、温格斯特（B. R. Weingnast）、格雷夫（A. Greif）、霍奇逊（G. Hodgson）等关于信念、习惯的观点后，认为信念是人类解决外部不确定性与确定性行为的冲突的处理方式，一方面来自基因及其遗传，另一方面来自人类社会与外部不同事务的交互关系形成的神经元的网络结构，是以生产的技术结构、分工与制度为基本架构的创造物，因此不是对刺激的反应，不是理性，而是人与自然、人与人的互动关系中对不确定环境条件下的确定性的行为意向。他将人类信念分为两类，一类是对自然适应性行为的信念，另一类是人与人之间的适应性行为的信念。其中，自然适应性行为信念与自然世界的结构和变化的细节相关，其形成因由自然规律所选择；人际互动的适应性行为信念与环境中的其他人行为的细节相关，在经过人际互动的选择过程中，受制于规范和规则。他还对信念与制度的关系给出定义："在个体而言的行为信念，在观察者即是他的行为习惯。因此，信念是第一位的，习惯是第二位的。信念是构成制度的必要条件，是构成制度的基础，也是制度可持续的基本原因"。在他看来，信任是具有人物指向性的信任，信用是信任的重复及制度化。上述观点对我们理解信任与信用关系提供了如下启示：

第一，人们的行为习惯可能反映了他们对他人的信念。如孩子对父母的依赖行为，可以看成是他们将父母值得信任作为行为的信念。

第二，人们对特定个体的信任会使该个体获得信用。这就意味着，个体获得的信用一定程度上是对其的社会评价，表达为其人值得信任的程度。

第三，信用作为已经制度化的信任可以替代信任，信任与信用的替代关系由人际互动的规范和规则决定并反映了人际互动的规范和规则的变化，因而会表现为制度场域的文化 - 认知性特征，但并非由制度场域的文化 - 认知性决定信任与信用的替代关系。因为，信念是人性，跨越了生产技术和社会分工，超越了制度场域的文化－认知性。

综上所述，基于非理性信念来讨论信任和信用关系时，应该从人际互动中的确定性行为意向着手进行考察和归纳，而不是研究特定场景下的确定性行为。

我们认为，如果信任作为一种行为方式，或资源支配方式，是经由社会互动而演化的稳定的行动策略，那么即使不能将其理解为李建德所谓的规则——"由第三方强制实施的规范"，也可以在某种程度上，将其看作是博弈规则。而且，把信任表述为信任规则，还可以凸显信任是指对依循互惠规则行事有信心。信用是制度化的信任，本身就是由第三方强制实施的规范，因此信用就是信用规则。当然，强调信用是信用规则，同样可以凸显信用是指对依循权利规则行事有信心。我们已经根据劳动分工演化的历史，从经济学、生物学、社会学等视角归纳出信任、信用与控制权作为三种资源支配方式是人类群体行为ESS，并且给定控制权不变的情况下，信任与信用应该存在替代关系。

沿着规则依循行为的实质是对规则有信心的思路，参考李建德对信念的定义，我们将信心定义为行为者的无意识动机，表现为直觉，是基于行为者的意会知识或默认知识产生的主观约束（内化规则）。行为者一旦依循某个规则行事，说明对该规则有信心，但不意味着对行为本身已经"理解"，只是对应其感受到的行为情境将要采取某种行动。而信念则是对行为的"理解"，是被意识动机的产物。两个动机系统对行为的影响是并行的，作为习惯行为（既定情境下反复发生的行为），同时受到两个动机系统的影响。信心与信念的关系如表4－5所示。

表4－5 信心与信念的关系

	行为表现型	思维模式	动机系统	行为分析变量
信心	依循规则	卡尼曼系统1	无意识动机	S：资源支配方式
信念	理性计算的	卡尼曼系统2	被意识动机	B：期望效用

此外，从人际互动风险角度来看，信任是一种放心关系，一般认为源自人们日常交往的经验；只有不再信任了，才会需要信用，因而信用是对信任的完全替代；信用弥补了信任不足可能产生的风险，与信用有关的收益是风

险收益。在完全放心关系下，信任是无风险的。信心、信用、信任三者关系
如图4-3所示。

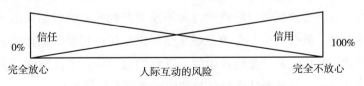

图4-3　基于人际互动风险的信任与信用关系

图4-3中，信任程度随人际互动风险增加而减少，同时为防范人际互动
风险，必须提高信用程度，需要提高的信用程度随人际互动风险增加而增加。
即对他人的信心是信任与信用之和，信心与信任正相关，信任与信用负相关。

于是，可以用对信任和信用这两种资源支配方式的倾向性来表征群体成
员偏好同质性（E. Ostrom，R. Gardner & J. Walker，2011）。于是对信任/信用
规则偏好作如下假说：

在群体行为层面，当信任规则对行为的影响为正向，信用规则对行为的
影响为负向或无影响时，表明个体行为者存在信任规则偏好倾向；反之，在
群体行为层面，当信用规则对行为的影响为正向，信任规则对行为的影响为
负向或无影响时，个体行为者存在信用规则偏好。

二、基于 VSBPC 模型的准自然实验设计

1. 网络贷款自然实验的行为情境：信息中介还是信用中介

借款人直接从资金所有人处获得资金是最古老的融资形式，但是由于信
息不对称及时间偏好的不一致，在很大程度上被现代银行取代。而今在互联
网技术的支持下，这种融资形式在"人到人"（P2P）小额贷款网站的支持下
获得了新生。这些网站建立了与小额信贷机构的合作机制，通过社交网络向
潜在借款人提供小微企业资金的需求信息，直接将需要钱的人和有钱的人联
系起来，成为开发大众钱包的社会银行（豪，2011），使普惠金融的发展成
为可能。金融契约本质上是对未来行为的承诺，是一种联结现在和未来的使
双方互惠的方式（戈兹曼，2017），在经典信任博弈的框架下，信任是指愿

意相信对方与之在某种风险活动中互惠（凯莫勒，2006），可见小额贷款网站的运行机制是以出借人和借款人之间的信任为基础的。如果借款人不能如期如数返还自出借人所得款项，说明借款人不值得信任。信任是有风险的，被信任的一方的道德风险和隐藏性行为不能被契约所杜绝。如果出借人对借款人信任不足，就会要求对方为兑现承诺提供足够的担保。抵押贷款是信用的基础形式，信用是基于契约产生的，潜在的道德风险和隐藏性行为是可以被契约所杜绝的。这就意味着信任与信用可能存在替代关系。

在我国，"人到人"（P2P）小额贷款网站被称为网络贷款平台，自2011年前后开始进入公众视野。根据网贷之家网站①的数据，2015年开始网络贷款平台数量快速发展，到2017年总数已经达到10 000家左右。然而，2018年5月开始，陆续出现项目逾期增加、平台退出增多、平台负责人失联跑路等风险事件。截至2018年年底，全国网络贷款问题平台及停业转型平台总和累计达到5 538家，占同期网络贷款平台总量半数以上；正常运营平台数量为1 075家，仅占网络贷款平台数量16.26%；2018年度网络贷款成交量总额为1 060.16亿元，同比下降52.85%。2019年11月，互联网金融风险专项整治工作领导小组办公室、网络借贷风险专项整治领导小组办公室联合印发了《关于网络借贷信息中介机构转型为小额贷款公司试点的指导意见》（整治办函［2019］83号，下称"83号文"），根据央行金融统计数据，2020年年底网络贷款平台数清零。

事实上，在83号文出台之前，就存在两类网络贷款平台，一类是信息服务平台，以提供资金需求方信息为主，投资人决策的行为情境与信任博弈相似，博弈规则是信任规则，双方是合作关系；另一类是信用中介平台，平台为资金需求方还款提供担保，投资人是借款人，资金需求方是贷款人，双方分别与平台构成债权、债务关系，投资人决策的行为情境是典型的信用规则。

现实中，当一个投资者选择成为某个网络贷款平台的资金出借人时，意味着他已经表明了对网络贷款的态度，即已经认可了所参与平台的运行规则，在信任规则和信用规则中做出了选择。此时，若资金出借人参与的网络贷款平台是信息中介，说明出借人认为平台是值得信任的；若资金出借人参与的

---

① 注：网贷之家网站，网址为www.wdzj.com，其中，网贷平台数据更新截至2020年4月30日。

网络贷款平台是信用中介，则说明出借人认为平台的信用是可接受的。

VSBPC 模型中，资源支配方式是受价值观影响的内化规则，具有社会资本的属性。尽管社会学家认为社会资本作为一种资本会随时间的推移而不断积累（Serageldin，1996），但是通常在结构性（structural）和认知性（cognitive）这两类相互关联的现象中理解社会资本，并指出如社会资本在结构性上来源于规则时，在认知性上将表现为规范（Uphoff，2000）。因此，我们将网络贷款平台的规则作为一种结构性社会资本，将对规则的认知——规范作为与之相应的认知性社会资本，具有群体属性。

以网络贷款平台股东背景表征信任规则：平台是否可信；以平台担保机制表征信用规则：契约是否可靠，利用网贷之家网站 2019 年尚在运行的平台交易数据，进行了实证分析。结果表明，国企和上市公司作为股东背景，显著促进了平台交易量，且对担保机制有替代作用，担保机制在股东背景影响平台交易量时，存在正向调节。说明网络贷款参与者总体呈现出信任规则偏好的群体属性（E. Ostrom，1994），意味着，网络贷款投资者对平台股东的信任可以替代网络贷款平台的担保机制。

2. 网络贷款投资者决策的 VSBPC 模型

网络贷款平台设计的功能为信息中介和信用中介，单个平台可能提供这两种功能或其中一种功能，因此将网络贷款平台的结构性社会资本分为信息中介规则和信用中介规则。按照 VSBPC 模型，与之相应的认知性社会资本为信任规则和信用规则。由此，对网络贷款投资者行为进行如下分析：

第一，是否参与网络贷款投资决策。任意投资者在选择是否参与网络贷款投资时，会获得关于"环境中其他人行为的细节"（李建德，2019）对这些细节的解读取决于其价值观，价值观不同的投资者对网络贷款平台与投资者之间互动关系理解不同，并产生自我感知角色（金盛华，2011）。从而，存在两类投资者，第一类角色是感知自己为资金需求方的合作者（以下简称"合作者"），在直觉上留意到平台的信息中介功能；第二类角色是感知自己为网络贷款平台债权人（以下简称"债权人"），在直觉上留意到平台的信用中介功能。总之，投资者的价值观 V 决定其是否参与网络贷款投资。

第二，网络贷款平台选择。当投资者把自己作为资金需求方的合作者时，说明他认可平台提供的信息是可信的，即该投资者对信任规则有信心，其对应的资源支配方式是信任规则倾向；当投资者把自己作为网络贷款平台债权人时，说明他认可平台提供的资金担保是可靠的，即该投资者对信用规则有信心，其对应的资源支配方式是信用规则倾向。无论是对信任规则有信心还是对信用规则有信心，都意味着投资者会把钱交给网络贷款平台。当投资者参与到网络贷款投资时，将在网络贷款平台之间进行选择。由于不同网络贷款平台的信息中介功能和信用中介功能存在差异，投资者会遵从其依循的规则对平台进行选择，网络贷款平台也因此被投资者分为备选平台和淘汰平台。总之，任意网络贷款投资者的备选平台都被理解为符合其依循的规范，投资者在资源支配方式 S 引导下对网络贷款平台进行选择。

第三，平台项目选择。此时，任意投资者决策受到他的投资约束 C 及预期收益的影响，投资者对平台产品预期收益的先验概率就是信念 B。若投资者购买了某个网络贷款平台的产品，将使该平台的规模扩大，投资者对平台规模的贡献是其行为结果也是其显示偏好 P。投资者行为结果 P 的出现意味着：（1）投资者对参与网络贷款平台投资有信心，即参与网络贷款平台投资符合其资源支配方式 S；（2）网络贷款平台的产品预期收益与投资者的信念 B 相符合。

综上所述，根据 VSBPC 结构，包含网络贷款投资者群体偏好属性的个体决策模型如图 4-4 所示：

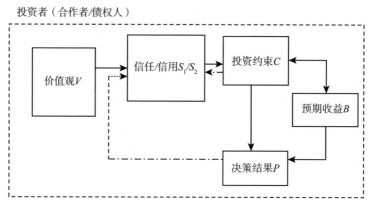

图 4-4　网络贷款投资者决策的 VSBPC 模型

图 4-4 中，在既定价值观 V 引导下，投资者在选择是否参与网络贷款投资时，感知的角色将是资金需求方合作者，即"合作者"，或网络贷款平台

债权人，即"债权人"。设感知自己为"合作者"的投资者资源支配方式为信任规则 S_1；感知自己为"债权人"的投资者资源支配方式为信用规则 S_2。以决策结果 P 的表征变量"平台规模"为被解释变量，由于行为随信心波动，资源支配方式 S 是决策结果 P 的解释变量。其中，预期收益 B、投资约束 C 与决策结果 P 的关系为外生，因此预期收益 B、投资约束 C 均为控制变量。

3. 实证变量关系假设

有关社会信任度量的开创性工作主要是福山（F. Fukuyama，1995）完成的。他以对家庭成员以外的人的信任程度来衡量社会信任，通过定性研究，得出高信任度的社会大型机构更成功，低信任度的社会小家族企业更盛行，因此是信任决定社会机构的表现的结论。受福山的启发，波特等（L. Porta et al.，1997）从世界观调查中建立起一种衡量社会信任的手段，把认为大多数人值得信任的人所占的比例，定义为信任度①，并将信任度视为文化的基本特征之一，成为社会资本研究的一种通行范式。张维迎和柯荣住（2002）发现人际互信的省际差异能够解释我国经济增长的区域差异，其中人际互信变量就采用了波特等（L. Porta et al.，1997）的信任度测量方法。然而，人与人的关系是抽象的，通常以人与物、物与物的关系为载体。因此，波特等对信任度测量的方法，自然延伸到人与物的关系。如2019年 Science 杂志发表的一项"全球公民诚信调查"（A. Cohn et al.，2019）采用在人群中捡到钱包归还的人数占比来测量社会信任。VSBPC 模型实质上是一个演化主义的 BPC 模型（李涛，2018），其中一个社会的文化特征由制度的文化—认知性规则决定，并呈现为反映社会成员思想观念的符号系统（W. R. Scott，2010）。同时，文化差异仅仅是符号系统的差异或人们对符号理解的差异，包括对什么是值得信任的理解。由于人与物的关系受到文化—认知性的影响，不同文化背景下，人们对"钱包"的认知不同，看待地上的"钱包"的态度和处理方式（行为）也存在差异。事实上，对人与物的关系理解也是价值观的一部分，当人们试图用信任度来表征价值观时，应该首先考察人工器物、符号与人的行为是否存在稳定关系，否则会因对二者关系的理解不同，引发争议。当我们在 VSBPC 模型框架下来考察人与物的关系时，观察的对象是人

①　在波特等（1997）的世界观调查中，被调查者被询问的问题是：概括而言，你认为大多数人可以信任还是在人际交往中不能过于信任别人。

们重复发生的行为，人与物之间呈现出的某种关系就会具有稳定性，因此把这种稳定性理解为人与某种特定符号之间的联系，就要合理得多。因此，我们认为出借人与借款人的关系，会呈现为网贷投资者与平台的稳定关系，从而可以用投资者对平台的信任，作为出借人与借款人互信的表征变量。

根据李建德的思想，我们可以将参与人对平台自身的看法理解为"自然的适应性行为的信念"，对于网络贷款参与人而言，平台自身信息中应该有很多是"可信的"，其中股东背景是所有平台都提供的信息。张维迎和柯荣住（2002）收集了中国跨省的信任调查数据，研究信任与企业分布的关系，发现人们会更信任国有企业；杨国超和盘宇章（2019）使用上述信任调查数据计算的信任分数、人均献血量、献血人口比、人人贷平台上不同省份借款人的借款成功率等指标代表信任水平进行研究发现，与民营企业相比，信任对国有企业债券信用评级的提升作用及对债券信用利差的降低作用均显著更强；在我国，人们对国有企业有着更高的信任程度，原因在于国有企业更多地受到执政党和国家的监管（于国辉，2019）。结合波特等（L. Porta et al.，1997）关于大企业值得信任的观点，我们将对平台的股东是否值得信任作为信任规则的表征变量，称为"股东背景"，股东背景为国企和上市公司，为"可信的"，否则，为"不可信的"。

"信用"的产生来源于债权债务关系，是交易双方之间的有法律效力的协议对网贷平台的行为约束，设置风险保障金或者第三方担保是网贷平台常用的资金安全保障方式。因此，我们以设置风险保障金或者第三方担保为网贷平台信用的表征变量，称为"担保机制"。

当将人际互信延伸到对网贷投资者与平台的关系进行考察时，信任与信用二者的三种关系应该同样存在。无论投资者依循何种规范，对网贷平台有信心时，会参与网贷投资，此时网贷平台规模就会扩大；反之，对网贷平台信心不足时，网贷平台规模减小。

综上所述，本书提出以下总假设（假设1）和总假设的两个分假设（假设1.1和假设1.2）如下：

假设1：平台参与者总体上是信任规范倾向，即对信任规范有信心。包括两种类型：第一，信任规范倾向，信用规范影响为中性；第二，信任规范和信用规范共同作用，信任规范的影响替代了信用规范的影响。

假设1.1：平台参与者总体对信任规范有信心，此时"股东背景"对平台规模有正向影响，"担保机制"对平台规模没有影响，即信任规范倾向。

假设 1.2：平台参与者总体对信任规范有信心，"股东背景"对平台规模有正向影响，"担保机制"对平台规模有负向影响，且"担保机制"和"股东背景"的交互作用会促进"股东背景"对平台规模的正向影响。

4. 变量、指标和数据说明

本书的研究对象是我国的网络贷款投资者，制度背景是当下的中国。因此，主要依据以中国为制度背景的文献来选取决策结果 P 的表征变量"平台规模"、信任规则 S_1 的表征变量"股东背景"和信用规则 S_2 的表征变量"担保机制"，以及与投资约束 C 和预期收益 B 的变量相对应的指标。

（1）被解释变量。决策结果 P 的表征变量"平台规模"。投资者的偏好显示为决策结果，具体表现为投资者于特定时间在某个平台上投资某个借款项目，从而增加了该平台的日成交量，因此以平台日成交量指标来衡量"平台规模"，作为被解释变量。

（2）解释变量。

① 信任规则 S_1 的表征变量"股东背景"。以"股东背景"有国企或上市公司背景作为信任规则（S_1）的表征变量。含义是，当平台股东背景为国企或上市公司时，对依循互惠规则行事有信心的参与者，会参与平台投资。

② 信用规则 S_2 的表征变量"担保机制"。以"担保机制"（设置风险保障金或者第三方担保等模式）作为信用规则（S_2）的表征变量。含义是，当平台提供资金担保时，对依循权利规则行事有信心的参与者，会参与平台投资。

（3）控制变量。

① 预期收益 B。一般而言，一个平台有多个借款项目，因此平台的综合借款利率、平均借款期限随借款项目的相应特征而改变，决定着投资者对预期收益的估计。贷款人倾向于选择投资于期限短的借款（吴佳哲，2015）；温小霓和武小娟（2014）的研究表明借款利率对借款成功率有负的影响，但李悦雷等（2013）的研究结果则表明借款利率对借款成功率有正的促进作用；姜琪（2018）的研究发现综合利率和平均借款企业与成交量之间呈显著负相关关系。同时，投资者情绪、羊群效应（或从众行为）也常常被纳入证券市场投资者预期的相关研究中。例如赫什利弗和塔克（D. Hirshleifer & S. H. Teoh，2009）提出投资者之间的相互影响会导致情绪在群体中演化传染，

这种传染最终会影响投资者行为。赫斯登等（M. Herzenstein et al.，2011）认为 P2P 网络借贷交易中存在信息不对称的问题。迈尔斯（D. Myers，2016）认为我们对自己的判断越不确定，就越容易受他人影响，信息影响（想正确行事的渴望）是个体产生从众行为的原因。在网络贷款平台投资中，借款项目前期已筹集的资金越多，则潜在出借人越容易模仿前期出借人的投资行为对借款项目进行投资，还会通过观察同伴的投资决策来推断借款人的可信赖度，并结合借款项目公开的信贷信息来调整自己的判断，存在理性的羊群行为（曾江洪和杨帅，2014）。因此，我们以网络贷款平台参与者情绪、网络贷款平台的综合利率和平均借款期限作为预期收益（B）的表征变量，其中情绪的衡量方式是"网贷之家"点评区中用户对平台的评价数量及所附上的积极或消极的标签。其含义是产品预期收益增加会吸引更多网络贷款参与者购买。

② 投资约束 C。基于投资者对网络贷款平台的选择来考虑投资约束，主要是投资者决策的外生变量，包括网络贷款平台的注册资本、运营时间和所在地等固有的特征。李姝熠（2017）认为如果投资者通过平台的某些特征感知到 P2P 平台自身带来的投资风险较低，那么投资者就会相应地向下调整其预期收益率，运营时间长的平台累积的风险更大，借款利率更高，注册资本充足的特征能有效降低投资者感知到的风险，因此注册资本高的平台往往综合平均借款利率较低。蒋彧和周安琪（2016）发现高收入地区的借款人在 P2P 网络借贷中更易借款成功。因此，本书以网络贷款平台的注册资本、运营时间和所在地（是否位于北上广一线城市）作为投资约束 C 的表征变量。

综上所述，给定价值观 V 的 SBPC 实证模型使用的变量及含义说明如表 4 – 6 所示。

表 4 – 6　　　　　　　　　　　　　变量说明

变量	符号	含义
结果（P）		
日成交量	*volume*	平台规模
资源支配方式（S）		
信任规则（S_1）：股东背景	*background*	给背景为国有企业、上市公司的平台赋值 1，其余赋值 0

变量	符号	含义
信用规则（S_2）：担保机制	*security*	给设置风险保障金或者第三方担保等模式的平台赋值1，其余赋值0
投资约束（C）		
注册资本（C_1）	*capital*	
运营时间（C_2）	*time*	平台从建立起至统计日当天的天数
所在地（C_3）	*region*	给位于北上广深一线城市的平台赋值1，其余赋值0
预期收益（B）		
情绪（B_1）：		
积极评价量（B_{1a}）	*positive*	"网贷之家"用户给出的积极评价，从样本区间起始日至统计日当天的累积量
消极评价量（B_{1b}）	*negative*	"网贷之家"用户给出的消极评价，从样本区间起始日至统计日当天的累积量
累计评价量（B_{1c}）	*comment*	积极评价量与次消极评价量之和
利率（B_2）	*interest*	"网贷之家"每日公布的平台的参考收益率
借款期限（B_3）	*maturity*	"网贷之家"每日公布的平台的平均借款期限

我们所使用的数据是第三方门户网站"网贷之家"公布的2019年1月1日至11月30日的76家网络贷款平台的25 384条数据，具体包括各个平台的日交易量、注册资本、运营时间、参考收益率、平均借款期限、相应点评区的用户积极评价和消极评价的数量、是否有国企和（或）上市企业背景、是否设置资金保障、是否位于北上广深一线城市等内容。其中，在"网贷之家"点评区中对网络贷款平台的评论附有红色"笑脸"或绿色"哭脸"，用以代表"推荐"或"不推荐"。以红色"笑脸"评论为积极评价，绿色"笑脸"评论为消极评价。考虑到一些平台在3个月内无新增评价，会影响投资者行为，我们还将样本分为"有新增评价""无新增评价"两个组。此外，我们还从样本中剔除了评价数量异常值（如图4-5所示），最终得到25 088条样本数据，其中"有新增评价组"有2 801条，包含66家平台数据，"无新增评价组"有22 287条，包含76家平台的数据对注册资本和运营时间的数据进行对数化处理，对评价量的数据进行标准化处理，最终得到两组非平衡面板数据。

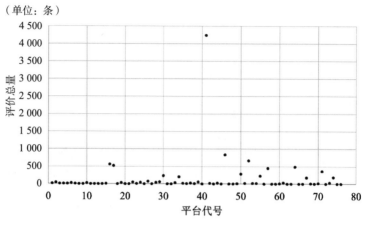

图4-5　各平台评价数量

5. 计量模型

根据实证模型，设定以下计量模型，使用面板数据多元回归分析法进行研究。首先，通过式（4-6）、式（4-7）和式（4-8）检验平台参与者是信任规则倾向还是信用规则倾向，若β_1系数显著为正，说明平台参与者是信任规则倾向，否则不是；若β_2系数显著为正，说明平台参与者是信用规则倾向，否则不是。采用式（4-9）进一步检验信任规则和信用规则的交互影响。

$$volume_{i,t} = c + \beta_1 background_i + \gamma controls + \varepsilon_{i,t} \qquad (4-6)$$

$$volume_{i,t} = c + \beta_2 security_i + \gamma controls + \varepsilon_{i,t} \qquad (4-7)$$

$$volume_{i,t} = c + \beta_1 background_i + \beta_2 security_i + \gamma controls + \varepsilon_{i,t} \qquad (4-8)$$

$$volume_{i,t} = c + \beta_1 background_i + \beta_2 security_i + \beta_3 background_i \times security_i + \gamma controls + \varepsilon_{i,t}$$
$$(4-9)$$

式中的 controls 包括了约束（C）的表征变量（注册资本 capital、运营时间 time、所在地 region）和信念（B）的表征变量（积极评价量 positive、消极评价量 negative、累计评价量 comment、利率 interest、借款期限 maturity）。

三、信任或信用偏好实证结果

1. 描述性统计

表4-7给出的是样本数据的描述性统计量。

表4－7   描述性统计

		平均值	中值	最大值	最小值	标准差	样本量
有新增评价组	日成交量（万元）	3 601.68	961.15	42 361.88	0.00	5 587.08	2 801
	股东背景	0.42	0.00	1.00	0.00	0.49	2 801
	担保机制	0.38	0.00	1.00	0.00	0.49	2 801
	积极评价量（个）	140.79	102.00	827.00	0.00	147.78	2 801
	消极评价量（个）	31.77	11.00	266.00	0.00	54.50	2 801
	总评价量（个）	172.56	125.00	833.00	1.00	167.28	2 801
	注册资本（万元）	2.94	1.10	15.00	0.10	3.23	2 801
	运营时间（日）	1 944.66	1 787.00	3 165.00	740.00	576.18	2 801
	利率（%）	10.15	9.83	16.17	5.00	2.03	2 801
	借款期限（月）	12.60	10.24	85.31	0.00	9.92	2 801
	所在地	0.81	1.00	1.00	0.00	0.39	2 801
无新增评价组	日成交量（万元）	728.90	111.00	46 132.28	0.00	2 183.65	22 887
	股东背景	0.26	0.00	1.00	0.00	0.44	22 887
	担保机制	0.49	0.00	1.00	0.00	0.50	22 887
	注册资本（元）	1.16	0.50	15.00	0.10	2.29	22 887
	运营时间（日）	1 601.03	1 598.00	3 163.00	728.00	343.87	22 887
	利率（%）	9.56	9.21	35.34	0.00	1.91	22 887
	借款期限（月）	7.76	5.39	81.25	0.00	9.05	22 887
	所在地	0.57	1.00	1.00	0.00	0.49	22 887

其中，有新增评价组中，样本数据中日成交量的标准差很大，说明不同平台在不同交易日的日成交量相差很大，两组样本的最大值相差不大，无新增评价组样本的平均值和中值小很多，说明无新增评价组样本中包含了比较多日成交量偏小的数据。虚拟变量"股东背景"的平均值在两组样本中分别为0.42和0.26，说明有国企或上市企业背景的平台比无相关背景的平台少，"担保机制"的平均值在两组样本中分别为0.38和0.49，说明有设置风险保障金或者第三方担保等担保机制的平台比无相关担保机制的平台少。

2. 相关性分析

表4－8和表4－9为各变量间的相关系数矩阵，从中可以看出日成交量

表 4-8

相关系数矩阵（有新增评价组）

	volume	background	security	positive	negative	comment	maturity	interest	time	capital	region
volume	1										
background	0.39***	1									
security	-0.27***	0.01	1								
positive	0.22***	0.29***	-0.06***	1							
negative	-0.07***	-0.32***	0.10***	0.20***	1						
comment	0.17***	0.15***	-0.02	0.95***	0.50***	1					
maturity	0.08***	-0.25***	0.17***	-0.16***	0.33***	-0.03*	1				
interest	-0.11***	-0.18***	0.27***	-0.03	0.24***	0.05***	0.63***	1			
time	0.47***	0.19***	-0.31***	0.38***	0.31***	0.43***	0.09***	-0.02	1		
capital	0.31***	0.33***	0.13***	0.28***	0.11***	0.29***	0.23***	0.17***	0.36***	1	
region	-0.08***	-0.29***	0.29***	-0.11***	0.20***	-0.03	0.35***	0.23***	-0.16***	0.20***	1

注：*、**、***分别代表在10%、5%、1%的置信水平下显著。

表 4 - 9 相关系数矩阵（无新增评价组）

	volume	background	security	maturity	interest	time	capital	region
volume	1							
background	0.14***	1						
security	0.08***	0.07***	1					
maturity	0.40***	-0.09***	-0.05***	1				
interest	0.06***	-0.09***	-0.09***	0.33***	1			
time	0.10***	0.06***	0.20***	-0.02***	0.07***	1		
capital	0.29***	0.18***	0.10***	0.06***	-0.05***	0.10***	1	
region	0.19***	-0.17***	0.07***	0.28***	-0.11***	-0.07***	0.19***	1

注：*** 代表在 1% 的置信水平下显著。

（volume）与股东背景（background）之间有较强的相关性，从相关系数符号来看，担保机制（security）与日成交量（volume）之间的相关性在两组样本中不一致，其他变量间的相关性不是非常强，模型存在共线性问题的可能性较低。

3. 回归分析检验

为了检验网络贷款平台参与者总体上是信任规则倾向还是信用规则倾向，以及股东背景和担保机制之间的交互关系，使用前述计量模型分别对有新增评价组样本和无新增评价组样本进行回归分析，在对有新增评价组样本的分析中，又细分了"考虑评价情绪"和"考虑评价活跃度"两组，共进行了三组回归分析，表 4 - 10 和表 4 - 11 是有新增评价组样本的回归检验结果，表 4 - 12 是无新增评价组样本的回归检验结果。

表 4 - 10 和表 4 - 11 中的结果相当一致，无论是将"网贷之家"用户评价的情绪还是"网贷之家"用户评价的活跃度纳入考虑，股东背景（background）都能单独对日成交量有显著的正向影响，对担保机制（security）有显著的负向影响，两者共同作用时，影响方向不变，说明平台参与者总体上是信任规则倾向。式（4 - 9）中，加入了股东背景和担保机制的交互项（background × security），得到股东背景的系数比式（4 - 6）中更大，说明担保机制和值得信任的背景的交互作用促进股东背景对日成交量（即平台规模）的正向影响，回归结果总体验证了假设 1.2。

表4-10　　　　　　　　**有新增评价组（考虑评价的情绪）检验结果**

	被解释变量：*volume*			
	式（4-6）	式（4-7）	式（4-8）	式（4-9）
background	1.15*** (14.32)		1.30*** (16.18)	1.73*** (16.49)
security		-0.56*** (-7.38)	-0.76*** (-10.42)	-0.45*** (-5.13)
background × security				-1.01*** (-6.33)
positive	0.10*** (2.78)	0.22*** (5.80)	0.09*** (2.61)	0.13*** (3.63)
negative	-0.38*** (-9.81)	-0.52*** (-14.06)	-0.30*** (-7.85)	-0.29*** (-7.65)
controls	Yes	Yes	Yes	Yes
常数项	-15.76*** (-16.22)	-15.47*** (-14.97)	-12.73*** (-12.54)	-8.68*** (-7.27)
调整 R^2	0.38	0.35	0.40	0.41
样本量	2 801	2 801	2 801	2 801

注：*controls* 包括 *capital*、*time*、*region*、*interest*、*maturity*，*positive* 和 *negative* 是情绪的表征变量，*** 代表在1%的置信水平下显著，括号内为 *t* 统计量。

表4-11　　　　　　　　**有新增评价组（考虑评价的活跃度）检验结果**

	被解释变量：*volume*			
	式（4-6）	式（4-7）	式（4-8）	式（4-9）
background	1.43*** (18.74)		1.53*** (20.47)	1.96*** (19.25)
security		-0.68*** (-8.80)	-0.86*** (-11.81)	-0.56*** (-6.33)
background × security				-0.99*** (-6.14)
comment	-0.09*** (-2.57)	-0.05 (-1.41)	-0.06* (-1.65)	-0.02 (-0.53)

续表

	被解释变量：*volume*			
	式（4-6）	式（4-7）	式（4-8）	式（4-9）
controls	Yes	Yes	Yes	Yes
常数项	-14.25*** （-14.64）	-13.18*** （-12.30）	-11.12*** （-11.08）	-7.13*** （-6.00）
调整 R^2	0.36	0.30	0.39	0.40
样本量	2 801	2 801	2 801	2 801

注：*controls* 包括 *capital*、*time*、*region*、*interest*、*maturity*，*comment* 是评价活跃度的表征变量，*、
*** 分别代表在10%、1%的置信水平下显著，括号内为 *t* 统计量。

表4-12   无新增评价组检验结果

	被解释变量：*volume*			
	式（4-6）	式（4-7）	式（4-8）	式（4-9）
background	0.84*** （22.82）		0.83*** （22.42）	1.50*** （27.70）
security		0.29*** （8.83）	0.25*** （7.78）	0.59*** （15.68）
background × security				-1.27*** （-16.86）
controls	Yes	Yes	Yes	Yes
常数项	-9.42*** （-17.84）	-9.08*** （-16.77）	-8.70*** （-16.24）	-6.71*** （-12.30）
调整 R^2	0.26	0.24	0.26	0.27
样本量	22 287	22 287	22 287	22 287

注：*controls* 包括 *capital*、*time*、*region*、*interest*、*maturity*，*** 代表在1%的置信水平下显著，括
号内为 *t* 统计量。

表4-12 中的结果所展现出的重大差异在于担保机制对日成交量有显著
的正向影响，相比之下，股东背景的回归系数 *t* 统计量比担保机制大很多，
因此股东背景对日成交量的正向影响更为显著，说明平台参与者对信任规则
和信用规则都有信心，但总体上是信任规则倾向。与表4-10 和表4-11 相
同的是，表4-12 中式（4-9）的股东背景的系数比式（4-6）更大。

4. 稳健性检验

"网贷之家"平台会公布每日投资于各平台的人数,为此使用投资者人数(*investor*)替换日成交量(*volume*)作为交易规模的表征变量,进行稳健性检验。前文三次以回归分析法进行的检验中,有新增评价组(考虑评价的情绪)检验的调整 R^2 相比之下是最高的,对模型的拟合效果最好,以此方法进行稳健性检验,得到的结果如表 4 – 13 所示。与表 4 – 10、表 4 – 11、表 4 – 12 的结果相同,股东背景(*background*)对投资者人数有显著的正向影响,且式(4 – 9)中该变量的系数比式(4 – 6)更大,但是担保机制(*security*)的影响是不稳定的,由此足以说明,平台参与者对信任规则的信心是稳健的,也就是说,平台参与者总体上是信任规则倾向,且担保机制和值得信任的背景之交互作用促进股东背景对平台规模的正向影响,假设 1.2 得到验证。

表 4 – 13　　　稳健性检验:将投资者人数(**investor**)作为被解释变量

	被解释变量:investor			
	式(4 – 6)	式(4 – 7)	式(4 – 8)	式(4 – 9)
background	1.63 *** (18.09)		1.68 *** (18.37)	1.82 *** (15.14)
security		0.01 (0.16)	− 0.25 *** (− 3.03)	− 0.14 (− 1.48)
background × security				− 0.34 * (− 1.83)
positive	0.10 ** (2.32)	0.25 *** (5.82)	0.093618 ** (2.26)	0.11 ** (2.53)
negative	− 0.17 *** (− 4.07)	− 0.44 *** (− 10.22)	− 0.15 *** (− 3.43)	− 0.15 *** (− 3.36)
controls	Yes	Yes	Yes	Yes
常数项	− 17.94 *** (− 16.20)	− 20.49 *** (− 16.96)	− 16.89 *** (− 14.59)	− 15.55 *** (− 11.34)
调整 R^2	0.46	0.40	0.46	0.46
样本量	2 801	2 801	2 801	2 801

注:*controls* 包括 *capital*、*time*、*region*、*interest*、*maturity*,*positive* 和 *negative* 是评价情绪的表征变量,*、**、*** 分别代表在 10%、5%、1% 的置信水平下显著,括号内为 *t* 统计量。

四、信任或信用偏好的群体属性

对上述实证结果进一步分析，可以得到以下结论：

首先，网络贷款平台参与者总体上是信任规则倾向的，即对信任规则有信心，在网络贷款平台之间进行选择时，他们更倾向于将有着国企或上市公司背景的网络贷款平台纳入备选平台。网络贷款平台参与者依循这种选择规范进行投资决策，引发的现实结果就是，有国企或上市公司背景的平台有着更高的日成交量，会有更多的投资者投资于这类平台，即这类平台的规模会更大。并且，在我们的实证结果中，还可以看到积极评价对平台规模有显著的正向影响，消极评价有显著的负向影响，因此情绪的作用也很明显，在类似曾江洪和杨帅（2014）研究中所观察到的网络贷款平台投资者的理性羊群行为的催化下，股东背景对平台规模的效应将会更强。

其次，网络贷款平台参与者对信用规则的信心是不稳健的，在不同的样本和方法下得到了不一样的结论。也就是说，在考察影响平台参与者决策和偏好的因素时，我们发现平台的股东背景比担保机制更重要，相比"有担保机制""有国企或上市企业背景"的特征能更强烈地促进参与者选择投资于一家网络贷款平台。平台参与者在选择网络贷款平台时必然会考虑自己的资金安全，他们会先期望自己投资的平台是不会出现问题的平台，然后才会期望平台出现问题后能得到资金保障，股东背景在他们的期望中的作用更大，即使当一家网络贷款平台出现问题时，国企或上市企业背景并不能给其投资者带来实质的资金保障，平台参与者对股东背景的看重还是多于担保机制。平台参与者的这种期望亦受到现实事件的影响，在诸多的网络贷款平台"爆雷"事件中，风险保障金和第三方担保也并未对受害者产生实质性的保护作用。

最后，担保机制和值得信任的股东背景交互作用促进股东背景对平台规模的正向影响。加入了担保机制与股东背景的交互项后，股东背景对平台规模的影响能力变强了，这种现象在实证结果中始终存在。对网络贷款平台参与者来说，信任规则和信用规则不是互斥的，而是共同存在的，但是作用的强度不同。参与者总体上是信任规则倾向的，同时也仍然受到信用规则倾向的调节，说明考虑是否将一家网络贷款平台归于备选平台时，对于没有设置担保机制的平台，参与者就更加依赖于根据平台背景，即是否有国企或上市公司背景进行选择。

网络贷款平台作为人类互动创造的产物因制造混乱而被监管部门取缔，然而作为"人们自己建造的时间机器"（W. N. Goetzmann，2017），金融技术的发展不会停歇，通过互联网"直接将需要钱的人和有钱的人联系起来"（J. Howe，2011），以促进资金出借人和借款人的合作，降低"真实融资成本"（Bernanke B.，1983），提高金融市场效率，仍然需要有意识的设计（Smith V.，2003）。然而目前已终结的网贷平台是由人类的互动创造的，而不是由有意识的人类设计创造的。我们基于网络贷款之家网站 2019 年"幸存"的平台数据得出的实证结论是对出借人、借款人、股东互动创造的总结，将成为有意识设计创造的指南。

本项实证工作建立在一个包含群体属性的个体决策模型上，为 VSBPC 模型应用于考察个体决策与群体行为关系作出了有益尝试。实证结果表明网络贷款投资者在群体层面上存在依循互惠规则行事的倾向，故对他们而言，股东背景比担保机制更重要。该结论与行为经济学一般范式 BPC 模型中研究得到的结论有所不同。BPC 只分析行为场景下的决策动机，因此无论是解释网络贷款平台的选择动机还是解释网络贷款产品的选择动机，股东背景和担保机制与其他平台背景信息一样作为控制变量。在 VSBPC 模型中研究，对平台背景的信息进行分解，根据金融的性质，将"担保机制"作为信用规则的表征变量；依制度的文化—认知性特征提炼出股东的"国企背景"和"上市公司背景"作为信任规则的表征变量，从而得以在信心层面来解释网络贷款投资者的行为动机。

基于我们的研究视角，信任是与信用相互替代的概念，信用会促进信任对行为的正向影响，说明信用作为制度化信任的重要性。当信用不足时，信任规则依循是人们适应性行为的信念（信心）。符号对人际互信的影响非常重要，在文化—认知性作用下，人际互信会表达为人们对特定信息符号的信任，如在平台信息中，是否有国企和上市公司的背景信息，影响了投资者的决策，并呈现群体属性，表达为对国企和上市公司的信任使得投资人忽略了平台信用。这就意味着，对股东的信任是促进投资者与网络贷款平台借款人合作的重要原因。这个结论比基于陌生人社会信任度的研究结论，如科恩等（A. Cohn，et al.，2019）报告的"全球公民诚信调查"结论为中国公民诚信全球垫底，更符合中国的文化特征。

研究表明，未制度化的信任作为一种群体稳定行为的规则 ESS，与制度化的信任——信用规则存在一定的替代关系，从而可以用信任/信用规则偏好来表征群体属性，而不是只用对陌生人或特定事件的信任度来表征群体属性。同时，从信任/信用倾向视角刻画了网络贷款投资者群体的偏好同质性，也可以视为社会层面制度场域的特征。

第三节　经典行为博弈经验结果的证据

一、经典行为博弈中角色情境与行为情境

权力、权利、互惠三种资源支配方式是社会角色的行为表现。理论上，行为经济学的范式是一个关于角色与行为统一的范式。因而，行为学家惯常采用实验方法研究行为时，都会给实验者（研究者招募的志愿者）赋予一个角色，迄今为止，行为经济学采用实验方法得出的主要结论几乎都通过招募在校学生志愿者，由他们"扮演"给定情境下（合作的规则，包含每个参与人的策略）的合作者（互动的行为者），观察其在金钱刺激下的行为结果得到的。一些经典实验被反复在不同的社会情境中重复，其中以"独裁者、最后通牒与信任博弈"实验最为流行。

"独裁者、最后通牒与信任博弈"指以 1982 年德国洪堡大学经济学教授古斯（Guth）、斯科密特伯格（Schmittberger）和施瓦茨（Schwarze）首先设计的最后通牒博弈实验（ultimatum game，UG）基础上发展起来的一系列行为实验。这些实验的结果相互印证，被凯默勒视为行为博弈的同一种类。按照金迪斯 BPC 模型，这些实验都有自己的行为情境。

最后通牒博弈的行为情境为 2 名参与人选择一笔奖金的分配方案：由 1 名参与人（称为"提议者"）提议该奖金的分配比例，若另一参与人（称为"回应者"）赞同，双方按照该比例分配奖金，若另一参与人反对，取消该奖金。根据理性人假定，"提议者"和"回应者"收益最大化的分配方案是前者决定分给后者一个最小的金额，且后者不会拒绝该方案。然而，最后通牒

实验的结果表明"提议者"提议的奖金分割比例众数和中位数通常出现在40% ~ 50%，平均数通常出现在30% ~ 40%。同时，40% ~ 50%的分割比例很少被"回应者"拒绝，而低于20%的分割比例有一半被"回应者"拒绝。

独裁者博弈的行为情境是在最后通牒博弈中，"回应者"不具有实施拒绝的权力。独裁者博弈改变了最后通牒博弈的结构，其行为情境中，"提议者"其实是权力方，因而不必担心被拒绝。符合理性人假定的结果应该是独裁者拿走全部奖金。然而，研究者将独裁者博弈与最后通牒博弈的结果进行对比，发现独裁者博弈结果"独裁者"提议平分奖金的情况非常普遍，卡尼曼等通过多次实验发现竟然有3/4的"独裁者"提议与对方平分奖金。之后很多改换研究对象、博弈结构（增加可能的行动来改变博弈）等实验结果均表明"独裁者"总体较为"悲观"，即没有表现为理性人的特征——直接拿走全部奖金。

信任博弈的行为情境是在独裁者博弈中存在一个由某个投资人（委托人）进行的初始投资额，该投资决定了独裁者（即代理人）可以进行分配的奖金额。投资人相信代理人会给其足够回报以表明代理人是值得"信任"的。研究者用代理人的回报来衡量"信任"的程度。显然，博弈的行为情境是委托—代理关系①。事实上，一个纯粹的信任博弈中，投资人把一部分钱委托给一个代理人进行投资，而他却从未了解过这个代理人或与其交谈过，并且也不会再次与该代理人相遇。为此回归了信任的真正含义：对陌生人完全放心。信任博弈给定投资收益率，但是并没有限定代理人回报的契约形式——既不要求代理人一定要返回本金，也不要求代理人承诺返回收益的份额，使得信任存在风险。根据理性人假设，如果代理人是自利的，对投资人的回报就应该是0，如果投资人考虑到这一点，给代理人的投资金额也应该是0。如果投资人对代理人有信心，那么就会提供所有投资，代理人如果是可信的，就会返回全部本金及部分收益。代理人返回的总金额越多，其信任程度就越高。实验结果表明，不同地区种族群体的"信任程度"的确存在差异，但是"信任"普遍存在于真实社会中。

---

① 多阶段的信任博弈还用来解释厂商和工人的相互关系，研究者将"厂商提供报酬，工人努力工作"视为劳动力市场的"礼物交换"，由信任博弈的均衡决定工资水平。费尔和福尔克1999年的论文就采用了这一模型。

有关独裁者、最后通牒和信任博弈的实验被研究者在不同国家、不同群体中反复进行，一些实验结果差异相当明显。凯默勒系统分析了造成明显偏离平均实验结果的实验，认为差异的主要原因有五个方面：（1）实验方法论因素，包括静态重复博弈、奖励金额及实验者是否匿名或是否受"蒙蔽"[①]；（2）人口统计因素，包括性别、种族、被试专业、年龄，以及智力、生物学特征和相貌等；（3）文化因素；（4）描述性因素，主要指对博弈规则（激励机制）的描述；（5）结构性因素，主要指通过增加可能的行动来改变行为博弈情境，如参与者身份、交往与授权的改变，竞争压力和外部选择（提供另一个选择方案）的改变等。根据 VSBPC 模型，这些因素应该可以归结为角色情境因素或影响角色情境的因素。

如图 4-6 所示，实验者在现实中的角色情境受到制度场域的约束，为此习惯于某种资源支配方式，即依循某种资源支配的规则行事。当进入实验给定的行为情境时，面对实验给定的资源支配规则。当给定的规则与其规则相同时，遵守规则本身就给了行为者信心，对金钱得失的评价受信心的影响。行为情境下信念则是对行为情境下策略的单纯考虑——同样影响对金钱得失的评价。也就是说，金钱得失（行为偏好）受信心和信念的双重影响。

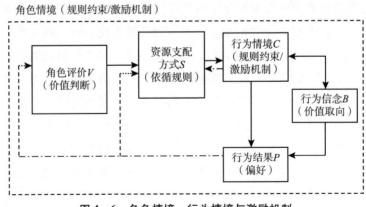

图 4-6　角色情境、行为情境与激励机制

---

① 实验者匿名指合作双方确定对方与自己互不相识，实验者受蒙蔽指实验者不知道实验目的。

结合角色情境后，"独裁者、最后通牒与信任博弈"中，角色情境是截然不同的。其中，最后通牒博弈实验给定的角色情境角色关系为权力—权力关系："提议者"获得分配权，而"回应者"有否决的权力；独裁者博弈实验给定的角色情境角色关系为互惠—权利关系："独裁者"获得分配权，并完全由他决定合作者的权利（说明合作者有获得奖金的权利）；纯粹的信任博弈实验给定的角色情境角色关系为权利—互惠关系："投资人"可能获得投资收益，但是也可能损失全部本金，"代理人"（也就是"独裁者"）获得分配权，即完全由他决定投资人的权利。

根据行为情境——激励机制，采用匿名静态博弈方法，应该可以分别推导出三种行为情境中不同资源支配者（角色）的行为。

二、最后通牒博弈的角色情境

最后通牒博弈给出的角色情境为：权力—权利关系。三种类型的资源支配者中，权力型行为者为控制权倾向型，只关心自己控制权的状况。同时，控制权对其他两类行为者影响是中性的。权利型资源支配者只关心自己能得到多少奖金，互惠型资源支配者关注行为动机，善意动机下的奖金分配方案才会被提出或被接受。因此，权力型"提议者"和权力型"回应者"都把能不能充分行使自己的权力作为合作的条件，于是"提议者"认为如果不给对方足够的好处，即至少50%的奖金，对方就会被否决。而"回应者"也认为至少50%的奖金是自己不会否决对方提议的条件，即不平分就否决；权利型"提议者"认为只要给对方最小的金额就可以了，因为如果对方否决，什么都得不到。而"回应者"固然希望多分得奖金，只要对方给钱，多少都应该同意，否则自己什么也得不到；互惠型"提议者"和"回应者"都把给多少当做行为动机，给太少就是恶意。为此"提议者"会倾向多给一些，可能是一半或更多。"回应者"会接受分得较少的方案，因为不接受会导致对方也拿不到钱，但是不会接受较少的金额，如少于20%，因为给得太少是对自己的"轻视"（不尊重）。假设奖金的最小金额为1，于是三类角色与行动情境的匹配如图4-7所示：

回应者

	权力型	权利型	互惠型
权力型	50%，50%	50%，≥1	50%，≥20%
权利型	1，50%	1，≥1	1，≥20%
互惠型	≥50%，50%	≥50%，≥1	≥50%，≥20%

提议者

图4-7　最后通牒博弈：角色情境与行为情境的匹配

图4-7中，支付是各自愿意提供或接受的分配比例，也就是基于各自资源支配方式的行动策略。当"提议者"愿意的分配比例大于等于"回应者"愿意接受的分配比例时，双方策略匹配，合作成功；否则，双方策略不匹配，合作失败①。

如图4-7所示，角色情境与行为情境匹配的关系是权力—权力型、权力—权利型、权力—互惠型、权利—权利型、互惠—权力型、互惠—权利型、互惠—互惠型，而不匹配的关系型只有权利—权力型、权利—互惠型。如果将最后通牒作为一种激励机制，与之不匹配的上、下级报告关系就是权利—权力型、权利—互惠型。这就意味着，如果一项关于额外得益的分配方案由权力型上级来提议，其方案将只有权利型下级才会同意，另外两种类型的下级均会否决。说明权利型资源支配者在只有2个行为者的互动场景中，是完全符合自利人假设的②。这个结果说明权利型资源支配者在无关第三人的情况下是自利的。

图4-7的结果说明物质利益偏好是有前提的，只有在人们真正考虑金钱的时候，金钱激励才是有效的③。

---

① 支付为基于凯默勒整理的相关文献数据的推论。参见凯默勒（Colin F. Camerer）. 行为博弈——对策略互动的实验研究［M］. 北京：中国人民大学出版社，2006：78-80.

② 亨利克（J. Henrich，2000）在秘鲁与马奇根加（Machiguenga）的农夫所进行的实地最后通牒实验结果，发现行为特点接近博弈理论推断（自私）的人群，随后的考察发现当地居民的社会性联系非常之少。说明当时被试角色情境中只有自己和互动者。角色情境与行为情境一致。参见凯默勒（Colin F. Camerer）. 行为博弈——对策略互动的实验研究［M］. 北京：中国人民大学出版社，2006：71.

③ 最后通牒博弈的结果实际给行为经济学造成困惑，无论实验中奖金的数额是多少（实验最多的奖金额相当于3个月的收入），拒绝率都差不多。参见凯默勒（Colin F. Camerer）. 行为博弈——对策略互动的实验研究［M］. 北京：中国人民大学出版社，2006：78-80.

三、弟兄博弈模型中的角色情境

给定权力—权力的场景中，权利型参与者的博弈均衡还可以用弟兄博弈模型来解释。

弟兄博弈的行为情境为：3 个博弈参与者甲、乙、丙，1 个外部"百万富翁"丁。"百万富翁"给 3 人一笔奖金 10 000 元，如果 3 人就奖金分配达成协议，就按照协议金额分配，如果 3 人未就奖金分配达成协议，奖金就被收回。3 人都有提议权，都有否决权。其角色情境每 2 个参与人之间的关系都是权力—权力关系。在这个意义上，弟兄博弈将 2×2 的最后通牒博弈扩展为 3×3 形式。

用特征函数来表示这个博弈如下：

V（甲）= V（乙）= V（丙）= 0

V（甲，乙）= V（甲，丙）= V（丙，乙）= 10 000

V（甲，乙，丙）= 10 000

肖特（A. Scott，2003）指出，弟兄博弈中任意 2 名参与人联合都可以保证得益，为此静态博弈的均衡可能是无限的。然而如果博弈在 3 人之间重复进行，有两种明显的制度安排可能得到演化。

第一种可能是两个博弈者联合起来并均分奖金，将第三个参与人排除在外。这 2 个参与人也就构成了奖金分配方案规则的"同谋"，第三人成为该方案的"牺牲者"。在这种制度安排下，对称的得益集合如下：

$$
V = \begin{cases}
\begin{array}{ccc}
\underline{\text{甲}} & \underline{\text{乙}} & \underline{\text{丙}} \\
5\ 000 & 5\ 000 & 0 \\
5\ 000 & 0 & 5\ 000 \\
0 & 5\ 000 & 5\ 000
\end{array}
\end{cases}
$$

第二种可能是 3 人联合起来形成带有歧视性的制度安排，其中一个人得到一笔固定金额的奖金，可能是零，另外 2 人均分剩下的部分。可见虽然分配的集合可能是无限的，但事实上只有两个稳定的制度安排[1]。

---

① 肖特（Andrew Schotter）. 社会制度的经济理论 [M]. 北京：上海财经大学出版社，2003：20 – 22.

上述两种稳定的制度安排就是弟兄博弈的协调结果。极端的情形是 2 名"共谋者"均分奖金，第三人所得为零。结合角色情境可以进一步讨论这种制度产生的条件，只有参与博弈的行为者之中有 2 个及以上的权利型资源支配者，极端的结果才会出现。

如果"百万富翁"修改其方案，设定每个人分配的最低数额，只有在每个博弈者分配所得不低于最低数额且三人达成一致时，方案才有效。弟兄博弈均衡协调的结果是第三人恰好得到最低数额的奖金，其余奖金仍然有"共谋者"均分。可见，共谋者采取的行动的前提是行为结果——所得奖金有保障。为此在角色情境下考察弟兄博弈均衡协调结果，为 2 个权利型资源支配者达成奖金的分配方案，各自所得相同且不少于第三人。这个结果说明，权利型资源支配者在存在第三人的情况下，所得不少于他人时，是线性利他的（为保障方案实施，愿意与他人分享奖金）；所得少于他人时，是不公平厌恶的（否决比别人所得少的方案）；无第三人参与时，是自利的。只考量共谋者和第三人利益时，博弈就成为一致行动人"共谋者"与第三人"牺牲者"的双方博弈，此时只要有可能，共谋者愿意给他人的数额为零。

四、从理性人、行为人到资源支配者

前述经验研究结果表明：总之，企业家的过度投资是控制权偏好，网络贷款投资者的信任规范偏好都是群体偏好，但群体偏好是群体中个体规则依循行为的占优均衡，因此规则依循偏好假说成立。

在 VSBPC 框架模型中，个人行为是价值观引领下的行动，为了节约交易成本，会先通过思维系统 1 进行判断，也就是心理学所谓框架效应，或刻板印象。由于经济行为是维持和获得价值资源的行为，应该受被意识动机驱动，为此整个行为过程会包含从思维系统 1 依次到思维系统 2 的思维过程。思维系统 1 的无意识动机就是"动物精神"中阿克洛夫和希勒所谓的"信心"——我们称为资源支配方式 S，是个人的演化稳定策略（ESS）。遵循演化博弈论思想，依循三种资源支配方式个体组成的群体偏好，即控制权偏好、信用偏好和信任偏好是随机稳定的均衡。

随机稳定均衡是对演化稳定均衡的精炼。李建德（2019）指出，随机稳定是由重复博弈发展而来的，其核心仍然是纳什均衡。当 ESS 在受到连续的随机突变后仍然保持稳定时，就成为随机稳定均衡。随机稳定均衡意味着群体成员能够承受种种随机冲击而保持一种动态稳定性的均衡，即群体内保持各种行为成员的概率分布相对稳定。同时，随机稳定中的主导行为必定是亲社会行为，也必定是有利合作的行为。于是，当人们把随机稳定均衡中主导行为作为规范时，制度就形成了。因此，随机稳定均衡有时也被称为（终极）长期均衡。我们在企业家群体中检验到控制权偏好，在网络贷款投资者群体中检验到信用/信任偏好存在，在经典行为博弈的经验结果中也发现资源支配方式作为个人依循规则的稳定性，因此可以将群体的控制权、信用和信任偏好视为随机稳定均衡。

李建德还指出，"ESS 被定义为作为群体中策略的频率分布不会被一小群变异者侵扰成功。任何这种分布都必然是某个潜在博弈的纳什均衡"，"也就是在局部的情景中，行为交往的各方都出于对自身有利的行为，众多这样的微观决策的结果就能成为可观察、可分析的宏观稳定的行为模式。"这就意味着，既定情景中，他所谓个体决策的信念（就是阿克洛夫和席勒所谓的信心，被我们表述为"对依循何种规则行事的信心"），会呈现为群体层面的总体的、稳定的行为模式，通过观察、分析总体、总量的变动反映的行为结果，可以揭示个体在该情景中，对所依循规则的偏好。

按照李建德的思想，规则依循行为是个人行为的随机稳定的均衡策略，是直觉，是适应性，也是人性；不是理性，不是条件反射。当然，如果将适应性也视为理性，在这个意义上，资源支配者也是理性人。

结合前述经验结果，可以作如下进一步说明：

第一，过度投资是管理者行使投资决策权的结果，过度投资行为使管理者在公司的剩余分配中获得某种优势，因此过度投资的管理者群体偏好为控制权偏好。从企业分工机制的三重上、下级报告关系来进一步分析：①股东—当事人（高管）。上、下级报告关系为权力—权利关系，股东有任免高管的权力，当事人要承诺可信；②当事人（高管）——般管理者。上、下级报告关系为权利—权利关系，大家都是为公司服务，按照合约进行分工，都要承诺可信；③管理者—员工。上、下级报告关系为权利—权利关系，同样是为公司服务，按照合约进行分工，但是员工的任务由管理者分派。如果当事人感知角色是权利型资源支配者，那就不会过度投资，因为过度投资是低效率的，会损害股东利益。如果当事人希望实现：①管理费率增加，以控制更多的办公资源；②提高管理者团队的整体薪酬，以获得下属的更多支持；③提高个人在管理团队中的相对薪酬，以获得更多的物质利益等目标，于是选择了过度投资，意味着当事人放大了其资源支配权。利用资源支配权力取得物质利益原本是当事人的权利，但是放大资源支配权事实上是增加了权利或减少了义务，是一种违约行为。可见，权力偏好与信用偏好是替代的。此外，过度投资的高管表现出来的对管理团队成员权利的支持，对员工权利的限制，都是依循权力规则行事的表现。总之，当事人利用资源配置权，追求提高管理费率、提高管理者薪酬份额、提高自己在管理者中的薪酬份额进行过度投资，动机仍然是"自利"。因此，权力型资源支配者也是理性人，是倾向于利用权力获得物质利益的行为人。

第二，网络贷款的投资人具有信任规范倾向，说明其依循互惠规则。信任和信用的替代关系是基于演化主义的观点，其中信用是信任的制度化。在人际之间存在普遍放心关系的前提下，对方是值得信任的或可信任的，就足够了，没有必要提供担保那么麻烦。信用是以承诺为前提的信任，即承诺可信。金融以信用为本，投资活动应建立在信用基础上。然而，网络贷款投资人却在有"国企和上市公司背景"的平台和"提供资金担保"的平台之间选择了前者。基于信任和信用替代关系进行决策，可以最小化行为者的决策成本，这也意味着，信用关系中的信任，是以承诺为前提的，离开承诺，会变成不可信。因此，依循互惠规则和依循权利规则的行为人也是理性的。

基于资源支配者也是理性人的观点，可以进一步比较资源支配者假说与奥斯特罗姆行为人假说的关系。

奥斯特罗姆的行为人不排斥理性人，她在2003年与合作者发表的一篇论文①中，根据动机的亲社会性把个体偏好分为自利者（self-interest）、线性利他者（linear-altruism）和不公平厌恶者（inequity-aversion）三类。其中，自利者是只关心自己利益，完全不关心他人所得的"自私者"。罗宾（M. Rabin，1993）指出行为者具有动机偏好，即行为者在自己收益与对方行为动机之间权衡，将善意动机获得的收益视为公平，而把恶意动机获得的收

---

① Ahn T. K, Ostrom Elinor, Walker James M . Heterogenenous references and collectiveaction ［J］. Public Choice, Vol. 117 (3 - 4), 2003: 295 - 314.

益视为不公平①。

以对方意图作为合作动机来判断是否"善意",那么权力型资源支配者眼里"善意"是指是否威胁其控制权,没有威胁的是"善意"的,否则就是非"善意"的;权利型资源支配者眼里的"善意"则应该是自己的权利是否有保障,对方守信,权利有保障的,就是"善意"的,否则就是非"善意"的。"善意"的就是公平的动机,非"善意"的就是不公平的动机。

若动机公平,权力型资源支配者是利他的,会给服从的一方以照顾(物质利益);若动机不公平,权力型资源支配者是自利的。

若动机公平,权利型资源支配者权利有保障,参照他人所得看是线性利他的;若动机不公平,权利型资源支配者权利不能保障,参照他人所得看是不公平厌恶的②。

我们在 2016 年的研究中,已经对资源支配者的亲社会性进行了梳理,结果如表 4 – 14 所示。其中,动机偏好是规则依循行为的结果。也就是我们在第一章模型中的非物质利益偏好。

表 4 – 14　　　　　　　三种资源支配者的偏好

资源支配者	物质利益偏好			动机偏好
	自利偏好	利他偏好	结果不公平感	不公平感
权力型行为人	控制权受威胁时	控制权不受威胁时	控制权减少时	控制权受到威胁
权利型行为人	无关第三人时	权利有保障时	权利无保障时	权利无保障
互惠型行为人	对方不可信时	对方可信时	对方不可信时	对方不可信的

如表 4 – 14 所示,权利型资源支配者的动机不公平感是基于预期产生的,结果不公平是基于行为结果产生的。当结果为权利无保障时,都会表现为物质利益偏好。总体上,直觉中包含了预期物质利益的判断,而其他两类行为人在直觉上不包含物质利益判断,这是三类资源支配者的显著区别。

---

① Rabin M. Incorporating Fairness into game theory and economics [J]. *The American Economic Review*, 1993, 83 (5): 1281 – 1302.

② 如前所述不公平感是指物质收益的结果无论比其他人多还是少都觉得不公平。得到少感到不公平,不难理解。但是为什么得到多也会感到不公平呢? 或许从动机不公平角度来解释更为合理。

第五章 规则依循行为与业主自治的激励

第一节 住宅小区公共池塘资源行为情境

一、行为分析框架

1. 行动场景内部结构

基于 VSPBC 模型，参考奥斯特罗姆的制度分析与发展框架（IAD），可以构建业主自治制度分析框架。在只有业主参与的行为情境中，一个典型的业主间互动框架如图 5-1 所示。其中，图 5-1 的行为人已经换成了资源支配者，位置也换成了上、下级报告关系，上级可以看作是有资源支配权的一方，也可以看作是首先提出建议的一方。在互动中，位置是相对的，收益是潜在的公共收益。可以是由小区公共池塘资源可能带来的收益，也可以是小区公共收益的目标。净成本和净收益是业主个人或群体对参与自治、不参与自治的成本和收益的权衡。业主自治规则指第二章第一节介绍的相关法律法规，权利义务是由法律法规赋予的，业主互动严格限制在物业管理活动范围内。基于这一场景，"业主"指在自治制度场域内，参与业主互动，依循资源支配方式行事的行为人，即资源支配者。

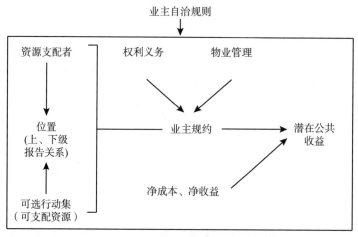

图 5 - 1　业主自治行动场景内部结构

2. 博弈规则

奥斯特罗姆等（E. Ostrom，R. Gardner & J. Walker，2011）把规则分为"物理与生物约束"和"人为设计的博弈规则"两类，并强调现代博弈理论的根本假设是，博弈规则一定是由博弈之外的代理人执行的，然而我们在很多时候必须把执行者放入博弈情境之中，才能理解公共池塘资源的环境，因为执行规则的是资源的提取者自身。博弈规则是指"有关什么行动（或结果）是必须的、禁止的或允许的，以及不遵守规则时会受到什么制裁的规定"。"所有的规则都是人类试图通过创造等级（或位置）以实现秩序和可预见性的结果，而处于不同等级（或位置）上的人，其必须、可以和禁止采取的行动与其必须、可以或禁止存在的状态有关。"因此，规则是有情境的，适用的范围是某一类行动场景而不是任何地方。他们还把规则产生的根源归于治理体制。明确指出，存在两类治理体制："极权治理体制"和"开放民主的体制"，前者的特点是：规则中"有一部分与政府制定的命令完全是背道而驰的"，后者的特点是："法律的重要特性之一是认可表现为各种自组织关系模式的自治"。可见，他们是将已经形成的制度如治理体制作为博弈规则。

奥斯特罗姆认为，有关集体选择的规则是与所处的自然领域相匹配的，并且不同的规则体系与自然领域的组合会导致不同类型的博弈。具体而言，从行动情境出发，他们定义了七种"大的博弈规则"，分别是：位置规则、边界规则、权威规则、聚合规则、范围规则、信息规则和收益规则；从联结行动场景中行动与结果层次出发，分为三种规则：①直接影响参与者作出日常决策的操作规则；②决定操作规则的集体选择规则；③影响集体选择规则的宪政选择规则。他们认为，这些规则构成了一组关系，"把自然世界的结构与群体的类型结合起来，赋予情境变量以特定的值"。

对于治理规则，奥斯特罗姆等（E. Ostrom, R. Gardner & J. Walker, 2011）还主张要根据公共池塘资源的情境分类来讨论。他们将公共池塘资源分为提取和提供两类情境，以经济效率概念与帕累托最优为评估基准。有关公共池塘资源提取情境和提供情境，他们解释道，"如果公共池塘的收益与生产该收益所需要的投入之间的生产关系是固定的，要解决的问题就是排除潜在受益者并分配具有竞争性的资源流量，"那么就是提取问题。抽象而言，提取问题包括"一次性静态情境中的提取"，也包括"与时间无关的重复性情境中"的提取。关于提供问题，他们认为，提供问题的核心是提取者从事两类活动的行为激励，一类是从资源需求者角度，"在现有公共池塘资源中通过改变提取活动来改变资源的生产力"；另一类是从资源供给者角度，"为提供或维持公共池塘资源而奉献资源。"需求角度的提供问题根源在于提取活动对资源生产力的影响方式，供给角度的提供问题根源在于被非提供者搭便车的激励。对多数公共池塘资源而言，提供问题表现为"有限次重复博弈"。在其框架下，人们在过去时段采取的策略将影响他们在当下和未来时段采取的策略。

总之，提取情境下，讨论提取资源行为的外部性特征、分配规则及技术外部性对分配规则的影响；提供情境下，分别从需求和供给角度讨论提供资源行为的规则，在需求角度，根本问题是分析提取活动对资源生产力的可持续性，以净收益的贴现来讨论；在供给角度，根本问题是搭便车的激励。我们在业主自治情境下来分析业主规则依循行为，将业主互动框架置于公共池塘资源提供行为和提取行为这个经典的分析框架内。

3. 治理困境

在奥斯特罗姆看来，公共池塘资源的困境并不是由个体理性导致的集体非理性，如"公地悲剧"。她认为，如果"自然系统、技术、规则、市场条件与提取者性质的现有状况不会带来次优结果，那么公共池塘资源情境就没有什么问题""如果找不到制度上可行的能够为个体提取者、目前与潜在的提取者群体更好结果（按照贴现收益与成本来衡量）的替代性策略，那么也就不存在所谓的困境。"她还提出了消除公共池塘资源困境的两种协调策略：第一类是"学习或演进的结果"，提取者最终达成并维持了一套可相对增加集体及个人收益的策略，即就减少结果次优性的策略达成共识；第二类是"改变影响情境结构的规则"，新制度包括授权监督和制裁等激励人们的"行为选择带来比以前更好的结果"。无论是提取问题还是提供问题，都依赖协调策略来使得参与者摆脱公共池塘资源的困境，并且存在两种摆脱困境的协调策略，一种是存在于事先已存在的规则之中，另一种是试图通过集体选择或宪政选择改变规则。

我们用治理困境与治理绩效的关系来理解博弈均衡。如果一种已经存在的规则得到执行，导致潜在产出增加时，治理绩效提高，此时就可以把规则未得到执行的情境称为治理困境；如果一种新的规则出现导致潜在产出增加时，治理绩效提高，此时也可以把规则未出现之前的情境称为治理困境。简言之，只要规则执行或改变还可以提高治理绩效，就意味着治理困境已经出现。

我们以自管小区为例来理解治理困境与治理绩效的关系。深圳 BA 山庄小区业主委员会主任在一个群中晒出了该小区自管五年成绩单，宣布其自管成效总计价值为 11 287 124 元[①]。

其中，列出了公共收益使用和结余情况清单，截取如下：

案例：BA 山庄小区业主自管五年公共收益清单

BA 山庄小区 2013 年 5 月开始物业自管，至 2018 年 5 月业主委员会晒出五年成绩单如下：

1. 收回了 108 平方米产权属于全体业主的物业和业主委员会用房。（价值 300 万元左右）

2. 物业管理费从电梯 2.60 元下调为 2.35 元，楼梯房从 1.50 元下调为 1.35 元，停车费从 150 元/月下调为 120 元/月。

3. 小区从原来敞开管理改为封闭式管理，安装了车牌自动识别道闸和门禁系统。（价值 10 万元左右）

4. 优化添置小区休闲设施、整治宝丰 A、D、宝华 E、宝荣阁后面、

---

① 感谢湖南省三湘文明社区促进中心谈俊主任提供本资料，获得该资料时间为 2018 年 8 月。

电房后面等脏乱死角。（价值 6 万元左右）

5. 更换了严重老化、随时可能引起重大安全事故的变压器、配电设施、线路等，实现抄表到户。（价值 180 万元左右）

6. 安装了恒压变频增压系统，解决老区高层用水难。（价值 2.5 万元）

7. 修建单车雨棚三处，率先安装智能充电器，解决电动车乱停放和家里充电的安全隐患。（价值 4 万元左右）

8. 更换 A 栋通道玻璃，解决通道玻璃经常损坏问题。（价值 1.68 万元）

9. 更换 B 栋架空层严重损坏的地砖。（价值 5.5 万元）

10. 千方百计申请引进优质饮用自来水免费安装抄表到户（即将完成）。（经济价值 150 万元左右）

11. 完成了宝华阁天面防水工程和外墙脱落修复工程，解决了业主多年的疾苦和严重的安全隐患。（价值 28 万元左右）

12. 监控设施全面更新改造工程（即将完成）。（价值 7 万元左右）

13. 安装大门、小门、各楼道单元智能门禁系统（价值 6 万元左右）

14. 更新安装老区瘫痪了多年的消防管道，解决了重大安全隐患。（经济价值 20 万元左右）

15. 组织安装了管道天然气，完善了老区的基础配套。（社会价值若干①，经济价值若干）

16. 整改老区楼栋的"蜘蛛网电线"。（社会价值若干）

17. 开通了小区至幼儿园的通道，极大地方便了小区众多孩子上幼儿园的方便和安全问题。（经济价值 1.5 万元左右，社会价值若干）

18. 恢复了早已被物业撂荒的篮球场功能。（经济价值 1 万元左右，社会价值若干）

19. 组织为业主免费安装了管道直饮纯净水。（经济价值 8 万元左右，社会价值若干）

20. 球场后面设置了业主衣物晾晒处。（社会价值若干）

21. 通过下调管理费、停车费、水电费、天然气费等，综合为每户业主平均每月节省 100 元左右，每年为业主节省 477 户×1 200 元 = 572 400

---

① 该报告成绩单注明"若干"处，原文标明是几位数，无具体数值。

元 × 自管 5 年 = 2 862 000 元。

    22. 积累了维修基金 298 357 元，公共积累资金 814 967 元。

从这份清单中不难发现，该小区自管前曾经存在困境，采用第二类"改变影响情境结构的规则"的协调策略，从"前期物业"治理方式改变为"业主自管"方式，5 年来为"每户业主平均每月节省了 100 元左右"。同时，清单 3~20 项表明，提取资源都用于设备设施更新和维护；清单第 22 项说明公共收益池子资金增加，总体说明公共池塘资源使用效率较高。当有一些提取效率高的小区治理方式作为参照时，就有可能对某个小区公共池塘资源是否存在困境做出判断。

    4. 自治均衡

以业主自治为目标，自治均衡是指自治制度是稳定的，是指业主参与管理的业主自管或委托物业业主监督的形式。于是，前期物业和政府代管就是自治非均衡。

二、G 小区业主的提供、提取决策

按照奥斯特罗姆的分类，住宅小区公共池塘资源的提取行为主要是公共收益、维修资金的使用。提供行为分为两类，一类是为提取制定规则的活动，如业主大会表决，维修资金使用投票等，是法定业主需履行的义务，行为结果影响资源的提取方式；另一类是筹备业主委员会、业主大会，承担业主自治团体的工作等没有报酬的活动，不是法定业主需履行的义务，行为结果影响到业主是否能获得公共收益的控制权。这就意味着，住宅小区制度场域内，提取行为往往是依赖提供行为的，先提供后提取。以 G 小区为例，2010 年该小区成立业主委员会后，与开发商谈判耗时一年多，拿到 220 个共有车位，这些车位再租给业主，租金扣除停车位物业管理费，扣除与物业分成，产生了第一笔公共收益；此外，维修资金划拨到业主委员会管理的资金账户后，维修资金存款的利息收益，成为第二笔公共收益；之后，电梯等公共部位广告位出租，成为第三笔公共收益。总之，公共收益的基本特点为先提供，再提取。这里，我们先针对收益池子的资金使用讨论一般性提取问题，针对业主投票和业主大会筹备讨论一般性提供问题。

在业主自治的规制性规则下，提供行为和提取行为大都是以投票表决形式来呈现的。采用 G 小区 2014 年业主大会表决结果来分析提取和提供问题，此次表决涉及 4 个表决项：第一，物业与停车费收费标准；第二，更换监控；第三，更换单元门；第四，更换路灯。其中，物业费、停车费收费标准表决是由业主委员会提出与物业公司的协议价，供业主表决。涉及到全体业主缴纳的物业费和有车的业主租用公共车位费，决策情境与电梯更新费用分担类似，属于公共池塘资源提供问题。此次物业费标准没有变，而停车费标准曾有争议，将两项打包投票，应是业主委员会的工作技巧①，说明提供行为中存在"接受指定"倾向是一种共识。

有关公共车位租金的问题在 G 小区业主中分歧较大，原因不仅是有车的业主希望降低租金，无车的业主希望提高租金以增加公共收益，这两部分业主利益冲突，而且还有地下车位和地上车位租金相差大，使用地下和地上车位的业主也有利益冲突。2010 年 12 月业主委员会曾发布公告，公布小区固定公共车位（202 个）租金标准，其中地面车位（83 个）月租金为 120 元，地下车位（119 个）月租金为 260 元，以抽签方式进行分配。一度遭部分业主发公开信反对。反对的理由有两个，一是地上、地下差距太大，要求地下租金降低至 200 元以内；二是停车费事项需经业主大会表决，业主委员会无权决定。后因公共车位数量有限，反对者不了了之。围绕 2010 年 G 小区停车位收费风波发生的自治活动，详情参见附录三。

使用公共收益的 3 个表决事项，都是公共池塘资源的提取问题。其中，更换路灯受益者为全体业主，更换单元门受益者为本单元业主，监控更换受益者理论上是全体业主，但是各人感受存在差异，如有业主坚持门卫尽职比监控更重要，说明其未将自己作为监控的受益者。

本次表决有投票权的业主为 868 户，表决结果如表 5－1 所示。大体上反映了业主的物质利益偏好。收费标准表决结果显示，不同意和弃权合计 110 户，其中 75 户为已经抽到地下停车位的业主，占 119 个停车位的 63%。其他三项提取资源事项表决结果显示：受益者越多，群体对提取行为的支持度就越高。

为了比较各事项表决结果的异质性，我们分析了各表决事项的同意率差

---

① 在 2012 年楼长选举中我们已经发现提供行为的"接受指定"倾向，但尽管干预者已进入 G 小区业委会，却未对选票设计进行干预。

异、不同意率差异和弃权率差异。结果如表 5 – 2、表 5 – 3 和表 5 – 4 所示。

表 5 – 1   **表决事项投票结果**

表决事项	同意户数	不同意户数	弃权户数
收费标准	531	83	37
更换监控	553	70	17
更换单元门	571	68	12
更换路灯	601	39	11

如表 5 – 2 所示，对于各项表决同意率：更换路灯和更换单元门无显著差异，更换单元门和更换监控无显著差异；更换路灯和更换监控、更换路灯和停车收费标准、更换监控和停车收费标准、更换单元门和物业与停车收费标准间差异显著性达到 $\alpha = 0.05$ 水平；且更换路灯和物业与停车收费标准、更换单元门和物业与停车收费标准呈极显著差异（$\alpha = 0.01$）。具体地，更换路灯的同意率显著高于更换监控，物业与停车收费标准的同意率显著低于另外三项表决。

表 5 – 2   **不同表决事项的同意率差异显著性**

表决事项	同意率平均数	差异显著性	
		0.05	0.01
更换路灯	0.9206	a	A
更换单元门	0.8789	ab	A
更换监控	0.8711	b	AB
收费标准	0.8122	c	B

注：采用 Duncan's multiple range test 方法分析，同一列不同字母表示显著性差异（$p < 0.05$，$n = 18$）小写字母代表是在 0.05 水平下比较差异显著；大写字母代表在 0.01 水平下比较差异极显著。

如表 5 – 3 所示，对于各项表决事项的不同意率：停车收费标准、更换监控和更换单元门间没有显著性差异，更换单元门和更换路灯无显著性差异；停车收费标准和更换路灯、更换监控和更换路灯间差异显著性达到 $\alpha = 0.05$ 水平；且停车收费标准和更换路灯呈极显著差异（$\alpha = 0.01$）。具体地，启动维修基金或公共收益更换路灯的不同意投票率显著低于物业与停车收费标准、更换监控。

表5－3   不同表决事项的不同意率差异显著性

表决事项	不同意率平均数	差异显著性	
		0.05	0.01
收费标准	0.1289	a	A
更换监控	0.1078	a	AB
更换单元门	0.0983	ab	AB
更换路灯	0.0600	b	B

注：采用 Duncan's multiple range test 方法分析，同一列不同字母表示显著性差异（$p < 0.05$，$n = 18$）小写字母代表是在 0.05 水平下比较差异显著；大写字母代表在 0.01 水平下比较差异极显著。

如表5－4所示，对于各项表决弃权率：更换单元门、更换监控、更换路灯间没有显著性差异；停车收费标准和更换单元门、更换监控、更换路灯间有极显著性差异（$\alpha = 0.01$），且收费标准的弃权投票率显著高于其他三项表决。这也反映出在提供行为和提取行为的态度存在显著差异。

表5－4   不同表决事项的弃权率差异显著性

表决事项	弃权率平均数	差异显著性	
		0.05	0.01
收费标准	0.0611	a	A
更换单元门	0.0228	b	B
更换监控	0.0211	b	B
更换路灯	0.0194	b	B

注：采用 Duncan's multiple range test 方法分析，同一列不同字母表示显著性差异（$p < 0.05$，$n = 18$）小写字母代表是在 0.05 水平下比较差异显著；大写字母代表在 0.01 水平下比较差异极显著。

实践中，业主大会召开比较困难，因此人们往往将提供表决与提取表决同时进行，可能会产生因对议价不满而导致对提取的抵触。但是 G 小区业主显然是理性的，他们用弃权率明确表示他们已经对这两类问题作出了区分。总之，物质利益确实影响了业主提供资源和提取资源的决策。

三、外部性、分配问题与搭便车问题

1. 外部性问题

奥斯特罗姆等（E. Ostrom，R. Gardner & J. Walker，2011）认为，提取的关键问题是外部性与分配问题。其中，外部性在"当一个使用者提取资源时，这个使用者就减少了所有提取者的平均收益"时产生，从而影响资源的使用效率；分配问题则在"改变公共池塘资源单位空间分配的同质性假设"时产生，如"不同地区的资源产生的收益可能存在巨大差异"。因此，分配问题要考虑空间分配的异质性和技术的异质性。"分配问题如果得不到恰当的解决，就会造成公共池塘资源的无效率使用"。

在上述 G 小区的表决事项中，物业费收费涉及购买服务，停车费收费表面看也是购买服务，并且都是把钱交给物业。当然，该事项不存在外部性。通过表决结果对比，该事项与其他事项同意率、反对率、弃权率都存在显著差异，配对检验结果也表明存在显著差异。

其他事项都是公共池塘资源提取事项，其中路灯一定程度上是必需品，且更换路灯的受益人是全体业主。提取行为使得每个成员都受益时，可以看作是每个成员的收益相同，即对平均收益的影响为 0，因而可以假设对应购买路灯的资源提取行为不存在外部性。更换单元门涉及部分业主受益，未受益的业主就会担心同意支出该项费用将导致自己的平均收益下降，因此该事项表决结果与更换路灯存在的差异应该是由外部性引起的。更换监控决策与更换单元门相似，如有业主认为有保安没有必要监控，个人不会从该项提取中获益，且此次提取后，会影响以后有需要维修与个人关系更直接的设施设备时钱不够了，同样会反对该项提取。

以启用公共收益更换路灯作为基准项，分别考察其余三项表决事项——考察收费标准、启动维修基金或公共收益更换监控、更换单元门，与启用公共收益更换路灯的表决差异。配对样本的描述统计如表 5-5 所示。

业主关于收费标准、监控、单元门与路灯事项表决的差异检验，配对样本相关性如表 5-6 所示，配对样本检验结果如表 5-7 所示。

从表 5-6 可知，更换监控与更换路灯的相关系数为 0.378，显著性值 0.000 < 0.01，二者之间有显著相关性；更换单元门与更换路灯的相关系数为

0.367，显著性值为 0.000 < 0.01，二者之间具有显著相关性。收费标准与更换路灯之间没有显著的相关关系。

表 5-5　　　　　　　　　　　　　配对样本描述性统计

		平均值	个案数	标准差	标准误差平均值
配对 1	停车收费标准 & 更换路灯	0.86 0.94	598 598	0.348 0.238	0.014 0.010
配对 2	更换监控 & 更换路灯	0.89 0.94	598 598	0.316 0.238	0.013 0.010
配对 3	更换单元门 & 更换路灯	0.89 0.94	598 598	0.309 0.238	0.013 0.010

表 5-6　　　　　　　　　　　　　配对样本相关性

		个案数	相关性	显著性
配对 1	收费标准 & 更换路灯	598	0.019	0.641
配对 2	更换监控 & 更换路灯	598	0.378	0.000
配对 3	更换单元门 & 更换路灯	598	0.367	0.000

表 5-7　　　　　　　　　　　　　配对样本检验

		配对差值					t	自由度	显著性（双尾）
		平均值	标准差	标准误差平均值	差值95%下限	置信区间上限			
配对 1	收费标准 & 更换路灯	-0.080	0.418	0.017	-0.114	-0.047	-4.700	597	0.000
配对 2	更换监控 & 更换路灯	-0.052	0.315	0.013	-0.077	-0.027	-4.019	597	0.000
配对 3	更换单元门 & 更换路灯	-0.047	0.314	0.013	-0.072	-0.022	-3.652	597	0.000

由表 5-7 可知，三对的平均值差异分别为 -0.080、-0.052、-0.047，平均数差异值检验的 t 值分别为 -4.700、-4.019、-3.652。显著性检验概

率值均为 0.000，达到 0.05 的显著性水平。表明业主对于停车收费标准、启动维修基金或公共收益更换监控、更换单元门与启用公共收益更换路灯的显著性差异。其中，外部性导致提取资源用于更换单元门的支持率下降了4.7%，提取资源用于更换监控的支持率下降了 5.2%。

当然，不能把支持率等同于提取资源效率，但是因外部性导致资源正常使用的规则无法形成，是资源使用效率低的一个重要原因。总体上，住宅小区使用公共收益、维修资金的行为具有公共池塘资源提取行为的一般性。

2. 分配问题

有关住宅小区资源的分配问题，主要是公共收益使用和分配。在 G 小区，2015～2017 年公共收益直接分配采用年底业主联谊的形式。联谊先后举办了乒乓球赛、投篮比赛、书法比赛、棋牌赛等。如 2017 年从公共收益中拿出 1 万元，为参与业主发放纸巾、洗衣液等小礼品。小区规模为 928 户①，这笔费用户均 10 元，激励力度不大，但是每届联谊会参加的人数都在 300 人左右，3 年参加过活动的户数达到半数以上。G 小区采用公共收益进行业主联谊的做法也是很多小区业主委员会采取的方式。在已经成立了业主委员会的小区，1 万元在大多数业主委员会的审批金额权限内，通常无须业主大会表决通过。这种分配方式其实是群体互惠规范的反映。

在业主委员会对公共收益有实际控制权的小区，如一些自管小区，互惠规范在分配问题上体现为按户发福利，而不是按面积。南京一些小区业主委员会早在 2007 年就用公共收益给业主发大米、食用油等物品，都是按户发放。在前文 BA 小区的自管成绩单中，第 16～19 项，开通到幼儿园的道路，恢复了篮球场功能，球场后面设置了业主衣物晾晒处，免费安装管道直饮纯净水，也是互惠规范倾向。

更有一些小区业主委员会以给业主发红包的形式，增进与业主的情感联系。一些按面积分配公共收益的小区，也会以红包的形式来发放，以强化业主间的互惠规范。有媒体报道，"在长沙市芙蓉区建安新商汇大厦业主委员会办公室，业主胡女士领到了业主委员会发放的中秋红包""长沙建安新商汇小区曾是烂尾楼，但是后来通过自治共同管理，小区公共部分产生收益资金。中秋节将至，小区开始启动派发 30 万元的公共收益资金作为中秋节的福

---

① 2015 年该小区新竣工了 3 幢多层住宅，住户由 868 户增加至 928 户。

利""按每10元一平方米面积""发放给222户业主，最少的能领810元，最多的1.14万元。①"

在我们参与自治的经历中，群体的互惠规范确实是影响业主自治的重要因素。我们在G小区业主委员会工作时，为避免公共收益被用于人情，损害业主权利，曾经自费去看望抱病在家的委员，希望能将人际交往限定在邻里关系内。也曾提议轮流去看望病患者作为一项业主委员会内部的制度，建立工作伙伴关系。但是委员普遍认为大家都是为业主服务，业主委员会拿"一点儿"公共收益来表达对其成员的关心无可厚非，不该由个人出钱，遂未能推行该提议。G小区业主委员会围绕此次提议的讨论详情，参见附录四。

分配问题最突出的是该不该给业主委员会成员报酬。基于互惠规则，业主委员会成员都是志愿者，没有报酬。从现实看，小区公共收益与小区的禀赋相关，即使没有公共收益，小区业主委员会也还是需要人干活；另一方面，只有个人的外部收益机会小于公共池塘提供资源提取的收益时，才会带给参与者激励。但是显然公共收益通常是难以替代业主委员会成员工资的。

以G小区为例，建筑面积177 135平方米，公共收益主要由两部分构成，一部分是业主共有车位停车费，另一部分是广告费用，每年大约100万元，扣除管理费和与物业分成后，余额在40万元左右。每届业主委员会人数在7~9人，在职人员5~7人，年工资收入全部超过10万元，全部公共收益给业主委员会成员"发工资"都不够。因此，G小区的做法是按每人每月100元标准以电话卡形式进行发放作为业主委员会成员的补贴。

总之，当前住宅小区资源提取中，分配问题较突出的是互惠规则倾向。互惠规则依循主导下产生群体信任偏好，无疑有助于营造家园氛围，但是会引发监督问题。

3. 搭便车问题

有人为群体或自治团体奉献是住宅小区自治常见的提供行为，但是这必然引发其他成员搭便车。奥斯特罗姆认为对多数公共池塘资源而言，提供问题表现为有限次重复博弈，这是指所有成员具有相同的提供能力。然而，在

---

① 三湘都市报. 30万！自管一年，长沙这个小区给业主发中秋红包，最多的发了1.14万［N/OL］. 2021－9－15［2021－9－30］. https：//baijiahao. baidu. com/s？id＝1711050244755028713&wfr＝spider&for＝pc.

业主自治中典型的提供行为情景——参与自治组织中，对提供者有较高的门槛。这样可能使得参与者或者是一次性重复博弈，或者进入无限次重复博弈。前者造成业主委员会难产及业主委员会成员高辞职率，后者造成业主委员会主任"终身制"。主要原因在于实践中，业主参与自治耗费的时间之多超出很多人的想象。从业主委员会成立、运行到换届或终止，参与者要处理的事务相当庞杂，远远超出一般人的专业范围和知识领域。

以业主委员会成立为例，根据业主委员会成立的工作流程，仅在业主委员会的筹备阶段，发起人要完成的工作如图5-2所示：

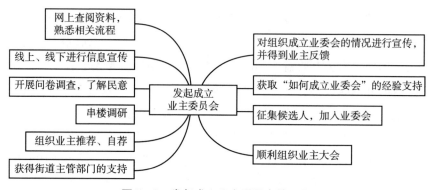

图5-2　发起成立业主委员会的工作

如图5-2所示，几乎所有的工作都是烦琐、耗时耗力的，且一些工作专业性强，如法律流程、问卷设计等，需要多人合作推动，但是往往发起人付出了巨大努力，却收效甚微，因此存在认知不协调。由认知不协调产生的交易成本是引发搭便车的重要原因。

仅以第一项"对组织成立业主委员会的情况进行宣传，并得到业主反馈"为例。此时，需要采用奥斯特罗姆的第一项协调策略，学习或演进的结果，但是发起人面临的最大问题是业主存在认知失调，从而难以达成共识。

认知导向的社会心理学理论认为，社会行为是人的认知过程，社会现象是心理意识现象。社会认知的心理过程通常要经历三个阶段，依次为：（1）产生社会知觉；（2）形成社会印象；（3）进行社会判断。认知失调理论（cognitive dissonance theory）认为，当各认知因素之间出现"非配合性"（non-fitting）关系时，认知主体就产生认知失调。也就是说，如果行为者的社会知觉、印象和判断不吻合，就会出现认知失调。认知失调通常在四种情况下出现：（1）逻辑的违背；（2）文化价值的冲突；（3）观念层次的冲突；（4）新旧经验的矛盾[①]。

我们参与了 G 小区 2008 年 10 月首次发起成立业主委员会筹备的过程[②]，并进行了行为干预，发现存在认知失调。

案例：G 小区发起自治业主集会

G 小区业主于 2008 年 7 月开始入住，10 月开始发起成立业主委员会的筹备。

发起原因：业主与前期物业的矛盾。在小区业主论坛（华侨路茶坊）反映的焦点问题主要是：①装修过程中的纠纷；②入住后小停车矛盾，车位紧缺、管理混乱；③财产安全不能得到保障，如电动车失窃。

集会通知：10 月 31 日，有人在各栋楼单元门上贴公告，内容是发起第一次业主集会，通知集会时间为 11 月 2 日上午 10：00，地点为小区中心一单元楼下的架空层。从公告措辞看，未告知物业。

集会过程：分无主持、有主持、行为干预、登记、自由讨论五个阶段（如表 5-8 所示）。

表 5-8　　　　　　　　　G 小区首次业主集会过程

阶段	时间	现场记录
无主持	10：00~10：15	10：00 刚过，一名中年男子首先到达："发起人呢?" 当发现在现场人员不是发起人时，直接表示对发起人不满。倡议书仅提出小区部分人关心的利益，不是全体业主的利益。随后进来另一名男子，立即否认自己是发起人。陆续有 3、4 名业主到达，都在问发起人。但是无人承认。10：10 时人数达到 10 人左右，继续互相询问。发起人仍然不露面
有主持	10：15~10：20	10：15 左右，已经聚集了 40 多人，第二个到达的男子跳到椅子上，开始讲话。首先还是强调自己不是发起人，然后说明大家都是来解决问题的，所以应该有人主持。他的建议是各楼栋的业主集中到一起登记，然后推选代表。现场重新炸开了锅

---

① 金盛华. 社会心理学 [M]. 北京：高等教育出版社，2010：25-31.

② 参加此次集会记录和观察的学生：靳树芳、陈龙、陈萌和、张敏、张玲、宋晔文、袁彩萍和顾佳平。

续表

阶段	时间	现场记录
干预	10：20～10：30	此时，一名中年男子站上椅子，手持几张复印资料，向大家解释业主委员会成立的程序。说明建设部门应该向当地行政机构报告该小区居民入住情况，然后民政部门指导居民成立筹备委员会①。过程中有人大声表示不要政府指导，有人质疑该男子不是业主。该男子表示自己是 5 栋业主，手中所持为文件，建议当前可以由业主联名向有关部门提出申请，通过合法程序召开业主大会
登记	10：30～10：35	大家继续各楼栋业主登记，有的留下了电话号码和姓名，有的只留房号。人数还在增加，10：30 时已经超过 100 人。三五名业主聚在一起，讲述对集会的看法，有人开始离开。第一个发言的男子重新向众人宣布，留下代表，其他业主可以离开
讨论	10：35～11：00	业主分两处讨论。其中一处 5 人（4 男 1 女）反复讨论参加人数，觉得不要多，业主只要 2/3 以上就可以，代表只能 20 人左右；另一处 8 人（6 男 2 女，其中 1 女约 5 分钟后离开）讨论如何落实人选和联系方式。有业主提醒大学团购的房子尚未给教师发产权证，理论上 504 户教师还不是业主。讨论无果，11：00 刚过，人就散了

注：干预过程发言未被打断，时间为 10 分钟。

本次集会前后参加人数 127 人，不少业主当场表示未解决任何问题，是一次失败的集会①。在认知理论框架下，集会失败至少暴露出两个造成认知失调的原因：①逻辑违背。集会过程中，第一阶段中，发起人不愿公开自己；第二阶段的主持人仍然不愿意承认自己是发起人。社会知觉为"发起人不知道是谁"，形成的社会印象是"发起人不愿意被人知道"，产生的社会判断是"此人干这事情是不情愿的或不合法的"。在登记时很多业主只愿意留房号，也表达了不愿意被人知道的心态；②观念层次的冲突。干预阶段对程序的正确介绍，有利于事态向好的方向发展，但是后续业主讨论，一直讨论业主委员会应该选多少人，论坛中发言的那些人如何联系，而不是讨论如何筹备。说明留下讨论的业主不愿意从了解法定程序开始来行使"代表"职责，存在对"代表身份"的观念与法律规定的冲突。在登记阶段有业主留姓名和电话号码，有业主只留房号，这两部分业主之间观念也存在冲突。显然，也不能

---

① 此次集会并未有效促进小区业主自治，事实上，该小区第一届业主委员会的选举直到 2010 年 7 月 4 日才完成。

排除不参加集会的业主与参加的业主存在观念冲突。

由认知失调造成业主间冲突，从筹备阶段到成立后，始终存在。这就使得牵头的业主成为冲突各方发泄情绪的对象，进一步提高了提供行为的支付成本。一方面需要花费时间精力做事，另一方面要应对突如其来的人身攻击。业主委员会成员尤其是主任，通常成为冲突方首选的攻击对象。干预者在 G 小区业主委员会工作 10 年，遭受无数攻击，甚至在送达每户业主的传单中被点名谩骂。

由于是自组织，没有严格的工作制度，因此在业主委员会内部的沟通中，认知失调也广泛存在。干预者在 G 小区业主委员会的工作，或者半年不开会，或者开会到晚上 11 点后也散不了。无锡市 HY 小区在业主委员会内部有一项关于沟通的规则①：“尊重主持、遵守时间、围绕主题、言简意赅、相互尊重、理性包容、注重逻辑、避免攻击”。HY 小区是全国自管模范小区，其业主委员会的高效工作，应该与会议发言规则有关系。

总体上，住宅小区公共池塘资源提供行为主要的情景是成立业主自治组织。但是该行为难度高，参与者认知不协调，牵头业主易遭受人身攻击，导致业主参与过程中，沟通效率极低，交易成本非常高。于是，筹备业主委员会、选楼栋代表时，不参与的态度，就是业主搭便车的理性②。在这样的行为情境下，筹备集会上讨论要动员哪些人参加而不是如何筹备，并不是针对自治法律法规的认知差异，而是找搭便车的借口。此时，业主冲突是资源支配方式的冲突，不是知识、信息的障碍，奥斯特罗姆理论框架下的沟通、协商与交流机制，并不能解决搭便车问题。

四、资源支配者初步识别

1. 思路

在第一章第一节介绍了 G 小区业主代表推荐，我们希望通过业主代表推

---

① 这是 2018 年 3 月作者去无锡市春江花园城小区拜访常本靖主任时所了解到的情况。此外，附录四关于 G 小区探望患病委员的日记也反映业主委员会成员认知不协调导致的沟通困难。

② 武汉红伙家园周良川曾把业主委员会称为“怪胎”，因为业主委员会“有无数的课本要读，有无数的作业要做；要说无数句话，要跑无数次腿；有 20 多条责任和义务，没一条权利；几乎没有报酬。”“从岗位上看，辞职的比例最高，从效果上看，取得的成绩最低；从时间上看，付出的业余最多，从感觉上看，得到的快乐最少；从现实来看，碰到的阻力很易，从趋势来看，壮大的希望很难；几乎都在煎熬。”

荐的行为识别业主的资源支配方式（对业主自治的态度）。选取 G 小区 2012 年 4~5 月业主代表推举投票的结果，根据表 5-9 业主代表推举投票，将其划分为"主动参与""接受指定"和"放弃"3 个组。其中，"主动参与"是对业主代表作出提名的和表示愿意轮流担任业主代表的。如果这三类业主确实存在资源支配方式的差异，那么应该可以在业主大会表决结果中看到。换言之，基于资源支配者行为模型，这三类业主应该存在资源支配方式的差异。我们认为，主动参与的业主可能是权力规则依循者，因其希望由自己控制资源；弃权的业主可能是权利规则依循者，因其没有义务，如贴公告申明不参与的业主；"接受指定"的业主是什么类型呢？按照其他研究者的观点，可能是权威—服从型。我们还是倾向于互惠规则依循者，因对指定人的信任而接受指定。

G 小区还有 10 个单元是未参加业主代表推举的，我们将这部分业主作为对照组。我们采用了 2012 年 11 月 G 小区业主大会关于物业合同续签、公共车位收费投票的数据，因为这两项都是提供问题。由于弃权票占比低，因此选取同意、不同意，同意计为 1，不同意计为 0。

2. 物业合同续签表决的差异

针对物业合同续签投票事项的表决结果，样本描述性统计如表 5-9 所示。

表 5-9 描述性统计

	个案数	平均值	标准偏差	标准错误	平均值的95%置信区间		最小值	最大值
					下限	上限		
对照组	137	0.82	0.388	0.033	0.75	0.88	0	1
主动参与	60	0.92	0.279	0.036	0.84	0.99	0	1
接受指定	66	0.92	0.267	0.033	0.86	0.99	0	1
放弃	20	0.75	0.444	0.099	0.54	0.96	0	1
总计	283	0.86	0.349	0.021	0.82	0.90	0	1

表 5-10 为方差同质性检验结果，就"续签表决"检验变量而言，莱文统计量的 F 值等于 11.515，$p = 0.000 < 0.01$，达到 0.01 显著性水平。

表 5 - 10   方差齐性检验

	莱文统计	自由度1	自由度2	显著性
续签表决	11. 515	3	279	0. 000

从方差分析摘要表 5 – 11 可知：就"续签表决"而言，整体检验的 *F* 值为 2. 656（*p* = 0. 049 < 0. 05），表示业主关于代表推举的态度对续签投票表决的差异达到了显著性水平。

表 5 – 11   ANOVA 方差分析摘要表

		平方和	自由度	均方	*F*	显著性
续签表决	组间	0. 954	3	0. 318	2. 656	0. 049
	组内	33. 393	279	0. 120		
	总计	34. 346	282			

由表 5 – 12 可以清楚地看出，对于续签表决：持主动参与的业主和放弃的业主间差异显著性达到 α = 0. 05 水平；持主动参与的业主关于续签的同意度显著高于持放弃态度的业主。

表 5 – 12   续签表决差异显著性

组别	续签表决投票平均数	差异显著性	
		0. 05	0. 01
主动参与	0. 92	a	A
接受指定	0. 92	ab	A
对照组	0. 82	ab	A
放弃	0. 75	b	A

注：采用 Duncan's multiple range test 方法分析，同一列不同字母表示显著性差异（*p* < 0. 05，*n* = 18）小写字母代表是在 0. 05 水平下比较，差异显著；大写字母代表在 0. 01 水平下比较，差异极显著。

3. 公共车位收费表决的差异

针对公共车位收费投票事项的表决结果，样本描述性统计如表 5 – 13 所示。

表 5 - 13 描述性统计

	个案数	平均值	标准偏差	标准错误	平均值的95%置信区间		最小值	最大值
					下限	上限		
对照组	118	0.71	0.455	0.042	0.63	0.79	0	1
主动参与	58	0.67	0.473	0.062	0.55	0.80	0	1
接受指定	62	0.95	0.216	0.027	0.90	1.01	0	1
放弃	18	0.78	0.428	0.101	0.57	0.99	0	1
总计	256	0.77	0.424	0.027	0.71	0.82	0	1

表 5 - 14 为方差同质性检验结果，就"续签表决"检验变量而言，莱文统计量的 F 值等于 11.515，$p = 0.000 < 0.01$，达到 0.01 显著性水平。

表 5 - 14 方差同质性检验

	莱文统计	自由度1	自由度2	显著性
公共车位收费表决	45.645	3	252	0.000

从方差分析摘要表 5 - 15 可知：就"公共车位收费"而言，整体检验的 F 值为 5.853（$p = 0.001 < 0.01$），表示业主关于代表推举态度（业主参与意识）对公共车位收费投票表决的差异达到了显著性水平。

表 5 - 15 ANOVA

		平方和	自由度	均方	F	显著性
公共车位收费表决	组间	2.992	3	0.997	5.853	0.001
	组内	42.945	252	0.170		
	总计	45.938	255			

由表 5 - 16 可以看到，对于公共车位收费投票：持接受指定态度的业主和对照组、主动参与组间有极显著性差异（$\alpha = 0.01$）；持接受指定态度的业主关于公共车位收费的同意度显著高于对照组、主动参与组。

表 5 - 16　　　　　　　　　　公共车位收费表决差异显著性

组别	续签表决投票平均数	差异显著性	
		0.05	0.01
接受指定	0.95	a	A
放弃	0.78	ab	AB
对照组	0.71	b	B
主动参与	0.67	b	B

注：采用 Duncan's multiple range test 方法分析，同一列不同字母表示显著性差异（$p < 0.05$，$n = 18$）小写字母代表是在 0.05 水平下比较，差异显著；大写字母代表在 0.01 水平下比较，差异极显著。

4. 对结果的分析

表决结果的组间差异表明，分组是有效的。我们将 2 个表决事项的结果汇总如表 5 - 17 所示。

表 5 - 17　　　　　　　　　　表决事项对比结果汇总

组别	续签合同	车位收费
主动参与	0.92	0.67
接受指定	0.92	0.95
放弃	0.75	0.78
对照组	0.82	0.71

如表 5 - 17 所示："放弃"组对续签合同的表决平均分为 0.75，车位收费表决的平均分为 0.78；"接受指定"组对续签合同的表决平均分为 0.92，车位收费表决的平均分为 0.95。这两个组对待两个事项的态度几乎相同。而"主动参与组"对续签合同的表决平均分为 0.92，车位收费表决的平均分为 0.67，两个事项相差了 0.25。差异非常明显。

前文我们已经介绍过 G 小区的公共车位收费纠纷。结合这个背景来分析，显然"主动参与"组的资源支配方式应该与权力型更匹配；"接受指定"组的资源支配方式应该与互惠型更匹配；"放弃"组业主的资源支配方式应该与权利型更匹配。

我们以 3 组成员为基数（表 5 - 13 中加入投"弃权"票的业主后，人数与表 5 - 9 相同），绘制群体偏好如图 5 - 3 所示。

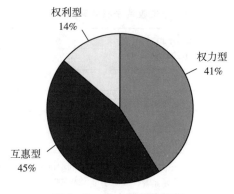

图 5-3　G 小区群体偏好

这个群体的偏好特征是互惠型和权力型势均力敌，在后文中我们将看到该小区业主自治中业主冲突不断。

我们并没有把未参加投票的业主计算到群体中，因为不参加的那些人不会影响决策。可见，群体偏好是动态的。当然，在研究公共池塘资源使用这类重复博弈的行为时，群体应该是稳定的。我们在 G 小区后续的实践是努力吸引更多的权利型资源支配者参与自治，参与者增加，将会改变群体偏好。

到 2017 年，已有大量权利型业主参与了 G 小区业主自治。9 月份，G 小区业主微信群成员已经超过了 200 人，在 9 月 23 日至 11 月 1 日，40 天的微信聊天记录中，与法律相关话题讨论记录达到 348 次，与法律无关的话题讨论记录只有 42 次，前者是后者的 8 倍多。关于这期间微信聊天记录话题汇总结果，参见附录五。

第二节　监督问题

一、监督悖论与婆媳匹配博弈

1. 监督悖论

案例：业主委员会涉黑

2020 年 11 月 22 日，洛阳市扫黑办通报了"何某某恶势力犯罪集团"一案详细情况。通报说，接到中央督导组批转线索后，市公安局成立专案组，立即开展案件线索核查工作，嫌疑人利用担任业主委员会主任之便骗取业主信任，并利用业主赋予的权力，采取寻衅滋事、强迫交易、故意伤害等犯罪行为，违规聘请自己控制的物业公司将小区门面房出租费、广告费等全体业主的公共财产共计 500 余万元予以侵占，疯狂敛财，损害业主权益。领导犯罪集团的首要分子被法院判处有期徒刑 20 年，并处罚金 10 万元，没收个人财产 500 万元，责令退赔受害人 564 万余元的经济损失①。

业主委员会成员也是业主，理论上，业主的根本利益是一致的，怎么会出现如此巨大的冲突呢？该案暴露的是典型的对提取行为进行监督的问题。

我们将供给问题、可信承诺问题和监督问题放在同一个框架下分析：供给的困境是搭便车，可信承诺可以解决搭便车问题，但是如果缺乏监督，可信承诺就失效了。因此，解决公共池塘资源供给困境的根本还是解决监督问题。

奥斯特罗姆等（E. Ostrom，R. Gardner & J. Walker，2011）的研究表明，对过量提取资源的监督有四种情况，情况的结果都显示，均衡点上"均存在些许过量提取的趋向"，因此局中人具有位置优势。基于灌溉系统的自然场景，以位于水渠上游的局中人取水、下游局中人监督为情境，他们把这种优势称为"首端优势"。

他们的研究其实提出了一个监督悖论：群体中个人对他人实施监督不但会产生直接成本，而且产生外部性机会（提供了其他成员搭便车的机会），因此一般在首端局中人过量提取后才引发监督，因受到末端局中人的监督，过量提取得到遏制，末端局中人就放弃监督，一旦放弃监督，对于首端局中人而言，过量提取就会又成为均衡。

我们认为，在住宅小区公共资源提取问题上，首端优势会演变成"委托物业"和"自管"两种治理方式中的物业公司控制或业主委员会控制的情况，极端情况下出现物业、业主委员会涉黑现象。考虑到物业公司控制也是

---

① 平安洛阳. 何建宁判了！有期徒刑二十年［N/OL］. 2020 - 12 - 07［2021 - 01 - 03］. http：// police. ly. gov. cn/lypolice/jwzx/lyjs/webinfo/2020/12/1604464195076932. htm.

业主缺乏监督造成的，我们主要讨论对业主委员会的监督问题。

对业主委员会监督的困境为：业主监督业主委员会，业主委员会就辞职，业主不监督业主委员会，业主委员会如将公共收益据为己有就不容易被发现。尤其是公共收益涉及租金、广告收入等，需要先找到租客和广告商，然后才有收入入账。有的小区公共收益长期被物业公司侵占，业主委员会通过维权成功后，得到业主信任，通常就不再对其监督了。

我们在 G 小区也曾经陷入监督困境。业主委员会工作要不要接受监督，如何监督？李涛（2016）曾经研究了依循不同规则的个体的婆媳匹配博弈，并讨论了均衡结果。由于资源支配方式是演化稳定均衡，其结果也应该适用于分析业主之间互动的匹配均衡。婆媳匹配博弈模型是含参与者位置博弈模型，其中婆婆的位置是上级，媳妇的位置为下级，上级有资源控制权和对下级任务分派权。我们认为，上级与下级互动的目的是组织利益最大化，这与业主互动目的——提高公共池塘资源的使用效率是一致的，故将该博弈运用于分析提取行为的监督问题。

2. 婆媳匹配博弈

匹配博弈是多人重复博弈下，对多重均衡结果协调的均衡，其中所有均衡对每个参与者的支付都相等（凯默勒，2006）[①]。构建协调博弈的"婆媳匹配博弈"理论模型如下：

博弈双方为婆婆和儿媳，所有局中人的资源支配方式都有 3 种，分别是权力、权利和互惠，其行为对应的依循规则是权力、权利与互惠。婆媳匹配均衡的结果是冲突容易协调，可以住"同一个屋檐下"，不匹配的结果是冲突很难协调，不住"同一个屋檐下"。

在我们的 IAD 框架里，资源支配者是具有主观能动性的行为人，不是奥斯特罗姆的 IAD 框架下"被分派的"行为人，因此如果婆婆愿意与媳妇同住，就计为"1"，如果婆婆不愿意与媳妇同住，就计为"0"，媳妇也是如此。图 5 - 4 和图 5 - 5 分别表示婆婆家经济条件好和经济条件不好情况下，婆媳匹配博弈的均衡。

总括而言，婆媳匹配博弈包括 9 种类型，各类型的均衡结果总结如下：

---

① 凯默勒（Colin F. Camerer）. 行为博弈——对策略互动的实验研究［M］. 北京：中国人民大学出版社，2006：348.

媳妇

		权力	权利	互惠
婆婆	权力	0, 0	1, 1	1, 0
	权利	1, 1	1, 1	1, 1
	互惠	0, 1	1, 1	1, 1

图 5-4 婆媳匹配博弈（婆家经济条件好）

媳妇

		权力	权利	互惠
婆婆	权力	0, 0	1, 0	1, 0
	权利	1, 1	1, 0	1, 1
	互惠	0, 1	1, 0	1, 1

图 5-5 婆媳匹配博弈（婆家经济条件不好）

（1）权力型婆婆与权力型媳妇：冲突，不匹配。

（2）权力型婆婆与权利型媳妇：婆婆经济条件好，匹配；经济条件不好，不匹配。

（3）权力型婆婆与互惠型媳妇：婆婆愿意、媳妇不愿意，不匹配。

（4）权利型婆婆与权力型媳妇：媳妇经济条件好，匹配；经济条件较差不匹配。

（5）权利型婆婆与权利型媳妇：媳妇主动补偿婆婆的，匹配；不主动补偿婆婆的，不匹配。

（6）权利型婆婆与互惠型媳妇：不易冲突，匹配。

（7）互惠型婆婆与权力型媳妇：婆婆不愿意、媳妇愿意，不匹配。

（8）互惠型婆婆与权利型媳妇：婆婆经济条件好，匹配；婆婆经济条件不好，不匹配。

（9）互惠型婆婆与互惠型媳妇均衡结果："婆媳一家亲"。

前文已经对个人依循规则和群体偏好的关系进行了分析，群体偏好是主导群体行为的资源支配方式，因此用婆媳匹配博弈分析业主互动时，既可以分析业主个体之间的互动，也可以分析主导群体行为的资源支配方式与业主的匹配，如果不匹配，同样会造成个体与群体的冲突。于是，我们可以将婆媳匹配博弈用于分析业主之间和业主委员会与业主的冲突，此时业主委员会就作为一个行为人。这也意味着，当群体偏好为控制权、信任或信用时，这个群体也可以被视为行为人。群体偏好不匹配，会引发群体冲突，因此婆媳博弈既可以分析个体间冲突，也可以用于分析个体与群体、群体之间的冲突。

二、首端末端匹配博弈

1. 指导思想

假设，婆婆的位置是可以优先提取资源的首端，媳妇的位置则是对应首端的末端。根据婆媳匹配博弈结果，依循规则不同的业主处于首端和末端时，互动关系的匹配博弈结果将影响到其互动关系是否均衡。业主的支付都相等，当一方任务互动关系均衡时，支付为1；认为不均衡时，支付为0。均衡指个人不会调整自己的行为，基于 VSBPC 模型，互动一方参与者仅根据自己的资源支配方式来行事，对方行为不改变其对依循规则的信心时，行动就是均衡的。当且仅当，对方行为动摇了其依循规则的信心时，行动者才是不均衡的。

根据婆媳匹配博弈模型，分别把模型中的婆婆和媳妇，换成首端局中人和末端局中人，可以进行首端—末端局中人的匹配博弈。当参与者互动双方资源支配方式匹配时，表示双方有合作的可能，不匹配时，表示冲突的可能性较大。

由于协商是在全体一致的决定下，将有分歧的立场（观点）合并为一项共同协议的过程。它的目的是解决分歧，为个人或集体获得利益，或为满足各种利益而达成共识。它通常是通过提出一个立场和做出让步来达成协议的。因此得出定理如下：

定理：任意两个资源支配方式不匹配的行为人，不可能由互动形成协商，即资源支配者匹配是协商的前提条件。

在婆媳匹配博弈中，行动者的资源约束是家庭的经济条件。业主自治情境下，以可供提取的资源是否充足作为资源约束，分为资源充足和资源不足两种情形分别讨论。

2. 资源充足情况下

婆媳匹配博弈的第一种情形，在资源充足情况下，考虑权利婆婆和权力媳妇匹配的条件时媳妇经济条件好，因为婆婆得到经济补偿，愿意听从媳妇指挥。但是在提取博弈中，个人资源禀赋不影响业主的提取权利，因此权利—权力型不是首端人和末端人匹配博弈的均衡。

资源充足条件下匹配结果如图 5-6 所示：

		权力	权利	互惠
首端局中人	权力	0, 0	1, 1	1, 0
	权利	1, 0	1, 1	1, 1
	互惠	0, 1	1, 1	1, 1

（表头："末端局中人"，列分别为 权力、权利、互惠）

图 5-6　首端人与末端人匹配博弈（资源充足）

图 5-6 表明，3 种匹配结果是不均衡的，分别是：权力—权力型、权力—互惠型、互惠—权力型，其余 6 种互动关系则是协调的均衡解。不匹配的互动关系，容易冲突，而匹配的互动关系，则冲突容易协调。

（1）权力—互惠型、互惠—权力型不匹配的原因。依循权力型资源支配方式的行为人在首端时，会倾向控制权放大，使得依循互惠型资源支配方式的末端行为人，会觉得对方不值得信任；依循互惠型资源支配方式的首端行为人，会倾向于放权，对权力型资源支配者就不放心。因此，这两种类型的矛盾主要表现为情感冲突。

（2）权力—权力型不匹配的原因。主要原因是末端如觉得控制权受到威胁，会采取争夺控制权的行动。因此，这两种类型主要是控制权冲突。

可见，控制权冲突和情感冲突是业主互动冲突的主要形式。现实中，权力冲突与情感冲突交织在一起时，冲突往往很难协调。当出现冲突时，也很难通过内部沟通达成共识，对冲突的协调也难以形成向自治均衡的努力。典型的例子是感情破裂的夫妻对家庭财产和子女抚养权的争夺。为此，可以得出关于业主参与意愿的推论 1：

推论 1：在业主冲突的状态下，因不能形成协商，不会实现自治均衡。

（3）权利—权力型、权利—互惠型，匹配的原因。当首端位置上是权利型资源支配者时，会做适度提取（在权利范围内），不会威胁权力型资源支配者的控制权，因此依循权力规则的末端人将会与之协调；因首端人是"承诺可信的"，依循互惠规则的末端人也会与之协调。但是如果末端位置的权力型资源支配者认为自己的控制权受到威胁，此时该业主会倾向不计成本进行监督，权利型资源支配者如果预计到这种情况，会倾向更加诚实可信。

（4）互惠—权力型、互惠—互惠型，匹配的原因。主要是互惠型首端会倾向放权，并作出承诺，从而使得权力型末端认为其承诺可信，互惠型末端认为其值得信任。

（5）权利—权利型匹配的特殊性。在匹配关系中，最特殊的一种是权利—权利型。这种类型就是奥斯特罗姆监督博弈的局中人。在婆媳博弈中，媳妇主动补偿婆婆的，匹配；不主动补偿婆婆的，不匹配。由于业主权利依附于物权，首端获得的优先提取权被末端业主认可，二者之间进行监督博弈，末端会权衡监督的成本收益，结果可能是首端过量提取，出现"监督悖论"。

（6）权力—权利型的特殊性。这一对，首端看重的是控制权，末端看重的是提取资源的权利。因此，只要末端认为权益得到保障，就不会希望到首端位置，也不会监督。只有权益受损时，才会权衡监督的成本收益。总体上，首端不侵权，二者就是匹配关系。

总体上，在给定权利平等的条件下，上述匹配均衡的结果，只有权利—权利型比较接近奥斯特罗姆的行为人提取博弈情境。其他匹配的均衡，都有一定的前提条件。

3. 资源不足情况下

婆媳博弈的第二种情形，是资源不足情况下的婆媳匹配均衡。现实中，资源不足的情形可能对应两种情况，第一种是业主不知情，不知道资源现状或潜在产出，这种情况在新楼盘交付时普遍存在，如果业主普遍依循权利规则，不参与，就出现了业主委员会成立难；第二种是资源枯竭，维护成本上升，无钱可赚，被物业公司弃管。这种情况在10年以上的小区中也不少见。从参与者视角，以上两种情况都可以看作是资源不足。

资源不足时，首端人和末端人匹配博弈结果如图5-7所示：

末端局中人

		权力	权利	互惠
首端局中人	权力	0, 0	1, 0	1, 0
	权利	1, 1	1, 0	1, 1
	互惠	0, 1	1, 0	1, 1

图 5 – 7　首端人与末端人匹配博弈（资源不足）

图 5 – 7 表明，只剩下权利—权力、权利—互惠、互惠—互惠三种互动关系是协调的均衡解。

在这种情形下，由于资源所剩不多，依循权利规则的业主如果在首端，由于尚有资源可以提取，还愿意与其他类型匹配。当其处于末端时，支付都是 0，从可提取资源获得的收益不能弥补成本，所以会选择不参与。于是可以得出推论 2：

推论 2：在资源不足时，若位置在末端，依循权利规则的业主会选择不参与业主自治。

当依循权力规则的业主位于首端时，原来图 5 – 6 中与之匹配的依循权利规则的业主在末端时，支付也是 0，因此当首端人依循权力规则时，没有业主与之匹配。由此得出推论 3：

推论 3：在资源不足时，若首端位置的行为人依循权力规则，则没有资源支配者与之匹配。

4. 提供者与提取者博弈

上述两个匹配博弈模型是提取者博弈，其含义是当匹配博弈结果是均衡时，具备了自治的条件。结果表明，依循权利规则的业主在首端时，能够与其他业主都匹配。

然而，如前文所述，业主自治的情境下，通常提取是以提供为前提的，即先提供，后提取。这就意味着，当提取博弈开始时，提供者会出现在首端位置。同时，在提取博弈之前，业主已经进入到提供者博弈。

在提供环节，作为依循权利规则的行为者，因自治非强制性，所以无激励的情况下，就是理性搭便车者，通常持有"不参与"态度。因此，小区自治发起通常不是权利型资源支配者。这样，当业主委员会成立后，进入提取博弈前，首端位置上可能只剩下权力型、互惠型资源支配者。这就意味着，当业主大会成立后，业主委员会成员主要由权利型资源支配者和互惠型资源支配者组成。如果这样，小区面临公共收益使用决策时，就会产生提供者和提取者博弈（如图5-8所示）。

		提取者		
		权力	权利	互惠
提供者	权力	0, 0	1, 1	1, 0
	互惠	0, 1	1, 1	1, 1

图5-8　提供者与提取者匹配博弈（资源充足）

权力型资源支配者的提供行为是以控制权为目的，因此是主动型的。当其出现在提取的首端时，在资源充足时与权利型匹配；此时，小区治理状态是稳定的。很多由前期物业管理的小区，物业支持成立业主委员会，双方几乎很少冲突[1]。尤其是一些由开发商成立的品牌物业公司管理的小区，业主们甚至不认为有必要成立业主委员会，因为觉得物业管理得很好。

互惠型资源支配者的提供行为通常是由于受到别人的信任，被推动的。因此，当他们在首端时，由资源充足引来权力型资源支配者对其进行攻击时，容易辞职。规制不足的情况下，以监督为名进行攻击是很容易的，尤其是言语上的攻击。若他们得到权利型和互惠型提取者的支持，匹配的均衡会比较稳定。

若公共池塘资源濒于耗尽，如物业费收不上来，那么物业公司就会弃管，与物业公司支持的权力型提供者匹配的提取者也就消失了，而互惠型提供者仍将得到互惠型提取者的支持，他们会形成稳定的合作关系（如图5-9所示）。

---

① 这种情况很像差别垄断帕累托效率。

提取者

		权力	权利	互惠
提供者	权力	0, 0	1, 0	1, 0
	互惠	0, 1	1, 0	1, 1

图 5 – 9 提供者与提取者匹配博弈（资源不足）

现实中，不少小区都是因维权而被动成立业主委员会的。由于维权所导致个人需要付出较高的成本，一般权利型资源支配者不愿参与。在参与维权的两类人：权利型资源支配者和互惠型资源支配者中，前者不愿意放权，对后者进行攻击，而后者不坚持，进而产生提供人控制。由提供人控制引发业主知情权纠纷，呼吁行政力量重新介入。

三、提供与提取混合博弈：三人博弈模型

1. 指导思想

基于上述匹配博弈的结果，我们可以构建一个 3 个局中人的提供者与提取者博弈模型。从一个抽象意义的群体来讨论某个提取事项决策时，参与博弈的资源支配者是如何决策的。

提供者与提取者博弈中，分别是 3 个异质性的资源支配者，把这 3 个不同类型的行为人分别称为：权力型行为人 A、权利型行为人 B 和互惠型行为人 C。1 名提议者，位置在首端，其他人为响应者，位置在末端，因此基本模型为 1 个首端行为人，2 个末端行为人。

根据前文的研究，给出已知条件如下：

第一，参与博弈的行为人是资源支配者。其中，权力型行为人的行为动机偏好为是否能控制资源，概括为"可控制的"；权利型行为人的行为动机偏好为权利是否有保障，概括为"承诺可信"；互惠型行为人的行为动机偏好为对方是否值得信任，概括为"可信任"。

第二，个人行为层面，行为人互动的匹配均衡结果按照图 5 – 6、图 5 – 7 的结果得出。

第三，群体行为层面，参照第三方强制实施的规范提出博弈规则为：提

议者可以提出的分配方案为可分配资源的任意数量，需2/3表决通过方可执行。响应者可以表示支持或反对，也可以提新的提议，如果提议者采纳响应者的意见，则响应者位置换到前端，提议者换到末端。末端行为人有监督权。

第四，群体成员的变动会改变群体偏好。

2. 研究假设

假设，首端行为人与末端行为人匹配时，有利益冲突的情况下，会协商解决，位置不变；无利益冲突的情况下，首端行为人会得到末端行为人的支持。反之，首端行为人与末端行为人不匹配时，有利益冲突情况下，末端行为人会反对；无利益冲突情况下，末端行为人会弃权。

考虑到，在资源充足条件下，有利益冲突是正常的；在资源不足条件下，无利益冲突是正常的。因此，进一步对上述假设进行表述如下：

由首端行为人提出一项关于公共收益的分配方案，3名成员中只有2名同意即可执行①。否则，放弃该方案，提取行为中止。资源充足条件下，首端行为人与末端行为人匹配时，得到支持，反之，不参与；资源不足条件下，首端行为人与末端行为人匹配时，得到支持，反之，产生冲突。

3. 模型结构

对图5-6匹配博弈均衡结果进行梳理，就可以归纳出3个依循不同规则的行为人匹配关系，我们把首端行为人置于上方，末端行为人置于下方。构成了一个群体。群体内部行为人的互动关系如图5-10至图5-12所示。其中，箭头所指为有主动匹配意愿的行为人，无箭头所指为无主动匹配意愿的行为人。根据图5-6，形成了权力型首端的群体ABC、互惠型首端的群体BCA和权利型首端群体CAB。

如图5-10所示，群体ABC为权力型资源支配者主导的群体。在主导者看来，权利型末端行为人是可控的，因为对方看重自己是否能作出承诺；而互惠型末端行为人是不可控的，因为即使自己作出承诺，对方未必会相信。这个群体中，监督者主要是互惠型行为人。当权力型首端行为人主动让互惠型末端行为人行使监督权时，权利型末端行为人通常会表示支持，此时，有可能形成稳定和有效的监督机制。

---

① 此处为基于现实的集体行动规则。

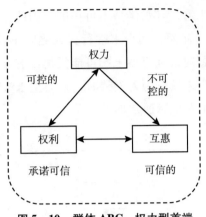

图 5 - 10　群体 ABC：权力型首端

如图 5 - 11 所示，群体 BCA 为互惠型资源支配者主导的群体。在主导者看来，权利型末端行为人是可信的，因为当向对方征询意见时，对方通常不会表达不同意见；而权力型末端行为人是不可信任的，因为向对方征询意见时，对方表达的往往比期望的更多。这个群体中，监督者主要是权力型行为人。当权力型末端行为人乐意接受监督的成本，且权利型末端行为人尊重事实接受其监督意见时，有望形成较为稳定和有效的监督机制。

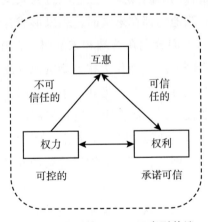

图 5 - 11　群体 BCA：互惠型首端

如图 5 - 12 所示，群体 CAB 为权利型资源支配者主导的群体。这个群体的主导者通常会主动承诺，这样在互惠型末端行为人来看，其承诺是可信的；

在权力型末端行为人来看，其承诺是不可信的。因此，权力型末端行为人通常是主动监督的一方。然而，两个末端行为人之间不匹配，很难形成合力。当权力型末端进行监督时，互惠型末端可能觉得没有必要，因而总体上，当首端行为人获得互惠型末端行为人支持时，权力型末端行为人的行为是可控的，故稳定而有效的监督机制通常难以形成。

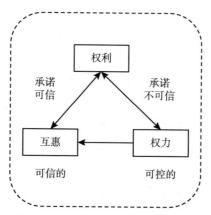

图 5 – 12　群体 CAB：权利型首端

上述 3 个类型的群体的共同点是：互惠型行为人没有主动与权力型行为人匹配的意愿。因此，当他们都在末端时，难以形成合力产生对权利型首端行为人的有效监督。当他们分别在首端和末端时，存在监督对方内在动力。（有点像八字命理之相生相克。）而作为权利型资源支配者，在资源充足条件下，与其他类型的行为人都能匹配，当其位于首端时，主动承诺，可能更容易获得对末端行为人的控制，从而会阻碍监督机制产生；若在资源不足条件下，当其位于末端时，与其他类型的行为者都不匹配，不主动监督，会为自己获得全身而退的机会。因此，后文分别讨论资源充足和资源不足条件下 3 个群体内部的互动结果。

4. 在资源充足条件下的一次性和重复博弈

在资源充足条件下对提取事项进行表决，可以分为对资源的静态一次性提取和重复提取两种。结合业主自治行为情景，综合讨论如下：

（1）群体 ABC 中，如果权力型首端的策略是"可控的"，对资源的控制力被权利型末端视为"承诺可信"，于是权力—权利型是稳定的。然而，互惠型末端行为人会担心被控制，对其产生怀疑，进而引发冲突。

（2）群体 BCA 中，互惠型首端的策略是可信的，在权利型末端行为人看来是"承诺可信"，互惠—权利型也是稳定的。然而，权力型末端行为人会表现出对分配权的兴趣，可能引发首端对其反感，认为其不可信的，进而引发冲突。

（3）群体 CAB 中，权利型首端的策略是承诺可信，互惠型末端行为人认为其可信，权力型末端行为人对分配权的兴趣也可以从首端行为人的承诺中得到满足，不易冲突。当然，权力型末端行为人对首端的可信承诺是以分配权是否公平来考量，因此末端行为人即使认为首端行为人承诺不可信，只要感觉首端行为是"可控的"，二者就会匹配。

总体上，在 2/3 多数原则下，静态一次性博弈情形下，3 个群体都会通过表决，然而群体 ABC 和群体 BCA 内部存在监督机制，群体 CAB 则没有。

群体 ABC 和群体 BCA 内在监督机制都是由互惠—权力不匹配导致的。因此，监督的成本不能只计算物质利益。在互惠型末端行为人看来，是否值得信任是需要时间来检验的，故而不会轻易信任权力型首端，但是一旦信任，可能会无条件支持；在权力型末端看来，不可控是难以放心的，故而不会轻易放弃监督的权力。在静态一次性博弈条件下，很难看到二者的匹配均衡。然而，在重复尤其是接近无限次重复博弈情形下，二者往往趋于匹配。原因在于，权力型首端行为人在面临可能冲突的情况下，会主动限制其控制权，从而使得互惠型末端行为人认为对方是可信的；互惠型首端行为人在面临可能冲突的情况下，会下放其控制权，从而使得权力型末端行为人认为是可控的。

群体 CAB 通常不易发生冲突，但其内部存在不稳定因素，尤其是在重复博弈情形下，可能围绕权利型首端和权力型末端行为人展开寻租活动，从而滋生腐败。在群体 CAB 内部，有效监督是困难的，权利型首端行为人可以通过承诺可信，获得互惠型末端行为人的支持，通过授权，获得权力型末端行为人的支持，而两类末端行为人之间不匹配，难以形成有效的交流机制，于是会造成信息不对称。同时，表面上没有冲突，也会使得人们缺乏主动获得信息的动力。一旦权利型首端利用声誉机制，如 KMRW 声誉模型[①]所揭示的

---

① Kreps, David M, Milgrom, Paul R, Roberts, John and Wilson, Robert. Rational Cooperation in the Finitely Repeated Prisoners' Dilemma [J]. Journal of Economic Theory, 1982 (27): 245–252.

那样，采取牺牲自己的部分利益先建立声誉的策略，在博弈结束前一次性用尽自己的声誉，那么，就有可能造成资源枯竭。

5. 在资源不足条件下的明日黄花与白手起家博弈

在资源不足条件下，对提取事项进行表决，这种情形可以看作是提取博弈的第一局或最后一局。作为提取博弈的第一局，或开局，首端位置上的行为人是此前的提供者，因而就是提供者—提取者博弈。匹配博弈均衡的结果如图 5 - 9 所示；作为提取博弈的最后一局，或终局，首端位置是资源充足时的首端，匹配博弈均衡的结果如图 5 - 7 所示。我们把博弈终局称为明日黄花博弈，把博弈开局称为白手起家博弈。

（1）资源不足条件下终局博弈（明日黄花博弈）。

假设资源的存量已经不足以满足全体成员的正常需求，不再有潜在产出增加的机会。这种情况为提取博弈的最后一局。我们称为明日黄花博弈。

因资源不足，无法提供承诺，权利型末端行为人选择退出。匹配的类型为权利—权力型、权利—互惠型、互惠—互惠型。其中，首端行为人为权利型，末端行为人为权力型、互惠型，这是群体 CAB。群体 CAB 的提取博弈最后一局，很可能是权利型首端行为人一次性耗尽声誉的机会。结果是资源枯竭，自治失败。

首端行为人为互惠型，末端行为人为权力型和互惠型，产生了新的群体 BBA（如图 5 - 13 所示）。这个群体中，没有权利型行为人，但是末端多了一个互惠型行为人。按照我们对群体偏好的定义，群体中占优的资源支配方式为互惠型资源支配方式，因而该群体的偏好为互惠规范，可以称为信任偏好群体。其中，存在两个互惠型行为人，简记为"互惠1"和"互惠2"。

作为博弈的最后一局，资源不足，意味着权力型末端行为人已不能控制资源，对行为人互惠1不满。同时，行为人互惠2会表示对互惠1的不信任。一旦冲突，可能形成对互惠型首端行为人联合攻击[①]之势。在这种情形下，提议被否决，互惠1离开首端位置。最后一次分配议案由权力型行为人发起，权力型末端行为人取代原互惠型行为人1成为首端行为人，为了提议能获得通过，分配方案将倾向给首端行为人和互惠2相对分更多。如果互惠1预期会发生这种情况，会努力向互惠2证明资源不足不是个人造成的，在这种情

---

① 此处攻击指冲突的激励表现，如语言人身攻击，肢体冲突等。

形下，互惠 2 不会减少对其信任，而权力型末端行为人也会积极行使监督权，可能会形成应对资源不足的有效措施，如限量提取等规则。

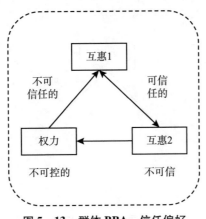

图 5 - 13　群体 BBA：信任偏好

（2）资源不足条件下开局博弈（白手起家博弈）。

假设资源的存量为零或数量不足以满足全体成员的正常需求，然而存在潜在产出增加的机会。这种情况下作为提取博弈的第一局或开局，我们把它称为白手起家博弈。

如前文所述，白手起家博弈就是提供者博弈。因权利型行为人不参与，权力型行为人在首端无人匹配，只有互惠型行为人在首端。此时，末端可以是互惠型和权力型（如图 5 - 9 所示）。我们看到的这个群体仍然是群体 BBA，由于作为提供者，互惠 1 是一个好的提议者或奉献者，已经得到了互惠 2 的信任和支持，因此任何分配议案都可能获得通过。然而，由于预期潜在产出增加，行为人互惠 1 采用的策略很可能是平均分配，并授予权力型末端监督权，从而得到更多的支持。对于互惠型首端行为人而言，得到支持、被信任本身就是激励。

我们不排除首端是互惠型时，末端都是权力型，但是这种情形应该不普遍。尤其是开局博弈中，如果群体偏好是控制权偏好，那么开局的提供者—提取者博弈中，互惠型行为人通常到不了首端位置，因为会让权力型行为人感到不可控。然而，由于业主自治的提供行为门槛高，权力型行为人可能无法控制提供行为的过程，于是会采取某种策略获得互惠性行为人的信任，于是我们看到另一种博弈格局，即互惠型行为人作为首端提供者，末端为权力型和权力型，我们称为群体 BAA（如图 5-14 所示）。

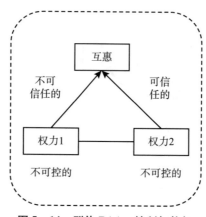

图 5-14　群体 BAA：控制权偏好

　　群体 BAA 的特点是本来所有成员都不匹配，但是在开局博弈中，位于首端的提供者是互惠型，末端行为人都是权力型。很可能出现的情形是末端都希望得到首端的信任，从而表现出互惠规范倾向，于是得到信任的一方，如权力 2 的行为人，提议会被提供者采纳，从而在提供者看来，是群体 BBA。而在权力 2 的行为人来看，是群体 BAA，首端是可控的。无论在群体 BBA 还是在群体 BAA 中，权力 1 行为人都会主动监督，与互惠型行为人的冲突在所难免，因此权力 2 要想办法限制权力 1 的控制权，双方可能达成协议，权力 1 接受权力 2 的承诺，转变为权利型资源支配者。权力 2 成为首端，互惠提供者移到末端，群体 BAA 转型为群体 ABC。

　　还可能会出现另一种情形。提供者不接受任何一方的提议，坚持自己的主张。结果投票通不过。提供者的选择一是退出，宣布自治失败；二是让两个权力型行为人竞争，无条件支持胜出一方。两个行为人会根据各自的控制力作出选择，如果双方势均力敌，会划定各自控制资源的范围，如果一方控制力更强，如权力 1 更强，由于此时双方对依循控制权规则都有信心，故而可能会达成某个协议，由权力 1 行为人向权力 2 行为人作出承诺，以保障其权利，此时意味着权力 2 行为人改变了其资源支配方式，由权力型改成权利型，群体 BAA 变成群体 ABC。

倘若互惠型首端行为人支持由权力型资源支配者达成的协议，其资源支配方式也由互惠转变为权利型，于是出现了群体 ACC（如图 5 - 15 所示），该群体的权利最初是由依循控制权规则的行为人主张的。

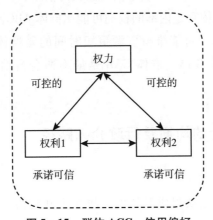

图 5 - 15　群体 ACC：信用偏好

在群体 BAA 中，无论哪种情况，两个权力型行为人参与博弈，都会给互惠性提供者带来压力，故而可能出现的情况是，互惠型提供者选择退出，自治失败。

6. 结论

在首端末端匹配博弈框架下，我们讨论了 6 种群体类型，总体来看，一般情况下提取者博弈的群体属性为群体 ABC、群体 BCA 和群体 CAB，没有明显的群体偏好，行为由首端行为人主导。其中，群体 ABC 和群体 BCA 都可能存在内部监督的机制，也容易因监督引发冲突；但是群体 ABC 在首端行为人主动限制控制权的情况下，群体 BCA 在首端行为人放权的情况下，会趋于稳定。群体 CAB 在资源充足情况下，相对稳定，有可能形成自治。但是在明日黄花博弈中，可能会导致资源枯竭。

群体 BBA、群体 BAA 和群体 ACC 是 3 种群体偏好倾向性突出的群体。其中，群体 BBA 在明日黄花博弈和白手起家博弈中，都相对稳定，有可能形成自治；在白手起家博弈中，群体 BAA 在一方控制力更强的情况下，有可能稳定下来，变成群体 ACC，否则将冲突不断，自治失败；群体 ACC 由群体 BAA 转型而来，在资源不足的情况下，因权利型行为人退出而消失，自治失败。

由于信用与信任是替代关系，且互惠型与权利型是匹配的，群体 BBA 在白手起家博弈中，基于信任偏好主导，可能会将信任制度化为信用，从而一部分互惠型转型为权利型，即转型为群体 BCA。可见，由群体 BBA 转型而来的群体 BCA 的内部，一部分人基于信任而获得信用，一部分人基于信用而产生信任，两类人相互依存，内部的权利可能比群体 ABC 更平等。

从资源维持来看，可能维持资源更短时间的是群体 CAB，可能维持更长时间的群体是群体 BBA。群体 CAB 是最不适合自治的，群体 BBA 是最适合自治的。

四、业主自治的均衡及行政介入路径

1. 业主自治的均衡

业主自治的情景是从提供开始的，故而为开局博弈，即白手起家博弈。这一阶段，若群体 BBA 胜出，日后可能转型为群体 BCA。从群体 BBA 到群体 BCA，保持了自治的形态，权利较为平等，自治成功的可能性大。群体 BBA 和群体 BCA 都是稳定的均衡。群体 BBA 的业主参与程度高于群体 BCA。

白手起家博弈中，若群体 BAA 胜出，且互惠型行为人将首端让位于权力型行为人，部分权力型转型为权利型，可能转型为群体 ABC，此时互惠型末端对首端权力型的监督是动机偏好；若互惠型也转型为权利型，则群体 BAA 转型为群体 ACC。群体 ACC 内部无资源支配方式的冲突，因此也是稳定的均衡。在自治非强制的背景下，对首端人的监督出于物质利益偏好。

如果将群体 ACC 中的首端换成物业公司，则对应于前端物业的治理方式；将群体 CAB 的首端换成物业公司，则对应于委托物业治理方式，因无监督动力，有可能造成利用声誉机制导致资源最终枯竭的情况。

明日黄花博弈可以看作是被物业公司弃管之后。这个阶段，通常群体 CAB 消失而群体 BBA 出现；

白手起家博弈可以看作是业主委员会成立之初。这个阶段，群体 BBA、群体 BAA 和群体 ACC 都可能存在。

2. 行政介入路径

在群体 ABC 和群体 BCA 中存在监督的内在激励，群体 CAB 则缺乏内在监督激励。

在资源充足的条件下，假设在群体 ABC、群体 BCA 和群体 CAB 中增加 1 名权利型行为人，此人不会反对任何一个所得不为 0 的分配方案，因为若所得为 0，会不参与。以依循一种资源支配方式占优的行为人为群体偏好来看，3 个群体的偏好都是信用偏好。可以得到推论如下：

推论 1：当权力型在首端时，如群体 ABCC 偏好为信用偏好，监督无效；行政力量如以互惠方式介入，将促进自治体内部监督机制形成；

推论 2：当互惠型在首端时，如群体 BCCA 偏好为信用偏好，监督无效；行政力量如以权力方式介入，将促进自治体内部监督机制形成；

推论 3：当权利型在首端时，如群体 CABC 偏好为信用偏好，监督无效；行政力量如以权力或互惠方式介入，将促进自治体内部监督机制形成。

明日黄花博弈中，群体 CAB 因无人监督导致资源枯竭，如加入 1 名权力型行为人，群体为权力偏好，则可以形成监督，行政力量无须介入；同样，加入 1 名互惠型行为人，群体为互惠偏好，行政力量亦无须介入。否则，如推论 3，行政力量应以权力方式介入。

群体 BBA 中，权力型末端行为人的监督是否有效，取决于作为首端行为人的提供者，因为占比 1/3 的反对者，不会影响提议的通过。因此，行政力量无须介入。

群体 BAA 内部会形成过度监督，群体 ACC 对监督是排斥的，都需行政力量的介入。然而，对于群体 BAA，实际上是控制权之争，行政直接介入可能会加剧冲突，可以通过鼓励更多的互惠型和权利型行为人参与的方式进行缓和，由于互惠型行为人与权力型行为人不匹配，因此动员权利型行为人会有效。权利型行为人眼里不仅有权利，也有义务，故而潜在产出增加预期会成为参与的激励。

综上所述，在资源充足的条件下，信用偏好主导的群体自治较为稳定，但因信用偏好的首端行为人可以与任意类型的资源支配者相匹配，群体内部缺乏对监督的激励，转变为由控制权偏好的首端行为人主导，形成明日黄花博弈，过度提取者离开，自治失败，造成业主委员会认同难；资源不足条件下，信用偏好的行为人不参与自治，信任偏好和控制权偏好的行为人进入白手起家博弈，由于控制权与信任两种资源支配方式不匹配，导致参与者之间产生冲突，造成业主委员会成立难。因此，行政力量的介入需因势利导，当群体行为由信用偏好主导时，应以控制权方式介入，鼓励行政能力强的业主进入自治组织主导业主自治；当群体行为由控制权偏好主导时，应以互惠方式介入，鼓励受居民信任的业主进入自治组织进行监督；当群体行为由互惠偏好主导时，应以信用方式介入，鼓励知法守法的业主进入自治组织进行监督。总之，在业主自治情景下，业主参与就是监督的有效形式。

第三节　业主冲突与行政的监督激励

一、业主冲突

我们讨论的业主冲突是指由业主行使监督权引发的冲突。由于业主自治情境下的首端优势主要是信息优势，因此监督通常是始于要求信息公开，如果要求得不到满足，可能会向主管部门投诉；如果行政部门也不能解决，可能会提起司法诉讼。因此，可以在司法判决中找到与匹配博弈结果对应的案例。

如前文所述，业主知情权和业主撤销权是直接体现业主行使监督权的典型案例。因此，我们将分别以业主知情权民事判决书和业主撤销权民事判决书来讨论监督及对监督的激励。我们查阅了超过 700 份判决书，发现无论是对提取行为的监督还是对提供行为的监督，大多呈现为互惠型资源支配者与权力型资源支配者的冲突，可以用匹配博弈的结果来解释，故选用了两份典型的业主撤销权和知情权民事判决书，来分析业主冲突及行政力量对监督的激励问题。

二、权力型末端行为人与互惠型首端行为人的冲突

北京市海淀区人民法院 2021 年 5 月 31 日审结的业主撤销权纠纷案①，可以从对判决书相关内容的分析中看到互惠—权力型冲突。

案例1：原告黄某与被告北京市海淀区某小区业主委员会业主撤销权纠纷案

原告诉求：1. 判令撤销北京市海淀区某小区业主大会第二十次会议议

---

① 业主撤销权纠纷，民事一审案号：（2021）京 0108 民初 2315 号.

题五《解决违规分红相关未领取资金的补偿》决定，并判令被告以在某小区中心广场公告栏、111 个住宅单元公告栏公示 75 天的方式及在"某业主群"微信群公告 5 次的方式通告全体业主；2. 判令被告负担本案诉讼费用。

事实与理由：黄某是北京市海淀区某小区业主。2020 年 8 月 20 日~11 月 6 日，被告组织召开了某小区业主大会第二十次会议。2020 年 11 月 8 日，被告宣布会议议案五已获通过，形成决定。议案五（证据三）的实质是：用全体业主共有收益向业主分红，但是将一部分业主排除在分红范围外。原告认为此决定侵犯了包括原告在内的部分业主对小区共有不动产、动产及其收益按份共有的权利，违反了《物权法》《民法典》《某小区管理规约》等法规的相关规定，违反了民法的公平原则。除约定情形外，所有业主应无条件享有平等分红的权利。对于议案五所述以前年度"违规分红"行为，业主大会可以依法追究责任人的侵权责任，要求其返还财产、恢复原状及赔偿损失，但是不能以此为借口将无辜业主排除在分红范围外，粗暴剥夺该部分业主合法地获取分红，获取合法的分红的权利时，议案五又违反《某小区管理规约》第十六条第（六）款，《某小区业主大会议事规则》第二十六条，错误地将不应享受分红的四类业主（包括危害物业公共安全及公共形象的、未按期足额交纳物业费等费用的、未按期足额交纳专项维修资金的、侵占业主公共利益的）纳入分红范围，损害其他业主的合法权益。被告违反《某小区业主大会议事规则》规定的会议规则程序，且利用模糊表述、虚假宣传误导业主投票。

某业主委员会辩称，2017 年 12 月 26 日街道宣布业主委员会停止，原告、韩某等是一个战线的，支持十八次业主大会，街道叫停后，发了一系列文件跟业主解释，十八次业主大会发布了公告，称选出了韩某，之后出现了两条线，一条是街道成立筹备组，一条是韩某等 18 次业主大会选出第七届业主委员会，一方面去街道寻求备案，另一方面在群内开展工作，因为筹备组需要相应资料，5 月 16 日在派出所、业主见证下，将业主委员会办公室的门打开，发现资料都空了，做了清点，发现公章、合同、账册都没有了，黄某等起诉街道不予备案，法院已经判决驳回了，筹备组在 2019 年 1 月 11 日完成了业主大会决议，并且备案，发生各种联络函进行交接。直到目前为止，财务账户等还没有向第七届业主委员会移交，为了开展工作，第七届业主委员会重新刻了公章，开展工作后，发现还有人使用作废的公章在使用。关于分红，第六届业主委员会2018年8月联络业主分红一直持续到开户行的印鉴变更，业主群的群主以业主委员会秘书的称呼开展工作。现在很多业主也搞不清楚哪个业主委员会是真的。虽然政府叫停，法院已经判决了，但是他们还一直分红，一部分业主分了，一部分业主没有分，大家就想办法解决此事，形成决议前街道就要求停止了，原来的分红是违规的，对那些没有参与分红的，业主比较激动，小区里矛盾较大，故我们需要考虑补偿的事情，设施设备需要维护和保养的，需要资金，好多业主说收益不用分了，但是因为已经部分分配了，不可能全部分红，所以为了公平，弥补小区的裂痕，随着业主认知的提高，大家一起共同商量做一些实事。故我们不同意撤销。

当事人围绕诉讼请求依法提交了证据，本院组织当事人进行了证据交换和质证。对当事人无异议的证据，本院予以确认并在卷佐证。

本院经审理认定事实如下：

黄某系某小区的业主。2020年11月8日，某小区业主委员会公示了第二十次业主大会会议表决结果的通知，通知某小区业主大会第二十次会议，从2020年8月20日开始，采取纸质投票的形式召开，至2020年11月6日会议结束。分别对（1）供水系统改造；（2）门禁系统改造；（3）监控系统升级改造；（4）物业续聘；（5）分红补偿；（6）建设篮球场；（7）财务决算和预算七个议题进行表决。我小区应参会业主人数计1 378户，总投票面积权数210 569份。在广大业主积极参与监督下，截至11月6日共收到1 080张有效选票，代表投票面积权数165 572.61份。七个议题的表决结果详见小区公示的《某小区业主大会第二十次会议投票计票结果》，公示期从2020年11月8日至11月14日止，公示期七日。公示期间，对公示的表决结果有异议的业主，可依据事实实名书面提出；业主是否已投票表决的房号统计已在业主委员会造册备查。投票表决结果及业主投票表决的房号统计表同时抄报街道和居委会。

在议题说明中记载议题五：解决违规分红相关未领取资金的补偿议案。一是违规分红问题：众所周知，第十八次业主大会于2017年12月26日被政府叫停，包括分红议题在内的所有议题都没有过半数。政府要求在新一届业主委员会合法选出之前，任何人不得动用业主委员会公章，以业主委员会名义开展非法活动。但是个别人仍以"业主委员会"的名义，将部分公共收益以分红名义发放，有部分不了解情况的业主领取了分红资金。二是解决补偿方案：由于上一届会计黄某至今未办理财务账目交接，无法开展相应补救措施。现根据财务外审提出的财务管理风险预警控制意见及广大业主呼声，我们已对黄某进行了起诉，希望通过法律手段追回属于全体业主所有的财物、资料和财务账目。公共收益部分应用于小区公用事项的开支，用于改善业主居住环境，但是鉴于存在过往部分业主领取、另一部分业主未领取的不公平状况，业主委员会在取得账目，掌握已领取资金户后，拟对未领取分红资金的业主进行同等标准补偿发放资金。

现黄某认为议案五表述含糊不清，发放资金性质不明确，金额不明确，对象不明确，严重误导业主，违反诚信原则。议案五违反民法公平原则，侵犯部分业主财产权。议案五违规将不应享受分红的四类业主纳入分红范围，议案五的表决程序不符合规定，四类业主不得在业主大会上表决等理由起诉要求撤销议题五，并向本院提交了某小区管理规约及某小区业主大会议事规则，以及业主委员会曾向业主发放资金的公告。

某业主委员会认为第十八次业主大会形成的决议已经被街道叫停，但是韩某、黄某等依旧以业主委员会的名义开展工作，向部分业主进行了分红，该分红是违规的。该议题还没有具体执行，没有具体操作方案，因为黄某作为政府不予备案的第七届业主委员会的财务负责人没有相关资料，只是为了安抚情绪激动的业主。所有业主自愿参与投票，业主委员会没有能力区分不能投票及分红的业主。并向本院提交了街道出具的不予备案告知书及要求原业主委员会负责人及公章管理人移交公章、档案资料及其他财务账目。黄某认为某业主委员会所述与本案的议题五无关，法院的生效判决已经驳回了业主委员会要求其返还物品及资料的诉讼请求。

另查，2021年3月5日，某业主委员会申请备案事项变更，对符合议事规则任期要求的某小区第七届业主委员会委员任期更正为三年，至2022年1月10日，现任业主委员会委员为张某、邓某、张某、王某1、王某2、何某、孙某、李某。八里庄街道于2021年3月11日予以变更备案。

本院认为，业主大会或者业主委员会作出的决定侵害业主合法权益的，受侵害的业主可以请求人民法院予以撤销。物业管理条例第十一条规定，下列事项由业主共同决定：（一）制定和修改业主大会议事规则；（二）制定和修改管理规约；（三）选举业主委员会或者更换业主委员会成员；（四）选聘和解聘物业服务企业；（五）筹集和使用专项维修资金；（六）改建、重建建筑物及其附属设施；（七）有关共有和共同管理权利的其他重大事项。业主大会或者业主委员会的决定，对业主具有约束力。业主大会决定本条例第十一条第（五）项和第（六）项规定的事项，应当经专有部分占建筑物总面积2/3以上且占总人数2/3以上的业主同意；决定本条例第十一条规定的其他事项，应当经专有部分占建筑物总面积过半数且占总人数过半数的业主同意。

本案中，关于分红补偿的议案是某小区业主大会第二十次会议讨论通过的，且该议案经专有部分占建筑物总面积过半数的业主且占总人数过半数的业主同意通过，应对全体业主具有约束力，现黄某认为该决定侵犯了其权益并要求撤销该议案之请求，于法无据，本院不予支持。对于黄某所述四类业主不得参与投票之理由，本院认为业主享有参加业主大会，行使投票权的权利，不应以议事规则而改变。

综上所述，依照《中华人民共和国物权法》第七十六条、第七十八条，《物业管理条例》第六条、第十一条、第十二条之规定，判决如下：

驳回黄某的诉讼请求。

案件受理费70元，由黄某负担，已交纳。

如不服本判决，可在判决书送达之日起十五日内，向本院递交上诉状，并按对方当事人的人数提出副本，上诉于北京市第一中级人民法院。

此案是关于公共收益分配问题，是提取者监督博弈，根据上述判决书，可作出如下判断：

第一，该小区共1 378户业主，公共收益较充足，已经多次分红；

第二，原告曾经是已被行政撤销的旧业主委员会成员；

第三，旧业主委员会曾经对部分业主进行分红；

第四，新业主委员会已经获得备案；

第五，新业主委员会提出分红议案是补偿过去未分红业主，"关于分红补偿的议案是某小区业主大会第二十次会议讨论通过的，且该议案经专有部分占建筑物总面积过半数且占总人数过半数的业主同意通过"；

第六，新业主委员会提出分红议案包含四类业主不得参与投票的内容，并获得通过。

表面来看，业主起诉业主委员会要求撤销分红议案是对提取的监督，但是基于以上六个方面的信息，可以看到此案是典型的互惠型首端局中人与权力型末端局中人的冲突。

原告所在旧业主委员会被撤销，对公共收益的控制权被剥夺，是其监督的激励，故其起诉新业主委员会的行为是权力规则依循行为。

被告新业主委员会为什么是互惠型，不是权力型或权利型呢？主要通过业主大会表决的事项来看。将判决书提到的业主大会表决事项分类，七个表决事项分为4类，加上未作为单独事项但是实际包含在其中的、有争议的内容，即被排除在分红之列的"四类业主不得参与投票"，一共是5类。包括提取、提供两种行为。如果是权利型，应该是信用偏好，倾向于按照法律法规办事，不会以不合法的方式来惩罚，剥夺"四类业主"的投票权；如果是权力型，不会做财务决算和预算，因为那样权力会被限制。事实上，剥夺业主投票权的做法带着强烈的感情色彩，表达了冲突不仅是利益冲突，还有情感冲突。

透过上述案例的信息，我们还发现，原告在业主委员会任职期间与业主之间互动的匹配均衡，是权力—权利型。换言之，原告依循权力规则，如果其他业主依循权利规则，只要分红是公平的，互动就不易冲突。当然，面对分红不公，无论是依循权利规则还是依循互惠规则都会反对，但是推翻业主委员会是提供行为，权利型会权衡成本—收益，互惠型会愿意为公平付出更大代价，因此新业主委员会具有信任规范偏好可能是其成员多为互惠型资源支配者所致。

从博弈过程来看，该小区旧业主委员会主导的匹配博弈，均衡是权力—权利型，然而由于信息不对称，权利不平等（业主也不知道哪个业主委员会是真的，一部分人分到了，另一部分人没有分到），从而出现权力—互惠型冲突，进而互惠型主导推翻了业主委员会，新的均衡匹配结果为互惠—权利型、互惠—互惠型，但是又引来了互惠—权力型冲突。可见，新的冲突是由权力—互惠二者位置交换引发的。由监督产生冲突，冲突打破了均衡再次产生冲突。

北京市海淀区某小区某次业主大会表决事项行为逻辑分析如表5-18所示。其中，也对相关事项可能产生的困境进行了分析。我们认为，坚持财务决算、预算制度是解决小区困境的最佳途径，因为只要业主委员会能做到就可以，不涉及其他主体，前提是业主委员会内部要统一。

表5-18   北京市海淀区某小区某次业主大会表决事项行为逻辑分析

表决事项	行为	含义	目的	困境
1. 供水系统、门禁系统、监控系统改造	提取	使用公共收益	维护公共设施	寻租
2. 物业续签	提供	保留原物业公司	维持现状	监督
3. 分红补偿	提取	公平	补偿	分裂
4. 财务决算和预算	提供	透明	可信承诺	被监督
5. 四类业主不得参与投票	提供	公平	惩罚	不合法

三、互惠型末端行为人与权力型首端行为人的冲突

然而，即使在业主委员会内部，冲突也是常见的。我们再看看另一个案例，该案例是南京市鼓楼区人民法院2018年11月6日审结的业主知情权纠纷案①，通过分析判决书，不难看到业主委员会前成员与业主委员会的冲突同样是互惠型与权力型的冲突。

案例2：原告李某诉被告南京市某住宅小区业主委员会业主知情权纠纷案

本案经过一审、二审，其中一审判决书主要内容如下：

原告李某向本院提出诉讼请求：被告向原告提供自业主委员会成立至今收支明细一份及维修资金使用情况每年审计报告各1份；本案的诉讼费用由被告承担。诉讼中，原告申请增加诉讼请求：1. 公布某小区 A 区建筑物及附属设施维修资金筹集使用情况；2. 公布历届业主委员会所有决定、决议和会议记录；3. 公布历届业主委员会与物业公司之间的物业服务合同和共有部分的使用及收益情况；4. 公布本小区停车费收支分配和使用情况；5. 公布历届业主委员各年度财务收支账目、收支凭证、每年审计报告各一份；6. 公布现任业主委员会委员在任不居住本小区半

———————————
① 业主知情权纠纷，民事一审案号：（2018）苏 0106 民初 9223 号.

年以上人员名单或提供给原告；7. 公布业主委员会委员资格终止后还有哪些委员签字和决定的。

事实和理由：原告于2003年购买南京市广州路某处房屋（以下简称某室），至今未看到业主委员会自成立以来的收支明细、使用维修资金及年度审计报告。原告多次找业主委员会及街道主管部门投诉无果，故原告诉至法院，请求依法判决。

被告某小区业主委员会辩称，原告当庭补充的诉讼请求已经超过原诉讼请求的范围，是对法庭的不尊重，应予训诫。1. 原告的原第一项诉请，无法律依据；2. 关于维修基金，被告使用维修基金金额较小，次数也不多，均按照程序进行审计，这些材料不在被告处，均在市物管办维修资金监管科。对于维修基金的使用情况、明细，被告没有义务制作或出具审计报告；3. 业主应及时行使知情权，原告提出的请求已经超过诉讼时效，且业主委员会不具备长期保存上述材料的客观条件；4. 原告曾是业主委员会副主任，因侵害业主权益，被免去业主委员会副主任职务；5. 原告长期未缴纳物业费，侵害业主权益。综上所述，请求驳回原告的全部诉请。

本院经审理查明如下事实：原告系某室所有权人。

2016年11月16日，第四届某小区业主委员会在本市鼓楼区人民政府华侨路街道办事处登记备案，主任为曾某，副主任为黄某、魏某，委员为任某、刘某、魏某、袁某、周某、钱某、殷某、姚某。

庭审中，被告提供2015年度至2017年度被告收支明细（包括收支情况表、关于提取业主委员会年度多项经营费用报告、经营性分成收入结算表）及公布图片，用以证明被告的账目已经公示。原告认为，被告公示的照片不清晰，无法证明何时何地张贴。

上述事实，有当事人陈述、房屋所有权证、业主委员会备案登记表、照片等证据为证，足以证实。

本院认为，业主对小区公共事务和物业管理的相关事项享有知情权，可以向小区业主委员会和物业公司要求公布、查阅依法应当向业主公开确由小区业主委员会和物业公司掌握的情况和资料。因此原告作为南京市某住宅小区（以下简称某小区）业主，可以向被告主张公布由被告掌握的情况和资料。根据《最高人民法院关于审理建筑物区分所有权纠纷案件具体应用法律若干问题的解释》第十三条的规定，业主有权请求公布、查阅以下资料：（一）建筑物及其附属设施的维修资金的筹集、使用情况；（二）管理规约、业主大会议事规则，以及业主大会或者业主委员会的决定及会议记录；（三）物业服务合同、共有部分的使用和收益情况；（四）建筑区划内规划用于停放汽车的车位、车库的处分情况；（五）其他应当向业主公开的情况和资料。某小区业主委员会应保障业主对上述资料进行查阅的权利，并及时公布相关资料，具体公布方式以小区公告栏或公共区域内公布为宜。

关于原告的诉讼请求是否超过诉讼时效的问题。原告系某小区的业主，在该小区享有业主知情权。业主知情权是基于业主对建筑物专有部分的所有权和对共有部分的共有和共同管理权产生的权利，因而不适用诉讼时效。对于被告提出的本案已经超过诉讼时效主张，本院不予采信。

关于原告要求被告公布历届某小区相关公共信息的主张。本届业主委员会于2016年11月成立，原告要求被告即本届业主委员会公布前三届成立的业主委员会所掌握的公共信息，没有法律依据，原告可以向被告查阅前三届业主委员会的相关信息。因此对于原告要求被告公布前三届业主委员会掌握的公共信息的主张，本院不予支持。

关于原告要求公布某小区A区的维修资金筹集、使用情况的主张。被告作为小区全体业主的代表对小区进行管理，对于维修资金的筹集及使用情况应当知晓，资金是否由其直接掌握不影响其对维修资金情况的公布。故对于原告的该项诉讼请求，本院予以支持。

关于原告要求公布某小区收支明细的主张。原告的该项主张，包括了某小区共有部分的使用和收益情况，原告对于该部分进行重复主张权利，本院不予支持。被告提供的证据，证明被告已经在小区公共区域张贴相关某小区的收支情况，原告亦可通过被告查阅，因此对于原告该项主张，本院不予支持。

关于原告要求公布本届业主委员会所有决定、决议和会议记录的主张。对于上述公共信息，被告有公布的义务，而被告并未在小区公告栏向全体业主公布所有决定、决议和会议记录，故对于原告的该项诉讼请求，本院予以支持。

关于原告要求公布本届业主委员会与物业公司之间的物业服务合同

的主张。对于物业服务合同，被告有公开公布的义务，被告未提供证据证明已经在小区公告栏张贴与相关物业公司签订的《物业服务合同》，原告亦可通过被告办公室查阅上述物业服务合同，因此对于原告该项主张，本院予以支持。

关于原告要求公布某小区停车费收支分配和车位处分情况的主张。对于小区共有停车位，所有权人为小区全体业主，业主对于小区共有部分停车费的收支分配及停车位处分情况具有知情权。被告应及时联系物业公司，及时公布上述信息。虽然被告公布收支中涉及停车费，但是该部分信息粗略、不详尽。故对于原告的该项主张，本院予以支持。

关于原告要求公布本届业主委员成立以来各年度财务收支账目、收支凭证及审计报告的主张。被告虽在小区公告栏公布了2015年度至2017年度的收支明细，但是并未公布收支凭证，因此被告应公布相关财务收支凭证情况。对于收支账目，原告的主张与第一项诉讼重复，因此本院不予支持。对于原告要求公布审计报告的主张，该项主张没有法律依据，本院不予支持。

关于原告公布现任业主委员会委员在任不居住本小区半年以上人员名单或提供给原告，公布业主委员会委员资格终止后还有哪些委员签字和决定的主张。原告的该两项诉讼请求不明确，亦没有事实根据和没有法律依据，本院不予支持。

综上所述，依照《最高人民法院关于审理建筑物区分所有权纠纷案件具体应用法律若干问题的解释》第十三条，《中华人民共和国民事诉讼法》第六十四条及《最高人民法院关于适用〈中华人民共和国民事诉讼法〉的解释》第九十条之规定，判决如下：

一、被告南京市某国际广场住宅小区业主委员会于本判决生效之日起三十日内在小区公告栏内或公共区域内张贴公布本届业主委员会成立以来南京市某国际广场住宅小区A区建筑物及附属设施的维修资金筹集、使用情况；

二、被告南京市某国际广场住宅小区业主委员会于本判决生效之日起三十日内在小区公告栏内或公共区域内张贴公布本届业主委员会成立以来南京市某国际广场住宅小区共有车位停车费收支分配及车位处分情况；

三、被告南京市某国际广场住宅小区业主委员会于本判决生效之日起三十日内在小区公告栏内或公共区域内张贴公布本届业主委员会成立以来签订的物业服务合同；

四、被告南京市某国际广场住宅小区业主委员会于本判决生效之日起三十日内在小区公告栏内或公共区域内张贴公布本届业主委员会成立以来南京市某国际广场住宅小区业主委员会的决定、决议和会议记录；

五、被告南京市某国际广场住宅小区业主委员会于本判决生效之日起三十日内在小区公告栏内或公共区域内张贴公布本届业主委员会成立以来南京市某国际广场住宅小区各年度收支凭证；

六、驳回原告李某的其他诉讼请求。

二审南京市中级人民法院民事判决书

主要内容如下①：

上诉人李某、上诉人南京市鼓楼区华侨路街道某国际广场业主委员会（以下简称某小区业主委员会）因业主知情权纠纷一案，均不服南京市鼓楼区人民法院（2018）苏0106民初9223号民事判决，向本院提起上诉。本院于2019年1月25日立案后，依法组成合议庭，公开开庭进行了审理。上诉人李某、上诉人某小区业主委员会负责人曾某及委托诉讼代理人杨某到庭参加诉讼。本案现已审理终结。

李某上诉请求：请求将原审判决第一至五项中"张贴公布本届业主委员会成立以来……"改判为"张贴公布历届业主委员会成立以来……"；撤销原审判决第六项，依法支持李某于一审判决中未被支持的其他诉讼请求。事实与理由：1. 一审法院判决某小区业主委员会向李某公布相关材料，其中前五项均支持了李某的诉求，对于第六、七项并没有支持，李某坚持继续主张第六、七项诉讼请求。李某在一审中的诉讼请求很明确是历届业主委员会，并对关于诉讼时效的问题作了说明。由于业主具有知情权，没有任何法律规定每次只能告诉业主一届业主委员会的相关情况。此外，因某小区业主委员会主体未变，主任未变，其他副主任及委员的变化不影响相关材料的公示。2. 某小区业主委员会当庭提供的业主议事规则中有关于不住本小区半年以上的委员的相关规定，李某主张

---

① 业主知情权纠纷，民事二审案号：（2019）苏01民终1355号.

公布第六项内容有充分的依据，庭审中也确认过。3. 根据议事规则，没有资格的业主委员会成员所签订的合同、决议等应认定为无效。4. 申请调取某小区业主委员会开户账户的资金流水，是实质性地让业主知道相关的情况。根据一审中某小区业主委员会提交的 2015 年、2016 年、2017 年各项费用支付的报告，其累计数据与银行流水明显不符，且金额相差较大，请求法院依职权调取银行流水，或申请法院向公安机关移交侦查。

某小区业主委员会辩称：李某的上诉请求无事实及法律依据，请求二审法院予以驳回，其他答辩意见同上诉意见。

某小区业主委员会上诉请求：请求撤销原审第一项、第二项、第五项判决，依法改判，本案诉讼费用由李某承担。事实与理由：1. 请求撤销的三项判决已经超出法律要求业主委员会公示的相关资料及信息的范围。对于建筑物及附属设施资金的筹集和使用，由南京市物业维修基金负责筹集和使用并监督，所有的资料由该管理部门留存，所以某小区业主委员会无法进行公示。2. 某小区业主委员会已依据法律规定进行相关材料的公示。李某作为小区的业主，曾经也是小区业主委员会委员，对于业主的权益及业主委员会的职责等是明知的。由于李某长期将房屋租赁给他人，所以未能看到公示的资料，李某无权要求某小区业主委员会再次公示。3. 李某长期不缴纳物业费，且侵占业主公共空间已经给小区业主造成损失。

李某辩称：在上诉之后，从一审法院处得知某小区业主委员会不会上诉。因此，某小区业主委员会现在上诉已超过了诉讼时效。某小区业主委员会于一审中已经提交了 2015 年至 2017 年相关公示的内容，又否认其不应该提供，意见相互矛盾。

李某向一审法院提出诉讼请求：某小区业主委员会向李某提供自业主委员会成立至今收支明细一份及维修资金使用情况每年审计报告各 1 份；本案的诉讼费用由某小区业主委员会承担。诉讼中，李某申请增加诉讼请求：1. 公布某小区 A 区建筑物及附属设施维修资金筹集使用情况；2. 公布历届业主委员会所有决定、决议和会议记录；3. 公布历届业主委员会与物业公司之间的物业服务合同和共有部分的使用及收益情况；4. 公布本小区停车费收支分配和使用情况；5. 公布历届业主委员各年度财务收支账目、收支凭证、每年审计报告各一份；6. 公布现任业主委员会委员在任不居住本小区半年以上人员名单或提供给李某；7. 公布业主委员会委员资格终止后还有哪些委员签字和决定的。

一审法院认定的事实：略

对于一审查明的事实，本院予以确认。

二审另查明，一审判决作出后，一审法院于 2018 年 11 月 7 日向某小区业主委员会邮寄送达判决书，某小区业主委员会签收时间为 2018 年 11 月 8 日，某小区业主委员会于 2018 年 11 月 21 日向法院提出上诉，一审法院依法向双方当事人送达了上诉状副本。

本院二审期间，双方当事人未提交新证据。

本院认为，《最高人民法院关于审理建筑物区分所有权纠纷案件具体应用法律若干问题的解释》第十三条规定，业主有权请求公布、查阅以下资料：（一）建筑物及其附属设施的维修资金的筹集、使用情况；（二）管理规约、业主大会议事规则，以及业主大会或者业主委员会的决定及会议记录；（三）物业服务合同、共有部分的使用和收益情况；（四）建筑区划内规划用于停放汽车的车位、车库的处分情况；（五）其他应当向业主公开的情况和资料。因此，业主对小区公共事务和物业管理的相关事项享有知情权，可以向小区业主委员会和物业公司要求公布、查阅依法应当向业主公开确由小区业主委员会和物业公司掌握的情况和资料。李某作为涉案某小区业主，有权向某小区业主委员会主张公布由某小区业主委员会掌握的情况和资料，某小区业主委员会应保障业主对上述资料进行查阅的权利，并及时公布与业主利益相关的资料。

关于李某认为应由某小区业主委员会公布历届某小区相关公共信息的上诉主张。本院认为，业主行使知情权亦应在合理范围内行使，因本届业主委员会于 2016 年 11 月成立，李某要求其公布前三届成立的业主委员会所掌握的公共信息，缺乏法律依据，且关于前三届业主委员会的相关信息，李某亦可以通过某小区业主委员会进行查阅以实现目的，故对李某要求某小区业主委员会公布前三届业主委员会的相关信息，本院不予支持。

关于李某要求公布某小区 A 区的维修资金筹集、使用情况的主张。根据《物业管理条例》第六条第二款第（九）项规定，业主有权监督物业共用部位、共用设施设备专项维修资金的管理和使用。本院认为，建筑物及附属设施的维修资金属于业主共有，经业主共同决定，可以用于电梯、水箱等共有部分的维修。维修资金的筹集、使用情况应当公布。某小区业主委员会作为全体业主的代表对小区进行管理，对于维修资金的筹集及使用情况应当知晓，其认为维修资金的筹集、使用情况不应由其公布的主张无事实与法律依据，一审法院认定某小区业主委员会应公布本届业主委员会成立以来涉案某小区 A 区建筑物及附属设施的维修资金筹集、使用情况并无不当。本院二审期间，李某向本院申请调取业主委员会历届使用维修资金的申报材料及具体使用情况及某小区业主委员会开户至今的银行流水，因系其诉讼请求的一部分，且其申请法院调取上述资料亦缺乏法律依据，本院不予准许。

关于李某要求公布某小区收支明细的主张。因该项主张包括了某小区共有部分的使用和收益情况，系重复主张权利，且某小区业主委员会已提供证据证明，已经在小区公共区域张贴相关某小区的收支情况，李某亦可通过某小区业主委员会查阅，因此对于李某该项主张，一审法院不予支持并无不当。

关于公布本届业主委员会所有决定、决议和会议记录及公布本届业主委员会与物业公司之间的物业服务合同的主张，一审认定正确，双方亦无异议，本院予以确认。关于李某要求公布某小区停车费收支分配和车位处分情况的主张。业主对于小区共有部分停车费的收支分配及停车位处分情况具有知情权。某小区业主委员会应及时联系物业公司，及时公布上述信息。因某小区业主委员会公布收支中涉及停车费信息粗略、不详尽，故一审判决公示本届业主委员会成立以来涉案某小区的共有车位停车费收支分配及车位处分情况并无不当。

关于李某要求公布本届业主委员成立以来各年度财务收支账目、收支凭证及审计报告的主张。某小区业主委员会虽在小区公告栏公布了 2015 年度至 2017 年度的收支明细，但是并未公布收支凭证，因此某小区业主委员会应公布相关财务收支凭证情况。对于收支账目，因与李某第一项诉请重复，本院不予支持。对于李某要求公布审计报告的主张，因缺乏法律依据，本院亦不予支持。

关于李某要求公布现任业主委员会委员在任不居住本小区半年以上

人员名单或提供给李某，公布业主委员会委员资格终止后还有哪些委员签字和决定的主张。因该两项诉讼请求不明确，亦缺乏事实及法律依据，本院不予支持。关于所涉合同、决议等文件的效力认定，李某可另案主张权利。

某小区业主委员会认为李某长期不缴纳物业费、侵占业主公共空间给小区业主造成损失的主张与本案无关，不能对抗业主依法行使知情权。其认为已尽到公示职责的主张因缺乏充分证据证明，本院亦不予采信。

综上所述，李某、某小区业主委员会的上诉请求均不能成立，应予驳回；一审判决认定事实清楚，适用法律正确，应予维持。依照《中华人民共和国民事诉讼法》第一百七十条第一款第一项规定，判决如下：

驳回上诉，维持原判。

本判决为终审判决。

本案一审人民法院支持了原告的大部分诉求，但是原告不服一审判决提出上诉，被告也不服，提出上诉，均被二审驳回。对两份判决书进行分析，结果如下：

第一，从一审判决书看，发生冲突的是业主委员会原副主任与该小区第四届业主委员会，该小区业主委员会确实存在信息不公开不透明的问题。

第二，一审判决书还提到"关于原告的诉讼请求是否超过诉讼时效的问题。原告系某小区的业主，在该小区享有业主知情权。业主知情权是基于业主对建筑物专有部分的所有权和对共有部分的共有和共同管理权产生的权利，因而不适用诉讼时效。对于被告提出的本案已经超过诉讼时效主张，本院不予采信。"说明以业主为行为主体，业主自治参与者互动是无限次重复博弈。

第三，二审人民法院认为，"因本届业主委员会于 2016 年 11 月成立，李某要求其公布前三届成立的业主委员会所掌握的公共信息，缺乏法律依据。"说明以业主委员会为主体，参与业主自治的博弈可以是有限次重复博弈。

一审判决书中，"被告某小区业主委员会辩称，原告当庭补充的诉讼请求已经超过原诉讼请求的范围，是对法庭的不尊重，应予训诫。"以及原告已"被免去业主委员会副主任职务"。说明一审被告业主委员会应该是由权力型资源支配者主导的。作为自治组织，业主委员会委员可以自行辞职，但是其"罢免"需要经业主大会表决。被告业主委员会存在放大权力的倾向，更像权力型资源支配者。原告将诉讼请求由 1 项增加到 7 项，包括被驳回的"要求被告公布前三届业主委员会掌握的公共信息"，请求法院调取相关信息，显示与被告的对立有情绪化倾向，因此可能是互惠型。

从该案例来看，业主委员会前副主任状告业主委员会主任，说明业主委员会内部监督也是很困难的。本案最大的启示是不同主体参与博弈的次数可能存在差异，一些参与者是有限次博弈，如业主委员会成员，他们只对任期内的事务负责；一些参与者是无限次重复博弈，如业主，他们的知情权没有诉讼时效。在有限次博弈时，也会因博弈次数不同，采用不同的策略。总之，监督困难的原因很可能是不同主体对参与博弈的次数认知不同造成的。

四、行政力量对监督的激励

从两个案例来看，对业主知情权的保障是有力的，街道对业主委员会的行政指导如备案制度，有助于树立业主委员会的威信。

案例 1 的小区发生诉讼时的群体可能是群体 BBA，在新的业主委员会成立前可能是群体 ACC。因为，很多人都不知道有几个业委会，分红也不知道分了几次分了哪些人，说明之前相当一部分业主不了解自己的权利。通过判决书的内容，可以看到该小区自治处于一个新旧均衡转移的过程。主要路径为：在群体 ACC 中，由互惠型行为人发起了监督，行政以权力方式干预介入，对互惠型行为人产生了有效激励，群体 ACC 消失，形成新的群体 BBA，群体 BBA 的规模大于群体 ACC。自治群体扩大，说明业主参与提高，行政介入是有效的。该案例比较接近明日黄花博弈，提取者对提供者监督后，成为新的提供者。

案例 2 的小区原告一个人发起知情权之诉，且一审判决后，原告、被告均提出上诉，说明发生诉讼时的群体可能是群体 ABC，偏好为权力偏好。该案例比较接近白手起家博弈。因为，从第一届到第四届，"某小区业主委员会主体未变，主任未变，"原告要求查看前三届的物业合同等信息，说明行政力量对信息公开的激励不足。当信息公开的请求转向司法机构时，就给司法机构带来了难题：如果不能核实所公开的信息真实性，对信息公开的规制可能流于形式。

结合 G 小区的情况进一步加以分析。G 小区第一届业主委员会成立于

2010 年，后被"热心业主"质疑，以主要成员辞职告终。干预者在此时加入
"热心业主"行列，义务宣传相关法律法规，后被"热心业主"拉进第二届
业主委员会筹备组，参与筹备，并被推选进业主委员会，然后就开始以推动
信息公开的方式进行干预。然而，效果甚微。2012 年第二届业主委员会运转
初期，承诺年末进行账目公示，3 年后，实现连任，任期由 3 年改为 5 年，
就不再公布账目，改为由审计公司审计，只公布账户余额。2017 年开始，干
预者多次在业主委员会内部沟通，要求公共收益账目公开，结果被孤立。
2018 年业主委员会主要负责人卖房走人，9 名委员中 6 人随其辞职，陷业主
委员会工作于瘫痪。干预者发起业主委员会成员补选和业主代表确认，拟向
人民法院提起知情权之诉，然而被要求需有证据表明"证明确实不知情"方
能受理。无奈只能采取迂回方式：将某个在工作群里对其进行谩骂的委员起
诉到法院，通过个人名誉权官司①来铺陈小区公共利益受侵害的事实，并获
得了业主支持。最终依法完成补选委员 7 人（含候补委员 2 人），确认代表
37 名，业主委员会工作得以重新开展。2019 年干预者退出，G 小区业主委员
会在上调物业费约 50% 的前提下，引入新的物业公司，从前期物业治理方式
向委托物业治理方式转型。

　　G 小区的转型与那场"知情权"之诉是有直接关系的。该小区前期物业
入住十余年，得到一批业主支持，小区一度有两个业主群，物业公司在两个
群里入住，支持和反对物业和业主委员会的部分业主，长期在两个群里对骂。
前物业公司撤离也与业主发生冲突，街道、社区和民警都曾经介入。初期，
干预者与业主委员会之争也被很多业主指责为夺权。可见该小区这个阶段的
业主冲突主要是权力冲突，并且带有群体性。这种情况下，互惠型行为人会
绕道而行，只有权利型行为人才可能为维护权利站出来，故采用诉讼方式进
行干预。通过该事件进一步表明，G 小区的群体偏好是权力型和互惠型势均力
敌，只能在有关权益的信息公开前提下，吸引到更多的业主参与来促进自治。

　　当前，相关部门已经在一些城市推出小区自治信息平台，此举无疑有助
于推动信息公开。像 G 小区这类信用偏好群体，对监督的成本和收益可能更
敏感，如果需要花几天了解公共收益状况，可能只少交几百元物业费，在很
多人看来是不划算的。对于这类群体，信息公开是有效的激励。

---

① 庭审实况播放量超过 9 万次。

第六章　有关提取资源效率的实证

第一节　提取资源的收益问题

一、治理方式评价及提取资源效率

1. 有关提取资源效率实证研究概述

对小区治理方式的评价，通常有两个视角，一个视角是比较治理规则变化前后，小区公共资源的数量、状态等，如前文的 BA 小区自管成绩单；另一个视角是通过比较房价的变化，来评估治理水平。一般都只能纵向比较。如果要同时比较多个小区的治理绩效，就需要构建包含多个维度的观察指标，但是这些指标都是相对的。例如，物业费水平，一些小区物业费非常低廉，管得却很好；又如公共收益，公共收益与小区建筑及地理位置有关，是级差地租；至于共用设施设备状态、停车秩序，等等，也都难以量化。奥斯特罗姆在治理绩效的定量研究方面，也遇到了巨大的困难，国内学术界也没有研究者尝试比较不同治理方式下的资源提取效率。甚至关于业主自治制度更优的观点，也多是从社会治理的需要出发，而不是基于经验证据。在业主自治的实践中，我们形成了一些研究有关自治绩效或提取资源效率的想法，并找到了一些证据，本章将围绕维修资金使用的效率对三项实证工作进行介绍。分别如下：

第一，关于维修资金使用的收益问题。我们选择了维修资金提取行为对房价的影响进行探究，发现提取次数促进了房价，表明提取维修资金的行为总体是有效率的。该研究试图探索资源使用的客观绩效；

第二，维修资金使用的满意度问题。我们选择进入维修项目验收现场对业主进行访问，来了解业主满意度及其影响因素，发现业主满意度总体不高，但是对个人分户信息的了解会促进业主对维修资金使用的满意度。据此，我们在 G 小区采取了信息公开的干预措施，取得了效果。该研究试图探索资源提取的主观绩效；

第三，提取中的投票难问题。我们对影响维修资金使用投票率的因素进行了梳理，重点研究了发起投票的主体差异对投票率的影响，发现当规模较大的群体使用维修资金时，业主委员会作为经办人是更有效率的，而当小规模群体使用维修资金时，业主委员会经办并不影响维修资金使用效率。该研究试图探索业主自治制度的绩效。

以上三项研究，为提取资源效率研究提供了较完整的思路。

2. 资源"次优提取"原则

奥斯特罗姆等（E. Ostrom，R. Gardner & J. Walker，2011）认为，从提取来看，存在一次性静态提取和与时间无关的重复性情境中的提取，有效率提取问题的解决"最基本形式仍然是边际收益等于边际成本"，但提取效率还要解决"最优时空""不同提取技术之间相互关系"等问题。由于提取活动的外部性，使得提取过程的投入是"次优投入配置"，即若将提取过程的投入使用于其他用途，会增进该投入的效率。得出次优提取结论的最简单模型包括几个假定："第一，人们可以不受限制地获取公共池塘资源；第二，公共池塘资源的提取者具有同质性，并且他们使用的是同一种技术；第三，资源单位在不同空间上的配置情况相同"。沿着这个思路，提取效率应该用提取过程中投入的机会成本来衡量，且次优提取的原则适用条件有三个：第一，资源数量不受限制；第二，提取者具有同质性、提取技术相同；第三，资源的空间配置相同。

现实中，接近"次优提取"适用条件的提取行为是住宅专项维修资金的提取。我们将在后文对该制度进行介绍。其特点可以概括为：业主分户资金归集为小区总账户，构成公共基金，在业主大会成立后进入业主大会的账户，依照各地"维修资金管理办法"规定使用，但其用途是指定的，只能用于共用部位、共用设施的维修和更新。维修资金的提取者都是业主，如果提取技术相同，就符合适用条件二；归集资金的缴存比例 1999～2008 年 2 月是 2%～3%，2008 年 2 月后为 5%～8%，如果控制房龄，在空间的配置也大致相同。

基本符合适用条件三；作为公共基金，一次缴存分次使用，每次使用需要行政审批，因此可以视为一次性静态提取。这就意味着，只要提取时还有余额，就满足资源数量不受限制的适用条件。

维修资金使用也是引发业主冲突的焦点，因此我们以维修资金使用情境来对资源提取效率进行估计。

3. 提取资源的约束：政策背景

住宅专项维修资金（简称维修资金），是指专项用于住宅共用部位、共用设施设备保修期满后维修和更新、改造的资金，该制度始于 1998 年。当年建设部、财政部发布了《住宅共用部位共用设施设备维修基金管理办法》（以下简称"《办法》"），规定"商品住房在销售时，购房者与售房单位应当签订有关维修基金缴交约定"，明确了专户存储、专款专用、所有权人决策、政府监督原则。在业主大会成立前，这笔资金由政府有关部门代管，存在该区域内商业银行。业主大会成立后，业主大会有权委托所在地商业银行作为专户管理行。但是，当时该项资金为非强制性缴纳。发展到 2004 年，维修资金演变成为房屋办理产权证时必须缴纳的费用之一。

维修资金的缴纳标准也先后进行了两次演变：1999 年起，购房者按购房款 2%～3% 的比例缴纳；2008 年 2 月被修改为"按当地住宅建筑安装工程造价的 5%～8% 缴纳"。按照建设部财政部 2007 年 12 月 4 日联合颁布的《住宅专项维修资金管理办法》（165 号令）规定，商品住宅的业主、非住宅的业主按照物业建筑面积交存维修资金，每平方米的缴存比例为当地住宅建筑安装工程每平方米造价的 5%～8%。

2016 年来，全国各地依据原建设部的《办法》，相继出台了各城市公共维修基金归集、管理、使用的实施细则。总体上，在业主大会成立前，维修资金管理处于政府代管状态。即使成立了业主大会，维修资金账户的使用仍然受到政府监管。《办法》规定住宅专项维修资金的使用原则是需经专有部分占建筑物总面积 2/3 以上且占总人数 2/3 以上的业主同意，简称为"双三分之二原则"[①]。

维修资金管理涉及资金的归集、使用、监督及保值增值四个环节。当归集的资金进入业主大会账户后，就成为公共基金。

---

① 2021 年 1 月 1 日《民法典》施行已对该使用原则进行了修正。

按照 2017 年实施的《南京市住宅和专项维修资金管理办法》，"市物业管理行政主管部门是维修资金主管部门，负责全市维修资金监督管理及玄武区、秦淮区、建邺区、鼓楼区、栖霞区、雨花台区维修资金的归集管理。"住房维修资金的使用需要相关部门审批。使用的程序包括提出申请、现场判定、审价、维修、监管、竣工验收、审批和付款等步骤。根据维修事项，分为一般项目和应急项目两种方式。其中，一般项目需要经过业主投票，投票结果符合"双三分之二原则"时，才能向所在区物业办申请。

根据《南京市住宅专项维修资金申请使用流程》文件，应该按照两类项目，即一般维修项目和应急维修项目来申请维修资金，申请审批流程如图 6-1 和图 6-2 所示：

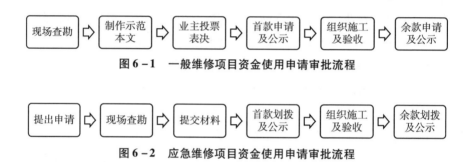

图 6-1　一般维修项目资金使用申请审批流程

图 6-2　应急维修项目资金使用申请审批流程

当共有部位、共用设施设备出现问题需要维护和更新时，行政部门存在两类审批，一类是一般维修项目资金使用申请审批，另一类是应急维修项目资金使用申请审批。

4. 提取行为分析

"次优提取"思想是在有两次以上提取资源行为可供观察时，比较同一单位资源的提取收益和成本，最低的为最优。维修资金提取的收益，可以理解为每一元维修费的维修量；维修资金提取的成本，可以理解为花费每一元维修费的投入。在业主自治情境下，大多数业主认为，提取的投入就是参加有关提取事项的表决。前文 G 小区业主大会表决的事例就是提取活动最普遍和一般的形式。因此，提取过程的投入是时间成本而非金钱。

通常，我们应该采用不使用维修资金和使用维修资金的同一个项目，比较边际成本和边际收益。然而，已经进入公共资金池子的维修资金，与业主自己花费的维修费，性质是不同的。前者是提取，后者是提供。也就是说，比较资金来源不同的项目，会产生决策效用的差异，结果也不是我们希望看到的。我们希望看到维修资金使用的效果，即使用资金产生的经济价值。这样就要了解不同项目提取的成本是否存在差异，然后确定能否将这些提取行为作为同质技术的提取行为。

我们已经了解到，一般维修项目和应急维修项目的申请流程是不同的。直观地表现为两种项目的流程时间不同。那么，时间不同是否影响提取效率呢？我们对耗费时间更长的一般维修项目流程进行了分析。根据南京市维修资金管理办法，维修资金使用最少要涉及三个主体：行政部门、施工部门、业主。一般地，行政部门的流程为：公示维修方案、核验工程验收资料、拨款；业主参与流程为：发现需维修事项、提出使用维修资金的议案、征集共有人意见、工程监督和评价；施工单位的流程为：现场勘验、工程报价、施工、收款。归纳起来看，从业主发现问题到施工单位收到工程款，维修资金使用流程如图6-3所示。

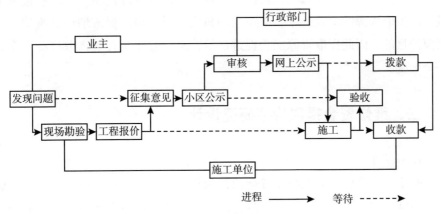

图6-3　维修资金提取使用过程

从南京市住房保障和房产局[1]物业维修资金使用公示网页，采集到的[2]2020年7月1日至2021年2月28日专项维修资金使用公示信息1 204条中，

---

[1]　http：//fcj. nanjing. gov. cn.

[2]　政府网站的数据不能使用爬虫，因而是人工采集。数据来自作者指导的南京理工大学2020年立项本科生科研训练国家级项目，项目组成员卞小雯、宋文佳和张睿。

我们发现当天施工当天竣工的项目约占20%，近70%施工和竣工日期差3~5天，最长的项目施工和竣工日期相差达14个月，但是几乎是孤案。而据我们了解，网上公示时间是7天，只要手续齐全，审批的时间在10个工作日左右。而从审批本身而言，应急维修项目与一般维修项目流程几乎相同。尽管施工和审批的时间确实会影响使用效率，但是对于都需要使用维修资金的项目而言，不同的维修资金使用项目施工和审批时间的影响可以忽略。两类项目最大的区别是一般维修项目需要征集业主意见，而这个过程也是投票过程。投票过程是发现问题提出解决问题方案的延伸，可以看作是形成决策的手段，不属于提取技术。综上所述，我们将维修资金提取行为视为技术同质行为。

在行为的视角，资源提取效率问题是由业主参与公共资源提取决策的行为结果，也是业主自治或业主合作的绩效。我们之前的研究工作都是围绕业主参与程度来理解自治制度的，因此尝试从业主参与程度的差异作为提取资源行为的变量，前文已经对参与程度与治理方式的关系进行了归纳，故而我们采用治理方式作为参与程度的代理变量。

从经济效率的角度来看，资源使用效率应该由资源使用产生的收益来衡量，即提取资源的配置效率。从业主的角度来看，房产保值增值是维护共用资源的目的，因此提取资源能否促进房价，可以看作是理解提取资源效率的一个维度。

二、维修资金提取价值研究设计

1. 研究假设

基于上述分析，提取维修资金的行为是同质的，而每提取一次都会形成一个审批事项，于是，可以将行政部门对维修资金使用审批的公示次数作为解释变量。我们是这样理解的，维修资金使用目的是对小区公共设施、设备进行维护，每公示一次，代表小区的公共设施得到了维护，意味着小区的治理状态得到了一次改善。即维修资金行政审批的次数是提取的成本，提取的收益为住房的市场价值，采用房价为代理变量。于是作如下假设：

H：若审批次数对房价有促进作用，说明维修资金使用改善了小区治理状态，因此维修资金使用是有效率的。反之，若审批次数不能对房价有促进作用，说明维修资金使用没有改善小区治理状态，因此维修资金使用是无效率的。

2. 样本和数据

在采集自行政审批数据 1 204 条中，涉及 391 个小区，涵盖了南京市 8 个所有区级行政区，其中建邺区 52 个、玄武区 4 个、栖霞区 44 个、雨花台区 19 个、鼓楼区 96 个、江宁区 34 个、浦口区 32 个、秦淮区 69 个，分布如图 6 − 4 所示。

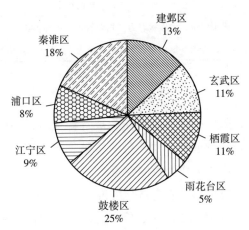

图 6 − 4　行政审批数据行政区划小区分布

自安居客网站①，爬取了样本小区的总户数、绿化率等信息，归纳并计算了包括地址、房价、物业费、总户数、房龄、车位比、容积率、绿化率、治理方式、是否为学区房和申请次数共 11 项数据。其中，网站将小区治理方式标注为自管、物业管理、单位管理、街道代管。根据业主参与程度，将治理方式分为自管和非自管两类，作为虚拟变量，也设定为控制变量。网站还标注了小区是否为学区房及哪一类学区，考虑样本量较小，我们设是否有学区为控制变量，也是虚拟变量。有关变量的说明如表 6 − 1 所示。

表 6 − 1　　　　　　　　　　变量及说明

变量	说明
Price	房价差，该小区二手房的挂牌均价与当月末南京市二手房均价之比
Number	维修资金使用申请次数，观察期公示的维修资金使用申请总数

---

① https：//nanjing. anjuke. com.

续表

变量	说明
Fee	物业费，住户按照每月每平方米须交给物业公司的费用
Household	总户数，指小区内居住的户数之和（千户）
Age	房龄，指小区从竣工到 2021 年的存在时间
Pr	容积率，小区的地上总建筑面积与用地面积的比率
Governance	治理状态，虚拟变量，治理状态为"物业管理"的赋值 0，为"业主自管"的赋值 1
School	是否为学区房，虚拟变量，属于学区房赋值为 1，不属于赋值为 0

3. 实证模型

根据前述分析，采用小区房价差作为被解释变量，小区的维修资金使用公示次数为解释变量，物业费、总户数、房龄、容积率、治理方式、是否学区房等基本情况的相应指标作为控制变量。

根据常识，我们对全部控制变量与房价的关系估计如下：

（1）物业费、绿化率、学区房、停车位比与房价正相关；

（2）总户数与房价负相关，房龄与房价负相关，容积率与房价负相关；

（3）治理方式与房价的关系尚不明确。

实证模型如式（6-1）所示：

$$price = \beta_0 + \beta_1 \times number + \beta_2 \times fee + \beta_3 \times household + \beta_4 \times age + \beta_5 \times pr$$
$$+ \beta_6 \times governance + \beta_7 \times school + \mu_i \qquad (6-1)$$

三、维修资金提取对房价的促进

1. 变量描述统计

对数据进行标准化处理，获得有效数据 391 条。描述统计如表 6-2 所示。

表 6-2　　　　　　　　　　变量的描述性统计

变量	平均值	标准差	最小值	最大值
房价	1.197	0.500	0.169	2.785
审批次数	21.288	35.278	1.000	274.000

变量	平均值	标准差	最小值	最大值
物业费	1.118	0.759	0.200	6.500
总户数	1.188	1.173	0.001	11.361
房龄	31.576	25.737	4.000	70.000
容积率	2.044	1.097	0.080	10.000
治理	0.837	0.370	0.000	1.000
学区房	0.816	0.397	0.000	2.000

2. 变量的相关性

对变量的相关性进行分析，绿化率和车位比与其他变量都不相关，遂剔除，如表6-3所示。

表6-3　　　　　　　　　　变量的相关性

	审批数	房价	房龄	物业费	治理	容积率	总户数	学区
审批数	1							
房价	0.1803***	1						
房龄	0.1712***	-0.0332	1					
物业费	0.0933	0.2891***	0.0429	1				
治理	0.0564	0.0447	-0.1550***	0.1944***	1			
容积率	0.0290	-0.0031	0.0315	0.0025	0.1398**	1		
总户数	0.0362	-0.0837**	-0.0479	-0.0456	0.0272	0.0183	1	
学区房	0.1008*	0.3263***	0.0084	-0.0629	-0.0865	0.0020	0.0623	1

注：***代表在1%的置信水平下显著，**代表在5%的置信水平下显著，*代表在10%的置信水平下显著。

3. 回归结果

以原数据为基础，将小区房价差作为被解释变量，用最小二乘法回归，得到的回归结果如表6-4所示。

回归结果表明，小区专项维修资金使用公示次数与小区房价正相关。结果说明公示次数对房价具有积极影响，说明现行维修资金使用是有效率的。

表6－4   基准模型回归结果

变量	系数	t 值
审批次数	0.1678***	3.2054
物业费	0.3271***	6.2511
总户数	－0.3079***	－5.6362
房龄	0.0414	0.7792
容积率	0.0231	0.4522
治理	0.0359	0.6808
学区房	0.2618***	5.0219

注：*** 代表在1%的置信水平下显著。

4. 稳健性检验

为了减少可能的度量误差，稳健性检验采用替换被解释变量的方法，将房价更换为小区房价与平均房价的比值，平均房价采用的观察期末当月全市平均房价，结果如表6－5所示。

由表6－5回归结果可知，替换了房价变量之后回归结果，与基准模型回归结果相比，系数差异很小，t 值完全相同。小区维修资金使用申请次数、小区物业费、小区总户数和小区周边是否有相关学校变量依然与被解释变量显著相关，且被解释变量与小区维修资金使用申请次数、小区物业费、小区周边是否有相关学校等变量有正相关关系，与小区总户数呈负相关关系，这与基准模型的结果相一致。

表6－5   稳健性检验结果

变量	系数	t 值
审批次数	0.1681***	3.2054
物业费	0.3277***	6.2511
总户数	－0.3084***	－5.6362
房龄	0.0415	0.7792
容积率	0.0231	0.4522
治理	0.0360	0.6808
学区房	0.2623***	5.0219

注：*** 代表在1%的置信水平下显著。

四、治理方式异质性与提取效率

1. 自管与非自管小区提取效率的比较

为了进一步了解治理方式差异是否影响房价，根据自然实验的原理，对样本分组，其中自管小区为实验组，非自管小区为对照组，按照式（6－1）进行多元回归，分组回归结果如表6－6所示。

表6－6　　　　　　　　　实验组与对照组的回归结果

	实验组	对照组
审批次数		0.1858*** （3.2642）
物业费	0.3915** （2.3489）	0.3175*** （5.8155）
总户数	－0.4334*** （－3.1119）	－0.2929*** （－5.1178）
容积率	－0.2172** （－2.0481）	
学区房		0.2761*** （4.9250）
R^2	0.2907	0.3080
Adjusted R^2	0.2412	0.2963

注：该表中未报告回归结果均不显著的变量和常数项的回归结果，括号内为 t 值。

回归结果表明：自管小区（实验组）的房价差不受维修资金公示次数的影响，非自管小区（对照组）的房价差则受维修资金公式次数影响显著。说明非自管治理方式下维修资金使用频率对房价影响显著；自管治理方式下，使用频率不对房价产生影响。

上述结果是否说明自管治理方式下维修资金的使用效率不高呢？结合现实的情况来看，如果自管小区提取资源效率高，未必会导致维修资金频繁使用，因为频繁使用说明共用设施设备的状态不好。如果一次维修就能解决，不需要再次维修，这样就节省了公共资源。因此，需要对自管治理小区的提取资源效率进行单独考察。维修资金使用频次这个维度，只适用于考察非自管小区的资源提取效率。

2. 结论

采用维修资金使用频次可以表征提取资源的效率，这一发现为不同小区资源提取效率的比较研究提供了一个新的维度。提取资源效率与提取资源频率不能相提并论，本部分的研究局限性也是明显的，作为一个探索的方向，还有完善的空间，有待维修资金使用信息更加公开后来进一步研究。

第二节　提取资金使用的满意度问题

一、维修资金使用业主满意度现场调查

1. 调查方案设计

本次研究目的是探讨业主对住宅维修资金使用的满意度，并对影响其决策效用的因素进行识别。

从行政部门获取的资料中，我们了解到截至 2017 年年底，南京市累计共使用维修资金 7.01 亿元（其中商品房 5.36 亿元、房改房 1.65 亿元）。其中，全市审批维修资金应急使用项目 705 个，划拨维修资金 2 632.22 万元，审批数量和金额较 2016 年同期分别上升 1 858.33%、1 219.01%。虽然，维修资金的审批数量大幅提升，但是维修的监管过程仍存在很多问题，维修资金使用率较低，并且引发的纠纷较多。于是，我们以了解正在施工或等待验收的项目业主满意度为题，设计了该项研究。

通过对维修资金使用审批信息的梳理，我们发现，屋顶、外墙漏水的维修项目占同期审批维修项目的 1/3 左右，且返修率较高。考虑到外墙、屋顶防水层维修与业主的自身利益最为密切，审批项目多，且便于研究人员进行筛选，更重要的是，现实中，屋顶、外墙保修的业主是自家对维修有需求的，通常一个单元有一户保修就要进行表决，然后走审批流程。在其他业主来看，可能是与己无关的行为。这就给我们提供了一个模拟自然

实验条件的场景，观察需要维修的业主和无须维修的业主在使用维修资金的态度上有何不同。因此，我们确定了研究方案，只针对外墙及屋顶维修项目进行研究。

为了控制场景其他信息的干扰，以本市正在维修的小区为大样本，最终选取了市区5个2018年7月正在使用维修资金维修外墙和屋顶防水层的公寓（居民楼）的小区作为调查现场。

现场小区地理分布如图6-5所示：

图6-5　现场小区地理分布图

从行政部门审批的信息中，我们了解到施工现场的基本情况如表6-7所示。

作为样本的5个小区一共有9个单元楼的维修项目申请了维修资金，这5个小区竣工年份是2003～2007年，距离我们调查的年份在11～15年之间。表6-7中，"总费用"是指本次维修需要提取的资金数额，如LS小区，本次是需要提取资金最多的小区，提取金额为94 271.81元；"使用上限"指该小区相关账户余额，即公共基金（归集的本小区维修资金）存量，LS小区尚有余额1 600 471.97元可供后续使用；"基金分摊"由维修资金账户承担的费用，LS小区为94 271.81元，即所有费用都由维修资金账户承担。有的小区"基金分摊"金额小于"总费用"，原因是应该分担维修费用的业主个人分户可能余额不足，或者有的业主没有维修资金账户。这种情况可能是由维修资金制度政策与实施不同步造成的。总体上，我们调查的这 5 个群体，公共基金存量都较为充裕。

表 6 – 7 样本基本信息

物业小区	竣工年份	项目信息 a	总费用 b（元）	使用上限 c（元）	基金分摊 d（元）	户数 e（人）
LS	2004	5 幢 2、3 单元屋顶防水维修	94 271.81	1 600 471.97	94 271.81	42
MX	2006	13 栋 2 单元、12 栋 2 单元外墙防水维修	12 570.32	63 773.35	11 759.72	51
FD	2002	8 幢 1 单元、2 单元屋顶/外墙防水维修	7 043.83	1 222 212.6	7 043.83	66
HX	2003	1 幢 1 单元 1 号、7 幢 3 单元 24 号外墙防水维修	54 788.53	167 588.95	54 788.53	40
G	2007	3 幢外墙防水维修	48 053.92	213 376.74	48 053.92	45
		合计	216 728.41	3 267 423.61	215 917.81	244

注：a、b、c、d、e 为行政数据。

2. 样本随机分组

根据前文的博弈模型，我们假设外墙、屋顶维修的维修资金的提取是提供者与提取者的混合博弈。如果所有业主都是权利型行为人，那么他们应该依循权利规则。依循权利规则时，人们的权利意识包含对交易机制提高所有权冲突解决机制效率的信心。因此，如果产权不明晰，金钱的激励效用较小；反之，产权明晰前提下，金钱激励更有效。信息不完全或信息不对称会降低交易的效率，加上获取信息本身构成了交易费用的一部分，金钱激励效应会受到信息显著影响。因此，我们拟重点考察对财产的了解程度和信息披露情况是否影响到人们对维修资金使用项目的评价，并准备采用随机分组的方法来消除不同组别之间的系统性差异。

3. 问卷与变量

我们设置业主维修资金使用满意度调查问卷。问卷主要分为个人基本信息、对维修项目相关信息的认知、对维修的满意度、维修过程各环节业主参与的意识，决策权评价等 5 个部分。主体部分为里克特 5 级量表定序变量。包含有关财产情况的变量为："个人账户余额"；有关信息的变量为"项目申请公示信息"。详见附录二。

由于我们选择的都是一类项目，且可供提取的资源都较为充裕，并且都在施工验收这个阶段，因此业主之间关于住宅维修资金使用满意度是可比的，也就可以形成自然分组，把不同组之间的行为差异解释成相应变量影响的效果。

4. 问卷发放与回收情况

调研[①]在 2018 年 7 月中旬展开，主要采取发放纸质问卷形式，历时 7 天。首次进入小区为 7 月 10 日，采用入户访问形式 29 次，愿意接受访问的业主为 11 户。7 月 20 日调查组成员随玄武区和谐社区研究中心访问区物业办，在相关部门支持下，后续随中心专家组同时进入小区，于 18：00 ~ 19：00 业主下班回家时段采用扫楼的方式进行访问，共回收问卷 109 份，人工剔除无效问卷 8 份（关键选项未填、通篇选项不符合逻辑等），有效问卷 101 份，加上 7 月 10 日 11 份访谈结果，共 112 份。访问数每个群体的占比为 24% ~ 65% 不等，访问数总体占比为 46%（见表 6 - 8）。

表 6 - 8　　　　　　　　　　　样本基本信息及样本数

调查时间	物业小区	项目说明	户数	样本数	占比%
2018 年 7 月 20 日	LS	屋顶防水维修	42	12	0.29
2018 年 7 月 22 日	MX	外墙防水维修	51	28	0.55
2018 年 7 月 21 日	FD	外墙防水维修	66	35	0.53
2018 年 7 月 21 日	HX	外墙防水维修	40	26	0.65
2018 年 7 月 10 日	G	外墙防水维修	45	11	0.24
		合计	244	112	0.46

5. 信度与效度分析

问卷信度和效度结果如表 6 - 9 和表 6 - 10 所示。克隆巴赫系数为 0.814，

---

① 本项调研以李涛、徐生钰指导的南京理工大学暑期社会实践项目"小区自管调研团"形式展开，负责人为经济管理学院硕士研究生顾家瑜，成员有俞茜、孙丽、汪翼帆、冯晓曼。

说明问卷和调查得到的样本数据信度较好，具有较高的内部一致性，同时基于问卷所进行的数据统计分析结果是比较可靠的；采用 KMO 和巴特利特检验进行效度分析，KMO 取样适切性量数 0.691，通过效度检验，表明题项变量间可以进行因素分析。

表 6 – 9　　　　　　　　　　信度表

可靠性统计		
克隆巴赫 Alpha	基于标准化项的克隆巴赫 Alpha	项数
0.814	0.806	21

表 6 – 10　　　　效度分析（KMO 和巴特利特检验）

KMO 取样适切性量数	0.691	
巴特利特球形度检验	近似卡方	1 034.617
	自由度	210
	显著性	0.000

二、业主知识与决策信息

业主对维修资金的认知，对这次维修部分的了解情况，对维修金额和余额了解情况，如表 6 – 11 所示，小区对维修资金使用信息的公示方式，如表 6 – 12 所示。

表 6 –11　　　　　　　业主对维修资金认知状态的分布

问项	变量标签	均值	中位数	众数	百分比	累计%
您认为维修资金是	所有住户的钱				91.1	91.1
	部分住户的钱				0.9	92.0
	没有自己家的钱				2.7	94.6
	不知道	1.22	1.00	1	5.4	100.0

续表

问项	变量标签	均值	中位数	众数	百分比	累计%
是否了解这次要维修哪些地方	非常了解				11.6	11.6
	比较了解				26.8	38.4
	基本了解	3.00	3.00	2	24.1	62.5
	不太了解				25.0	87.5
	完全不了解				12.5	100.0
是否知道这次维修的金额	完全知道				4.5	4.5
	比较知道				4.5	8.9
	基本知道	3.94	4.00	4	17.9	26.8
	不太知道				39.3	66.1
	完全不知道				33.9	100.0
是否清楚这次维修资金用过后还有多少剩余	完全清楚				2.7	2.7
	比较清楚				2.7	5.4
	基本清楚	4.23	4.00	4	5.4	10.7
	不太清楚				47.3	58.0
	完全不清楚				42.0	100.0

表6-12　　　　　　　　　　　维修资金公示方式

	标签变量	频率	百分比（%）	有效%	累积%
有效	公告栏	68	60.7	67.3	67.3
	微信或QQ群	2	1.8	2.0	69.3
	其他	10	8.9	9.9	79.2
	未公示	21	18.8	20.8	100.0
	总计	101	90.2	100.0	
缺失		11	9.8		
	总计	112	100.0		

总体来看，业主对于维修资金的认知是比较一致的，91.1%的人认为"维修资金是所有住户的钱"。关于是否知道维修哪些地方，完全了解的业主占比为11.6%，了解的累计占比为62.5%，37.5%的业主不了解本栋楼要维修哪些

地方。对于维修资金的使用状况，此次维修金额为多少、维修之后还有多少剩余两个问题，业主知之甚少，完全了解的比例分别为4.5%、2.7%，基本了解的累计占比为26.8%和10.7%。显然，业主并不都了解维修资金使用的相关权利。

通过进一步与业主沟通，发现主要原因有两个：

第一，业主平常比较忙，很少会关注公告栏里的内容，导致即使维修资金的使用情况有过公示，但是他们对此一无所知。

第二，公示期较短。我们在调查LS小区时发现，一栋楼有两个单元，只有一个单元在隐蔽的地方有公示，另一个单元则没有。经过询问物业，物业经理说按照国家的规定，公示期为7天，期满后则可以撕掉。调查问卷数据显示，67.3%的业主表明维修资金的使用采用公告栏公示。进一步表明，如果业主在一周内未注意到这个公示，很可能就不会了解维修资金的使用情况。经观察发现，小区一般会公示使用的金额，但是很多小区对于剩余的金额没有公示。

部分业主虽然有了解金额使用多少的欲望，但是关注度却不够。对于维修资金的了解，仅停留在其概念、意义层面。在我们调查的5个小区中，只有奥体的木樨园小区对于每次维修资金的使用金额及剩余金额比较了解，而且对维修资金的使用有没有公示过这个问题，85.7%的住户选择的是有公示过。说明信息公开的问题主要是对账户余额信息的了解方面。

三、业主满意度及影响因素

1. 业主满意度总体情况

维修满意度统计分布如表6-13所示：

表6-13　　　　　　　　　　维修满意度统计分布

问项	变量标签	均值	中位数	众数	百分比（%）	累计%
这次维修是否满意（N=112）	非常满意				6.3	6.3
	满意				26.8	33.3
	无意见	2.73	3.00	3	56.3	89.3
	不满意				8.9	98.2
	很不满意				1.8	100.0

由图6-6可知，此次我们现场调查维修业主满意度结果为无意见高达56.30%，仅有6.30%的业主表示非常满意，加上26.80%表示满意的业主，总体满意率为33.1%，仅有三成。明确表示不满意的业主达到10.70%，超过10%。

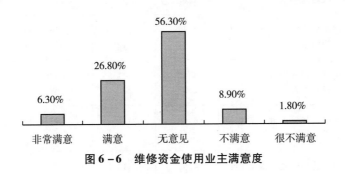

图6-6　维修资金使用业主满意度

我们对比了同期由维修资金办征集的对工程质量评价情况。抓取到的完工项目记录为163条，竣工时间从2017年1月7日至2020年5月18日，其中填写并公示了工程质量评价表的项目为84项，未找到评价表的项目为79项。评价结果均分为99.17分，最低分为88分，最高分为100分。

考虑到按照维修资金管理办法，业主不满意施工单位拿不到全部工程款，因此只有完工并通过验收的项目才会进入付款公示流程。除了部分可能是公示信息不全，79项相关业主的态度应该是不评价。业主对工程质量"不评价"与我们实地采集的数据"无意见"的态度相似，也是一种"不参与"。

2. 对决策权的满意度

我们设计的问卷包含维修各环节决策主体的期望，看业主对决策主体的倾向性，以此作为业主参与意愿的一个判断。

我们将维修资金使用的责任主体分解，分别对应于现实中维修资金使用各相关主体：业主、业主委员会、物业公司、政府相关部门、第三方机构，并设置了5个选项，请业主就两组问题进行选择。第一组：①由谁决定修哪里；②修不好谁负责；③由谁选择施工方；④由谁选择监理方；⑤由谁选择验收方。第二组：①希望由谁决定修哪里；②修不好希望谁负责；③希望由谁选择施工方；④希望由谁选择监理方；⑤希望由谁选择验收方。选择结果按照与决策人关系远近进行计分，然后对两组结果配对，结果如表6-14、表6-15所示。

表6－14   配对样本描述性统计

		平均值	个案数①	标准差	标准误差平均值
配对1	由谁决定修哪里 & 希望由谁决定修哪里	2.91 1.82	112 112	2.016 1.224	0.190 0.116
配对2	修不好由谁负责 & 修不好希望由谁负责	4.17 2.91	112 112	1.795 1.405	0.170 0.133
配对3	由谁选择施工方 & 希望谁选择施工方	4.10 2.23	112 112	1.945 1.349	0.184 0.127
配对4	由谁选择监理方 & 希望由谁选择监理方	4.50 2.50	111 111	1.823 1.348	0.173 0.128
配对5	由谁选择验收方 & 希望由谁选择验收方	4.57 2.63	112 112	1.779 1.502	0.168 0.142

表6－15   配对样本相关性

		个案数	相关性	显著性
配对1	由谁决定修哪里 & 希望由谁决定修哪里	112	0.209	0.027
配对2	修不好由谁负责 & 修不好希望由谁负责	112	0.160	0.093
配对3	由谁选择施工方 & 希望谁选择施工方	112	0.204	0.031
配对4	由谁选择监理方 & 希望由谁选择监理方	111	0.125	0.192
配对5	由谁选择验收方 & 希望由谁选择验收方	112	0.101	0.289

从表6－15可得，"由谁决定修哪里"与"希望由谁决定修哪里"的相关系数为0.209，显著性值0.027＜0.05，二者之间有显著相关性；"由谁选择施工方"与"希望谁选择施工方"的相关系数为0.204，显著性值为0.031＜0.05，二者之间具有显著相关性。"修不好由谁负责"与"修不好希望由谁负责"，"由谁选择监理方"与"希望由谁选择监理方"，"由谁选择验收方"与"希望由谁选择验收方"，这3对两两之间没有显著的相关关系。

从表6－16可得，五对的平均值差异分别为1.089、1.259、1.866、

---

① 问卷设置了第6个选项为"不清楚"，统计时剔除了选此项的个案。

2.000、1.946，平均数差异值检验的 t 值分别为 5.415、6.358、9.277、9.903、9.325。显著性检验概率值均为 0.000，达到 0.05 的显著性水平。表明业主对于由谁决定修哪里、修不好由谁负责、由谁选择施工方、监理方、验收方的期望与现实生活中实际执行情况的显著性差异。

表 6-16　　　　　　　　　　　　配对样本检验

		配对差值							
		平均值	标准差	标准差平均值	差值区间下限	95%置信区间上限	t	自由度	显著性（双尾）
配对1	维修 & 希望谁决定	1.089	2.129	0.201	0.691	1.488	5.415	111	0.000
配对2	修不好 & 希望由谁负责	1.259	2.096	0.198	0.867	1.651	6.358	111	0.000
配对3	施工方 & 希望由谁选择	1.866	2.129	0.201	1.467	2.265	9.277	111	0.000
配对4	监理方 & 希望由谁选择	2.000	2.128	0.202	1.600	2.400	9.903	110	0.000
配对5	验收方 & 希望由谁选择	1.946	2.209	0.209	1.533	2.360	9.325	111	0.000

通过对业主期望与现实情况的差异进行检验，发现业主对于由谁决定修哪里、修不好由谁负责、由谁选择施工方、监理方、验收方的期望获得更多决策权，与实际执行情况有显著差异。结合对选项的赋值，对配对样本均值进行分析，如表 6-14 所示。业主选择结果，"由谁决定修哪里"，均值为 2.91，对应的主体在业主委员会（赋值为 2）与物业公司（赋值为 3）之间，但"修不好谁负责""由谁选择施工方""由谁选择监理方""由谁选择验收方"，均值都在大于 4，对应的主体在政府相关部门（赋值为 4）与第三方机构（赋值为 5）之间，基本与现实情况相符。而从希望来看，所有均值都小于 3 对应的主体在业主委员会（赋值为 2）与物业公司（赋值为 3）之间，但"修不好希望由谁负责"，均值 2.91，更倾向于物业公司。

总之，调查结果表明，维修资金使用的满意度总体不高。考虑到不同城市维修资金管理的制度存在差异，因此这个调查结果只能说明调查对象所在城市的情况。当然，维修资金代管模式下，对于依循权利规则的业主，会遵从法律法规的约束，因维修资金使用是提取使用自己的财产，会希望有更多决策权，当他们不满意时，会直接表明；依循权力规则的业主，会服从行政部门的权力，即使不满意，也不会表明；依循互惠规则的业主，会配合申请工作，是否明确表达其态度，会根据维修结果来看。因此，如果在决策中有更多权力，业主满意度会上升。

前述"维修资金使用业主满意度调查"实际是我们的一项实地实验，目的是考察维修事项满意度（决策效用）、个人账户余额知晓程度（价值）、投票意愿（态度）3个变量的关系。考虑业主对相关信息的知晓程度会存在群体差异，我们以群体为控制变量，将个人账户余额的知晓程度作为实验变量，从调查结果看，对这个变量的影响是显著的。

3. 个体特征对满意度的影响

（1）受教育程度对满意度的影响。在控制实验中，基于人口统计变量的个人特征通常不是主要的观察变量。因为个人层次上的经济和人口变量既不能解释群体之内又不能解释群体之间的行为（H. Gintis，S. Bowles，2005）。考虑到受教育程度可能会影响维修满意度，比如受教育程度较高的业主可能工程项目知识较多，对维修工程期待更高，可能会影响其满意度。我们分析了受教育程度对维修满意度的影响，结果表明受教育程度不影响维修满意度。

如表 6-17 所示，就"满意度"依变量而言，全部有效的观察值为 102 位，总平均值为 2.71，标准差为 0.778，平均数的 95% 置信区间为（2.55，2.86）。四组平均数的 95% 置信区间估计值包括总平均数，因而方差分析整体检验的 F 统计量未达到显著性水平。说明受教育程度不影响满意度。

表 6-17　　　　　　　　受教育程度对维修满意度的影响

受教育程度	个案数	平均值	标准差	标准误	平均值的 95% 置信区间	
					下限	上限
大专以下	13	2.46	0.660	0.183	2.06	2.86
大专	17	3.00	1.118	0.271	2.43	3.57

受教育程度	个案数	平均值	标准差	标准误	平均值的 95% 置信区间	
					下限	上限
本科	33	2.73	0.626	0.109	2.51	2.95
本科以上	39	2.64	0.743	0.119	2.40	2.88
总计	102	2.71	0.778	0.077	2.55	2.86

（2）对维修项目金额的了解程度对主观意愿的影响。

维修项目金额的了解程度对满意度的影响如表 6 - 18 所示：

表 6 - 18　　　　　　　　维修项目金额的了解程度对满意度的影响

了解程度	个案数	平均值	标准差	标准误	平均值的 95% 置信区间	
					下限	上限
完全知道	5	2.20	1.304	0.583	0.58	3.82
比较知道	5	2.40	0.548	0.245	1.72	3.08
基本知道	20	2.40	0.821	0.184	2.02	2.78
不太知道	44	2.77	0.711	0.107	2.56	2.99
完全不知道	38	2.97	0.716	0.116	2.74	3.21
总计	112	2.73	0.782	0.074	2.59	2.87

就"满意度"依变量而言，全部有效的观察值为 112 位，总平均值为 2.73，标准差为 0.782，平均数的 95% 置信区间为（2.59，2.88）。第五组平均数的 95% 置信区间估计值未包括总平均数，因而方差分析整体检验的 F 统计量达到显著性水平。

表 6 - 19 为方差同质性检验结果，就"满意度"检验变量而言，莱文统计量的 F 值等于 2.532，$p = 0.045 < 0.05$，达到 0.05 显著性水平。

表 6 - 19　　　　　　　方差齐性检验（基于平均值）

	莱文统计	自由度1	自由度2	显著性
这次维修的满意度	2.532	4	107	0.045

从方差分析摘要表 6 – 20 可知：就"满意度"而言，整体检验的 F 值为 2.811（$p = 0.029 < 0.05$），表示业主关于维修资金使用多少金额的了解程度对满意度的差异达到了显著性水平。

表 6 – 20   ANOVA 方差分析摘要表

		平方和	自由度	均方	F	显著性
本次维修满意度	组间	6.463	4	1.616	2.811	0.029
	组内	61.501	107	0.575		
	总计	67.964	111			

（3）业主关于个人维修资金账户剩余金额的了解程度对满意度的影响。

账户剩余金额的了解程度对满意度的影响如表 6 – 21 所示：

表 6 – 21   账户剩余金额的了解程度对满意度的影响

了解程度	个案数	平均值	标准差	标准误	平均值的 95% 置信区间	
					下限	上限
完全知道	3	2.00	1.732	1.000	− 2.30	6.30
比较知道	3	2.67	0.577	0.333	1.23	4.10
基本知道	6	1.83	0.753	0.307	1.04	2.62
不太知道	53	2.64	0.710	0.097	2.45	2.84
完全不知道	47	3.00	0.692	0.101	2.80	3.20
总计	112	2.73	0.782	0.074	2.59	2.87

就"满意度"依变量而言，全部有效的观察值为 112 位，总平均值为 2.73，标准差为 0.782，平均数的 95% 置信区间为（2.59，2.87）。第三组和第五组平均数的 95% 置信区间估计值未包括总平均数，因而方差分析整体检验的 F 统计量达到显著性水平。

表 6 – 22 为方差同质性检验结果，就"满意度"检验变量而言，莱文统计量的 F 值等于 3.561，$p = 0.009 < 0.05$，达到 0.05 显著性水平。

从方差分析摘要表 6 - 23 可知：就"满意度"而言，整体检验的 F 值为 4.765（$p = 0.001 < 0.05$），表明业主关于维修资金账户剩余金额的认知对满意度的差异达到了显著性水平。

表 6 - 22 　　　　　　　　　　方差齐性检验（基于平均值）

	莱文统计	自由度 1	自由度 2	显著性
本次维修满意度	3.561	4	107	0.009

表 6 - 23 　　　　　　　　　　ANOVA 方差分析摘要表

		平方和	自由度	均方	F	显著性
本次维修满意度	组间	10.276	4	2.569	4.765	0.001
	组内	57.689	107	0.539		
	总计	67.964	111			

通过 F 检验，我们看到影响业主决策效用的主要因素为：项目费用的了解程度和个人账户剩余金额的了解程度。

四、信息公开通过业主参与对满意度的促进效应

1. 随机分组结果

按照题项"是否在此次维修之列"进行自然分组，得到"在维修之列"（IN）、"不在维修之列"（OUT）、"不知道是否在维修之列"（NO）3 个组，每组人数分别为 46 人、42 人和 24 人。

如表 6 - 24 所示，组间对比变量"对维修部位的了解程度"，3 组存在显著组间差异；且由高到低依次为 IN、OUT、NO，3.78，2.74，1.96；对"此次维修金额"了解程度，IN、OUT 无显著差异，NO 与其他两组存在显著差异，说明分组有效。

将维修资金剩余金额了解程度分为"了解"和"不了解"，对比 3 个组成员间"了解"与"不了解"的差异，结果"在维修之列"的群体，存在显著差异，其他组别无显著差异，如表 6 - 25 所示。

表6-24 组间差异描述性统计（1）

题项	是否在维修之列			组间差异1 IN-OUT	组间差异2 OUT-NO	组间差异3 IN-NO
	IN	OUT	NO			
2.2 维修部位了解程度	3.78 (0.892)	2.74 (1.106)	1.96 (0.999)	1.04 [4.848]***	0.78 [2.852]***	1.82 [7.792]***
2.5 此次维修金额	2.24 (1.099)	2.17 (1.102)	1.54 (0.658)	0.07 [0.308]	0.63 [2.527]**	0.70 [3.314]***
2.6 个人分户维修资金剩余	1.93 (0.975)	1.79 (0.871)	1.42 (0.584)	0.14 [0.754]	0.37 [1.850]*	0.51 [2.384]**
3.4 是否愿意参加使用投票	4.20 (0.749)	4.12 (0.705)	3.83 (0.761)	0.08 [0.493]	0.29 [1.538]	0.37 [1.910]*
3.6 此次维修是否满意	3.46 (0.936)	3.12 (0.633)	3.17 (0.637)	0.34 [1.997]**	-0.05 [-0.293]	0.29 [1.529]
N	46	42	24			

注：* 为10%水平上显著；** 为5%水平上显著；*** 为1%水平上显著。

表6-25 组间差异描述性统计（2）

		个人分户维修资金剩余金额了解程度		组间差异
		知道	不知道	
在维修之列	满意度均值	3.71 (0.864)	2.93 (0.884)	0.78 [2.836]***
	N	31	15	46
不在维修之列	满意度均值	3.20 (0.577)	3.00 (0.707)	0.20 [1.006]
	N	25	17	42
不知道是否在维修之列	满意度均值	3.33 (0.866)	3.07 (0.458)	0.26 [0.855]
	N	9	15	24

注：我们根据业主对维修资金剩余金额的了解程度，将其分为两组；其中，1~4：知道，5：不知道。*** 为1%水平上显著。

综合分析组间差异，结果如下：

（1）3个群体的满意度无显著差异。

（2）"不在维修之列"的业主，或"不知道是否在维修之列"的业主，满意度不受"是否了解维修资金剩余金额"的影响；并且他们对维修部位的了解都显著低于"在维修之列"的业主，其中"不知道是否在维修之列"，对维修项目的满意度与其他两组没有显著差异。"不在维修之列"的业主，满意度显著低于"在维修之列"的业主。

（3）"在维修之列"的业主中，个人分户维修资金剩余金额了解程度对满意度均值的影响存在显著差异，其他两组不存在。

2. 信息公开对满意度的促进及控制权偏好的证据

由此，我们进行如下假设：

假设1：信息公开能促进满意度提高。

我们提取了"个人分户维修资金剩余""投票意愿""维修满意度"3个变量，进行相关性分析。结果如表6－26所示；然后，将维修满意度作为被解释变量，个人分户"剩余资金了解程度"为解释变量，投票意愿为调节变量，其他变量作为控制变量，进行回归分析。为减少变量的共线性，对进入回归的解释变量、调节变量均做了标准化处理。回归结果如表6－27所示。

表6－26　　　　　　　　　　　　　变量相关性

	维修满意度	剩余金额了解程度	投票意愿	交互项
维修满意度	1			
剩余金额了解程度	0.327 ***	1		
投票意愿	0.067	0.073	1	
交互项	0.293 **	0.251 **	0.042	1

注：* 为10%水平下显著；** 为5%水平下显著；*** 为1%水平下显著。

在控制了"小区""是否为第一次维修""维修资金认知""是否支持此次维修"等4个变量后，采用线性回归模型进行全样本（N＝112）回归，发现"个人分户剩余金额了解程度"与"满意度"正相关，且投票意愿促进了"储备资金余额了解程度"对"满意度"的正向效应。

表 6 - 27 　　　　　个人分户剩余金额了解程度对维修满意度的影响（N = 112）

维修满意度	(1)	(2)	(3)
_cons	3.001	2.976	2.990
剩余金额了解程度	0.252 (3.55) ***	0.243 (3.42) ***	0.197 (2.77) ***
投票意愿		0.107 (1.47)	0.103 (1.45)
剩余金额了解 × 投票意愿			0.172 (2.61) **
小区	控制	控制	控制
是否第一次维修	控制	控制	控制
维修资金认知	控制	控制	控制
是否支持此次维修	控制	控制	控制
R^2	0.285	0.301	0.347

注：＊为 10% 水平上显著；＊＊为 5% 水平上显著；＊＊＊为 1% 水平上显著。

　　我们认为，个人分户剩余资金的了解程度实际是控制权偏好，也是行为经济学家经常谈论的禀赋效应（The Endowment Effect）。根据卡尼曼和特沃斯基（D. Kahneman & A. Tversky，1979）的前景理论，偏好可能会随着代理人当前的禀赋而变化，自此产生了禀赋效应理论。禀赋效应是一种心理规律，人们赋予其拥有物比其未拥有的同一物更高价值（C. R. Plott & K. Zeiler. Plott，2005；2007）。禀赋效应的本质是效用与占有有关，人们对于自己已经获得的物品，倾向于比别人的同质物品评价更高，总体上是损失厌恶的体现（N. Wilkinson，2012）。

　　对维修项目的满意度是决策效用。人们因由控制权（禀赋效应）提高了决策效用，应该就是控制权偏好的特征。

　　本项研究表明：个人分户的禀赋效应会提高维修资金决策的效用，而不是降低投票意愿。同时，提高投票意愿，有助于促进个人分户余额了解程度对满意度的正向效应。

　　3. 对个人分户信息披露的干预

　　根据上述结果。我们对 G 小区进行维修资金个人分户信息披露进行了干预。2016年，该小区住户已达928户，分布在20个建筑单元。2016年1月1日至2018年6月30日共有53次维修资金申请审批记录。

2018年9月17日该小区业主委员会9名委员中6人辞职，9月30日继续履职的业主委员会委员向业主公示了从维修资金办公室查询而来的截至2018年8月31日的维修资金账户明细，包括个人账户资金余额信息。2018年12月1日完成业主代表和业主委员会补选后，于2020年5月18日公布了截至2020年1月的各栋维修资金剩余情况，包括个人分户余额。

2018年9月30日至2020年9月4日，在物业管理办公室网上查询到维修资金项目审批信息为：HX小区20次，LS小区5次，FD小区54次、MX小区12次，G小区0次。

事实上，G小区2018年6月13日和26日、8月6日和8月7日分别申请了10个楼栋外墙防水维修项目，并在8月30日前完成了首款拨付。2019年1月业主委员会启动了上述项目验收，参加验收的业主认为没有修好，拒绝签字，项目尾款30多万元未拨付。此后，至2020年9月，G小区未再提出使用维修资金的申请。

这会否造成G小区中断申请维修资金，从而降低了维修资金的利用率，实际上，中断申请反映该小区业主对维修资金的使用可能进入冷静期。这样，业主对维修资金使用将更慎重，对使用效率的影响是积极的。2020年，某幢电梯配件更新，业主们在充分了解了市场报价、维保厂家报价、物业公司报价后，作出了如何使用维修资金的决策。

事实上，一些城市已经开发了维修资金个人分户电子查询，如上海市。行政部门对维修资金信息公开进行了规制，提供了商品住宅维修资金多项信息及信息查询的多个渠道①，包括年度归集、各区房管部门代管账户划至业主大会账户的维修资金金额；业主个人分户的维修资金收入、支出、结存等信息；小区维修资金账目公布信息（每年1月和7月各公布一次）。查询渠道包括上海住宅物业网、业主大会账户开户行手机银行APP、银行官方微信公众号和上海物业微信公众号多种渠道。相关账目还提供下载。尽管我们尚不知这项举措对于维修资金使用效率的影响程度，但是从上海高居全国首位的约90%的业主大会成立比例来看，维修资金尤其是个人分户信息的公开制

---

① 上海物业信息网，https://962121.fgj.sh.gov.cn/wyweb/web/front/13weixiu/notice.jsp.

度，应该是对业主自治有促进的。

第三节　提取中的投票难问题

一、维修资金使用投票难的问题

此前的研究我们一直关注业主参与问题，在维修资金使用中，业主对维修事项的表决是提取资金的必要条件。而现实中，普遍存在投票难，如北京市政协（2018①）、天津市民建（2020②）等机构的住宅维修资金专项调查指出：近年来各地住宅维修资金累计数额巨大，但是使用率极低。一个重要原因是相当一部分业主对花维修资金修邻居家的屋顶这类事项持"事不关己"的态度，导致投票意愿低，使投票不能满足法定"双三分之二"要求。

我们希望了解哪些因素影响投票，尤其是发起人或申请维修项目的经办人不同，会不会影响投票率。换言之，我们希望了解业主自治制度的绩效，观察维修资金使用投票应该是一个好的视角。因为，维修资金使用投票其实是征集产权人使用维修资金的意见，投票结果不但反映参与人数，而且反映产权人同意使用资金的态度。所以，我们以投票率作为业主参与行为和参与结果双重考察指标，业主参与的结果就是合作租。因此，维修资金使用业主表决结果，也可以看作集体行动的合作水平。

二、数据、变量与指标

1. 数据来源和分析方法

本节的研究对象为住宅小区专项维修资金申请使用投票。首先，关于住宅专项维修资金的原始数据来源于行政数据，通过一般维修项目和紧急维修

---

① 北京日报．北京市政协调研住宅专项维修资金使用管理［EB/OL］．人民网，2018 - 05 - 09［2020 - 07 - 25］．http：//bj. people. com. cn/n2/2018/0509/c82837 - 31553893. html.

② 天津市民建．关于提高住宅专项维修资金使用效益的建议［EB/OL］．天津市政协网，2020 - 06 - 18［2020 - 07 - 25］．http：//www. tjszx. gov. cn/tagz/system /2020/06/18/ 010011542. shtml.

项目的筛选最终整理成数据集；其次，依据地级城市名称（南京市）和小区名称在百度搜索引擎中进行全面检索，具体包括：房天下、南京吉屋网、南京安居客等，通过人工归纳、整理汇成最终数据。最终采用南京市 2016 年 1 月至 2018 年 7 月已办结维修申请具体事项为外墙、屋顶和电梯的非应急维修项，共 2 966 项。后续数据和模型分析运用软件 SPSS23.0 完成。

2. 变量和指标说明

（1）被解释变量

住宅专项维修资金申请使用投票需达到"双三分之二"，即业主户数和专有面积数都要超过 2/3。涉及两个指标，一是同意使用业主所占比例，另一个是同意使用面积所占比例，我们主要研究业主行为，因此选取"同意使用业主比例"来测度小区业主的参与率和合作水平。我们将投票比率和基准值 2/3 的差值作为被解释变量。这样做的原因是所有的审批项目都是满足"双三分之二"标准的，这样就没办法了解那些失败的合作是由什么原因导致的。

（2）解释变量

自治程度。行政数据中包含了申请人信息。有业主委员会、物业公司、单位。我们将经办人为业主委员会计为 1，其他主体计为 0。理由是作为维修资金的使用主体是业主，应该由业主委员会经办，如果其他主体经办，说明自治程度较低。

（3）控制变量

我们尚不确定哪些因素会影响投票率。在上一节的研究中，已知一些业主个人分户余额不足或无余额，需要另交钱，如表 6－7 所示，其中的 MX 小区，所列的项目总费用为 12 570.32 元，其中，基金分摊费用为 11 759.72 元，说明需要另外缴纳现金 810.60 元。显然，这些业主必须要同意才能使用维修资金。这就意味着，如果不需要争取这些业主同意的话，投票率达到 2/3 即可，由于需要这些业主同意，才使得投票率高于法定 2/3。于是设定控制变量"额外现金支出"，如果维修项目中需要额外现金支出计为 1，无须额外现金支出计为 0。从而预计额外现金支出对合作水平的影响是正向的。

考虑到拨款方式的影响，将维修事项分为一次拨款和多次拨款两类。一次拨款计为 1，多次拨款计为 0。估计"维修次数"影响为正向，因为在业主对维修资金使用满意度一般条件下，拨款次数越多，拒绝付款的机会越多，维修次数越多，合作水平越低，估计"维修次数"的影响为正向。

此外，考虑物业费较高可能反映了业主对物业企业依赖较大，自治意愿较小；小区房龄较长，业主参与投票的机会较多；维修金额较大会引起更多业主参与。我们还选取了样本小区物业费水平、小区房龄、维修项目金额为控制变量。

（4）调节变量

有关集体行动的文献大都指向群体规模与合作水平负相关，因此，我们以群体规模为调节变量。

变量及含义，对应的指标见表6–28。

表6–28　　　　　　　　　　变量及计算方法

变量类型	变量名称	含义	计算方法
被解释变量	投票率	业主参与、合作水平	业主同意使用比例减去基准值2/3
解释变量	自治程度	此次维修经办人	1＝业主委员会，0＝其他
控制变量	额外现金	是否需要额外现金支出	是＝1，否＝0
	物业费	样本小区2018年7月物业费	元/月/平方米
	小区房龄	样本小区至2018年房龄	维修申请年份—建筑年份
	维修总额	此次维修项目总费用	万元
	维修次数	拨款次数	1＝一次划拨，0＝多次划拨
调节变量	群体规模	申请维修小区业主户数	取对数

三、自治程度对合作水平的影响

1. 样本描述统计与变量相关系数

样本的描述性统计结果如表6–29所示。

表6–29　　　　　　　　　　样本的描述性统计

变量	N	平均值	中位数	标准差	最小值	最大值
投票率	8 118	0.110	0.0700	0.120	0	0.330
自治程度	8 118	0.760	1	0.430	0	1
额外现金	8 118	0.090	0	0.290	0	1.032
物业费	7 734	1.070	0.900	0.920	0.1	23.00
小区房龄	6 799	14.87	14	6.980	0	58

变量	N	平均值	中位数	标准差	最小值	最大值
维修总额	8 118	4.310	0.720	15.02	0.051	519.4
维修次数	8 118	0.780	1	0.410	0	1
群体规模*	8 118	54.46	17	144.7	1	2 500

注：＊维修次数未取对数。

第一，投票率的最大值为 0.333，最小值为 0，平均值为 0.110，考虑到投票率的定义为同意比例减去基准值 2/3，这表明，不同小区间业主参与水平的区别较大；

第二，虚拟变量自治程度的平均值为 0.76，大于 0.5，说明大多数小区的维修经办人为业主委员会；

第三，虚拟变量额外现金的平均值为 0.09，表明在业主自治模式下的住宅专项维修资金已经基本全面覆盖了维修所需的资金，只有极少部分的小区业主需要额外现金支出；

第四，物业费的差异十分明显，部分高档小区的物业费达到 23 元每月每平方，但对于一些老旧小区却物业费十分便宜，但从平均数 1.07 可知，说明样本多为普通小区，同时也包含了不同档次的小区；

第五，小区房龄最小值为 0，表明部分新小区的质量十分堪忧，入住当年就需要动用维修资金进行维修；

第六，维修总额的区别更是尤其明显，最小值为 510 多元，最大值为 500 多万元；

第七，维修次数均值为 0.78，说明大部分项目是一次性划拨付款。

第八，群体规模从 1 户到 2 500 户，均值为 50 多户，中位数为 17 户。说明维修项目多是以本单元业主为主。

各变量间的相关性以及相关系数见表 6－30。

表 6－30　　　　　　　　变量的 Pearson 相关系数

	投票率	自治程度	额外现金	物业费	小区房龄	维修总额	维修次数	群体规模
投票率	1							
自治程度	－0.429 ***	1						

续表

	投票率	自治程度	额外现金	物业费	小区房龄	维修总额	维修次数	群体规模
额外现金	0.148 ***	-0.242 ***	1					
物业费	-0.165 ***	0.200 ***	-0.077 ***	1				
小区房龄	0.357 ***	-0.536 ***	0.260 ***	-0.329 ***	1			
维修总额	0.041 ***	0.027 **	0.100 ***	0.084 ***	-0.025 **	1		
维修次数	0.482 ***	0.072 ***	-0.054 ***	0.0170	-0.086 ***	0.156 ***	1	
群体规模	0.326 ***	0.070 ***	-0.00600	0.073 ***	-0.097 ***	0.378 ***	0.827 ***	1

注：*表示在5%水平上显著，**表示在1%水平上显著。

由表6-30可知，解释变量"自治程度"与被解释变量"投票率"存在显著负相关关系，控制变量"额外现金""小区房龄""维修次数""群体规模"与被解释变量"投票率"存在显著正相关关系；控制变量"物业费水平"与被解释变量"投票率"存在显著负相关关系；调解变量"群体规模"与被解释变量"投票率"存在显著正相关。

从表中结果来看，控制变量与解释变量、控制变量与控制变量之间相互影响较小，满足研究要求条件。同时使用面板数据也可以有效降低多重共线性。

2. 自治程度对投票率影响的基准回归

采用逐步回归的方法（模型略），第一步先将控制变量进入回归模型，结果如表6-31之第1列所示；第二步将解释变量和调节变量进入回归模型，结果如表6-31之第2列所示；第三步将解释变量和调节变量的交乘项进入回归模型，结果如表6-31之第3列所示。

表6-31　　　　　　　　　　自治程度影响投票率的回归结果

	(1) 投票率	(2) 投票率	(3) 投票率
自治程度		-0.0916 *** (-5.92)	0.000630 (0.06)
群体规模		-0.0142 *** (-7.96)	0.0125 ** (2.25)

续表

	（1） 投票率	（2） 投票率	（3） 投票率
自治程度×群体规模			−0.0364 *** （−4.68）
额外现金	0.0316 *** （3.35）	0.0181 ** （2.76）	0.0144 * （1.88）
物业费	−0.00524 *** （−3.30）	−0.00323 ** （−2.29）	−0.00301 * （−2.16）
小区房龄	0.00566 *** （12.27）	0.00294 *** （7.52）	0.00314 *** （7.91）
维修总额	−0.000276 ** （−2.78）	0.000206 ** （2.86）	0.000367 *** （3.66）
维修次数	0.136 *** （10.17）	0.184 *** （21.03）	0.186 *** （21.33）
常数	−0.0888 *** （−6.43）	0.0214 （1.75）	−0.0493 *** （−4.22）
调整后的 R^2	0.4001	0.4963	0.5567
样本量	6 781	6 781	6 781

注：括号内为 t 值，* 为10%水平上显著；** 为5%水平上显著；*** 为1%水平上显著。

从第一列回归结果来看，所有的控制变量都在1%水平上显著，调整后的 R^2 为0.4001，说明控制变量选取是有效的；

从第二列回归结果看，调整后的 R^2 为0.4963，说明解释变量和调节变量的进入，显著提高了模型的解释力；自治程度与群体规模对投票率的影响都显著为负，自治程度对投票率的系数为 −0.0916，说明业主委员会作为经办人时，维修资金使用投票率低于其他经办人。群体规模对投票率的系数为 −0.0142，小于自治程度的影响；

从第三列回归结果看，调整后的 R^2 为0.5567，加入自治程度和群体规模间的交互项后，结果是交乘项显著性达到1%的显著性水平，说明群体规模对自治程度与投票率的关系产生了有效调解，调节效应存在。同时，自治程度作为解释变量变得不显著了，并且，群体规模对投票率的影响变成了显著正向，与第二列相比，符号发生了改变。说明群体规模较大时，自治程度与投票率之间呈负相关关系，群体规模较小时，自治程度与投票率之间没有关系。

进一步比较第二列和第三列的结果。我们发现，考虑自治程度和群体规模的交互效应后，控制变量额外现金、物业费的影响在减弱，维修总额的影响在加强；小区房龄和维修次数的影响则相当稳定。说明自治程度与群体规模的交互作用确实是影响维修资金使用投票效率的重要原因，额外现金和物业费、维修总额也会随这两个因素的变化而变化。相对而言，小区房龄和维修次数的对投票率的促进更稳定。说明样本小区的自治程度对投票率的影响并不是直接的，而是通过群体规模起作用。

3. 稳健性检验

考虑到公共池塘资源提取中的外部性影响，我们将维修事项分为外部性较大的房屋本体和外部性较小的共用设施两类，分样本进行稳健性检验，结果见表6-32和表6-33。

表6-32　　　　　　　　稳健性检验：维修事项为房屋本体

	(1) vote	(2) vote	(3) vote
自治程度		- 0.0938 *** (- 6.62)	0.00482 (0.45)
群体规模		- 0.0167 *** (- 3.99)	0.0116 (1.67)
自治程度 × 群体规模			- 0.0412 *** (- 5.14)
额外现金	0.0369 *** (3.60)	0.0226 *** (4.34)	0.0158 ** (2.43)
物业费	- 0.0106 ** (- 2.79)	- 0.00802 ** (- 2.99)	- 0.00807 *** (- 3.21)
小区房龄	0.00554 *** (8.54)	0.00265 *** (4.99)	0.00286 *** (6.04)
维修总额	- 0.000388 * (- 1.88)	0.000560 *** (3.61)	0.000776 *** (3.51)

续表

	（1）vote	（2）vote	（3）vote
维修次数	0.143 *** (9.24)	0.194 *** (32.21)	0.199 *** (24.57)
常数	− 0.0864 *** (− 5.13)	0.0270 * (2.05)	− 0.0453 *** (− 3.51)
调整后的 R^2	0.4315	0.5262	0.5962
样本量	4 895	4 895	4 895

注：括号内为 t 值，＊为 10% 水平上显著；＊＊为 5% 水平上显著；＊＊＊为 1% 水平上显著。

表 6 – 33　　　　　稳健性检验：维修事项为其他内容

	（1）vote	（2）vote	（3）vote
自治程度		− 0.0856 ** (− 3.60)	− 0.000993 (− 0.12)
群体规模		− 0.0147 ** (− 3.01)	0.00765 (0.92)
自治程度×群体规模			− 0.0287 ** (− 3.60)
额外现金	0.00848 (1.54)	0.000344 (0.03)	0.00338 (0.35)
物业费	− 0.00233 ** (− 2.59)	− 0.00116 (− 0.76)	− 0.000908 (− 0.71)
小区房龄	0.00532 *** (9.92)	0.00336 *** (4.83)	0.00328 *** (5.25)
维修总额	− 0.000206 ** (− 2.61)	0.000122 (1.31)	0.000225 ** (3.40)
维修次数	0.121 *** (12.25)	0.178 *** (13.58)	0.181 *** (17.80)
常数	− 0.0750 *** (− 5.27)	0.0217 (0.93)	− 0.0460 ** (− 2.77)
调整后的 R^2	0.3116	0.4127	0.4568
样本量	1 886	1 886	1 886

注：括号内为 t 值，＊为 10% 水平上显著；＊＊为 5% 水平上显著；＊＊＊为 1% 水平上显著。

表6-32的第二列回归结果显示，仅以自治程度作为解释变量，调整的R平方达到0.5262；第三列回归结果显示，加入自治程度和群体规模间的交互项后，交调整的R平方达到0.5962，乘项显著性达到1%的显著性水平，说明维修对象是房屋本体的样本中，群体规模对自治程度与投票率的关系产生了有效调节，调节效应存在；表6-33的第二列回归结果显示，仅以自治程度作为解释变量，调整的R平方达到0.4127；第三列回归结果显示，加入自治程度和群体规模间的交互项后，交调整的R平方达到0.4568，交互项显著性达到1%的显著性水平，说明维修事项为其他内容的样本中，群体规模对自治程度与投票率的关系同样产生了有效调节，调节效应存在。

4. 实证结论与政策建议

（1）本节结论

本节中采用行政审批数据和人工采集的物业费、房龄数据，构建多元回归模型，结果表明当群体规模较大时，自治程度对投票率是显著负向影响；当群体规模较小时，自治程度对投票率没有显著影响。考虑到投票率是超过基准的部分，上述结果的真实含义是，群体规模较大时，业主委员会作为经办人，维修资金使用的投票率与基准更接近，而群体规模较小时，是否由业委会作为经办人，对维修资金使用的投票率没有影响。

从本章第一节中图6-3维修资金提取使用过程来看，离基准值越近，或超过基准值越小，耗费的时间越短。因此，可以得出结论为：当规模较大的群体使用维修资金时，业主委员会作为经办人是更有效率的，而当小规模群体使用维修资金时，业主委员会经办并不影响维修资金使用效率。现实中，维修资金使用的经办人可以是业主个人，故同一单元住户在相关事项决策时确实无需依赖业主委员会或物业公司，上述结论应该是对现实的客观反映。

（2）本章结论

尽管维修资金提取效率的影响因素很多，并且很难获得数据，我们还是获得了有关提取效率的一些切实证据。这些证据表明，住宅专项维修资金制度总体上是有效的，因为非自管的小区使用维修资金能够有效提升房价。然而，业主对维修资金使用满意度不高，主要原因在于他们希望在维修资金使用中获得更多决策权。当业主参与较高即自治程度较高时，的确可以提高决策效率，其中，及时公开个人分户资金余额是提高维修资金使用效率的有效措施之一。

（3）政策启示

事实上，当前很多地方住宅小区的维修基金使用存在"三难"：一是知情难。既有获取有关维修资金使用、余额等信息难，又有理解维修资金规定内容难；二是使用难。主要是维修资金申请表决难，原因多为组织不力或信息不全；三是监督难。主要集中在申报人报送的业主书面征求意见表签字造假；物业公司与维修施工企业串谋侵吞业主利益；维修项目工程验收、预算和决算过程及结果的违规和不实。我们认为，"三难"中，知情难是造成使用难和监督难的关键。解决了维修资金信息公开透明问题，使用难和监督难就迎刃而解。结合维修资金使用的现实情境，有如下四个建议：

第一，实行"一户一卡"制（类似住房公积金卡）。每户业主一张维修资金卡，便于随时查阅（个人账户和小区集体账户）资金信息；

第二，建立小区维修资金信息平台。信息平台是资金管理中心、业主委员会、物业和业主信息交流的唯一合法场所。业主通过卡用户名登陆平台，行使知情权、表决权和监督权；

第三，尽快发展小区业主委员会组织。街道和民政部门要起到积极的鼓励和推动作用，以业主为中心建立新的物业监管机制；

第四，建立维修资金管理中心问责制。杜绝物业公司在使用维修资金后弃管小区。

总之，维修资金提取是以业主为主体的行为，提高提取效率的前提是信息的公开、畅通和真实。

四、研究工作总结

本书基于资源支配者行为模型（VSBPC 模型），提出群体偏好的资源支配者说，即决策者是资源支配者，其依循权力、互惠和权利三种规则（资源支配方式）行事是人的本性暨李健德（2019）所谓"非理性信念"，并孳生出群体的控制权偏好、信任偏好和信用偏好；基于婆媳匹配博弈构建了提供者与提取者混合博弈模型——首端与末端匹配博弈，发现业主自治大多始于"白手起家博弈"，终于"明日黄花博弈"。总体上，住宅小区治理困境是由主导群体行为的资源支配方式异质性造成的，故行政力量需因势利导，或以互惠规则推动之，或以权利规则巩固之，或以权力规则监督之，以促进住宅小区业主自治。

受技术手段的限制，本书未能完成跨区域的业主个人规则依循行为的研究，故第六章的实证研究工作与第五章的提供者—提取者博弈模型有所脱节。此外，基于维修资金使用申请、审批资料进行的变量关系探索，也存在较大局限。总体上，实证工作主要贡献在于记录业主自治的进程和状况。因此，无论是案例还是司法判决，无论是问卷数据还是行政数据，我们尽可能采用与之匹配的技术方法，包括文本挖掘与分析（第二章第一节的业主知情权纠纷聚焦的问题、第四章第二节的投资者群体的信任与信用偏好、第六章第一节和第三节使用的部分维修资金申请使用审批信息）、实地实验方法（第二章第三节业主规则依循行为假说、第六章第二节提取资金使用的满意度问题）以及概率回归和多元线性回归模型（第四章第一节管理者群体的控制权偏好、第六章第一节提取资源的收益问题、第三节提取中的投票难问题等），力求实证结果的稳健性。

本书完成的一项重要实证工作是对资源支配者行为模型的检验，主要是通过对群体行为的观察进行研究。我们将2016年完成的资源支配者行为模型，从个人层面拓展到群体层面，使得个体行为与群体行为得以置于统一的框架来考察。第五章的实证工作可以为资源支配者行为模型的应用提供借鉴，尤其是基于三人匹配博弈模型对行政介入路径的讨论，可能存在广阔的探索空间。

本书完成的另一项工作是探究行政力量如何推动业主自治，由此而引发了关于业主自治绩效的话题。第六章的实证主要是制度绩效及影响因素的探究。鉴于影响机制的复杂程度以及行政管理体制的地区差异，由本章实证数据得出的结论可能不具有一般性。我们的重要发现是个人分户信息的禀赋效应。对于需要维修的业主而言，知晓个人分户的资金余额，会促使他们更加关心资金使用的效率。我们欣喜地发现以上海市为代表的一些地区行政机构，已经推行了维修资金信息即时披露制度，希望行政力量可以促进业主更好地行使知情权和监督权。

本书更重要的一项实证工作是关于群体偏好的识别，我们在第五章第一节进行了尝试。由于资源支配方式是直觉，应该会在很多场景被识别出来。我们的工作旨在抛砖引玉，期待更多的新理论和新方法。

附录一 南京老旧电梯改造调查问卷

您好：鉴于我市老旧电梯改造政策推行遇到了较大困难。我们在《现代快报》2012 年 5 月 14 日相关报道基础上设置了本问卷，希望您继续支持我们的工作，推动相关研究。此项调查为高层住宅居民匿名问卷，调查结果仅供学术研究使用，请放心填答。

说明：请您对以下观点作出评价。选择最接近您看法的一项，在对应的位置打"√"。

1. 据报道，"首批老旧电梯改造，多数遭'悬停'，只因自行负担的 10% 费用收不齐"，从而导致"南京列入改造的 9 个小区大半年来仅 2 个完成"。

A1 您认为"首次老旧电梯改造"的成绩为（   ）。

a. 5 分   b. 4 分   c. 3 分   d. 2 分   e. 1 分

2. 据报道，砂珠巷小区两栋楼共 774 户需更换 6 部电梯，按规定由住户承担的 10% 电梯改造费为每户 300 ~ 500 元，加上需补交维修基金 540 元，此次电梯改造每户实际要交纳费用 800 ~ 1 000 元。目前仍然有 234 户人家的钱款未能收到。

B1 下面我们了解到的砂珠巷小区住户不肯交钱的理由。用 1 ~ 5 的数字表示从"最合理"到"最不合理"。请根据您的判断选择横线上对应的数字。

最合理   最不合理

a. 个人要交的费用太高了，工薪族难以负担。   □1 □2 □3 □4 □5

b. 维修基金是历史遗留问题，不该要求住户补交维修基金。

　　　　　　　　　　　　　　　　　　　　　□1 □2 □3 □4 □5

c. 分担比例不合理，低楼层住户负担太多。   □1 □2 □3 □4 □5

d. 筹款的方案事先未征求业主意见。   □1 □2 □3 □4 □5

e. 本着"政府应该还会负担剩余的 10%"的想法，选择观望。

　　　　　　　　　　　　　　　　　　　　　□1 □2 □3 □4 □5

3. 据报道，建康大厦是已经完成改造的 2 个小区之一，但是该小区情况更复杂。因为整治老旧电梯涉及维修基金等好多事情，今后离不开业主委员会，而该小区尚未成立业主委员会。于是洪武街道工作人员发动小区成立业主委员会，却无人报名。最后街道动员物业公司垫付了几十万把电梯大修了一下，接下来还要做居民的工作。

C1 "建康大厦小区业主委员会无人报名"，您认为（   ）。

a. 非常正常　　b. 比较正常　c. 正常　　　　d. 不太正常　e. 很不正常

C2 您认为让物业公司垫付电梯大修费用的做法（   ）。

a. 非常合理　　b. 比较合理　c. 合理　　　　d. 不太合理　e. 很不合理

4. 鉴于目前老旧电梯改造普遍的尴尬，该媒体称政府部门正在想办法凑齐费用，加快老旧电梯整治的进度，而且可能使用刷卡乘坐电梯制度，"没交改造费的坐不了"。

D1 您对"刷卡乘电梯制度"的态度是（   ）。

a. 非常赞同　　b. 比较赞同　c. 无所谓　　　d. 反对　　　e. 坚决反对

D2 您所在的小区未来会实行刷卡或计次乘电梯的制度吗？（   ）

a. 完全有可能　b. 有可能　　c. 不清楚　　　d. 不可能　　e. 完全不可能

再次感谢您的配合！　　　　　　　　　　调查员

附录二 维修资金使用效率调查问卷

本问卷主要用于了解维修资金使用过程中业主的满意度，目的是提高维修资金使用效率，强化对维修资金的监督，请放心填写。

——国家自然科学基金"中国城市住宅小区业主
规则依循行为及其对治理机制的影响"项目组

一、基本情况

1. 您是：
A. 业主　　　　　B. 租客

2. 入住时间：_____年

3. 受教育程度：
A. 大专以下　　B. 大专　　　　C. 本科　　　　D. 本科以上

二、对维修事项了解程度

1. 您了解这次维修资金要用到哪些地方吗？
A. 非常了解　　B. 比较了解　　C. 基本了解　　D. 不太了解
E. 完全不了解

2. 据您了解此次是否为第一次使用维修资金？
A. 是　　　　　B. 否（若不是，是第_____次维修）
C. 不知道

3. 您认为维修资金是？
A. 所有住户的钱　　　　　　B. 部分住户的钱
C. 没有自己家的钱　　　　　D. 不知道

4. 您是否知道这次维修的金额？
A. 完全知道　　B. 比较知道　　C. 基本知道　　D. 不太知道

E. 完全不知道

5. 您是否清楚此次维修资金用过后还有多少剩余？

A. 非常清楚　　　B. 比较清楚　　　C. 基本清楚　　　D. 不太清楚

E. 完全不清楚

6. 据您所知，此次维修由＿＿＿＿决定修哪里、修不好由＿＿＿＿负责。

A. 业主投票　　　B. 业委会　　　C. 物业公司　　　D. 政府相关部门

E. 第三方机构　　F. 不清楚

7. 据您所知，此次维修由＿＿＿＿选择施工方、＿＿＿＿选择监理方、＿＿＿＿选择验收方。

A. 业主投票　　　B. 业委会　　　C. 物业公司　　　D. 政府相关部门

E. 第三方机构　　F. 不清楚

三、业主主观意愿

1. 您最关心此次维修的哪些方面：（最多三项）

A. 谁来确定该不该修　　　　　B. 修哪些地方　　C. 花多少钱

D. 谁来修　　　　　　　　　　E. 谁来监理　　　F. 谁来验收

G. 能不能修好

2. 您是否支持此项维修项目？

A. 已征求我意见，支持　　　　B. 已征求我意见，不支持

C. 未征求我意见，支持　　　　D. 未征求我意见，不支持

3. 此次维修项目的维修金额是以何种方式公示？

A. 告示栏公示　　　　　　　　B. 微信或者 QQ 群公示

C. 其他＿＿＿＿　　　　　　　D. 未公示

4. 您是否愿意参加维修资金使用的投票？

A. 非常愿意　　　B. 愿意　　　C. 无意见　　　D. 不愿意

E. 很不愿意

5. 施工方、监理方、验收方的选择通过投票方式决定，您是否愿意？

A. 非常愿意　　　B. 愿意　　　C. 无意见　　　D. 不愿意

E. 很不愿意

6. 对这次维修是否满意？

A. 非常满意　　　B. 满意　　　C. 无意见　　　D. 不满意

E. 很不满意

7. 您希望由_____决定修哪里、修不好由_____负责。

A. 业主投票　　　B. 业委会　　　　C. 物业公司　　　　D. 政府相关部门

E. 第三方机构　　F. 不清楚

8. 您希望_____选择施工方、_____选择监理方、_____选择验收方。

A. 业主投票　　　B. 业委会　　　　C. 物业公司　　　　D. 政府相关部门

E. 第三方机构　　F. 不清楚

被访问人情况：性别（男，女）出生时间（　年　月）

访问人：　　　　　访问时间：

附录三　G小区业主自治活动撷录

2010 年

4月12日，G小区部分业主向X办和所在社区居民委员会提交成立业主委员会（以下简称业委会）的申请。

7月4日，G小区第一届业业委会由业主自发选举产生。

7月5日，R公司向业委会提交小区工程遗留、待整改项目清单。

8月25日，业委会张贴关于小区养犬的通告。

9月4日，业委会与R公司举行首次座谈会，听取R公司关于小区物业整体情况和其进驻后物业管理情况的汇报，并向R公司发出两份通知：（1）小区建设资料移交通知书；（2）关于小区物业管理存在急需整改的若干问题的通知。

9月14日，业委会向R公司发出西片地下停车位渗水限期治理等有关问题的通知。

9月16日，R公司张贴出三年物业管理工作总结。

9月20日，业委会向X办提交申请开发商所有的车位出租，解决停车难的报告。

9月21日，R公司向业委会提交关于解决小区内车辆乱停乱放的方案。

9月25日，业委会向R公司提出对物业管理公司整改工作的补充意见。

9月28日，业委会向X办递交要求政府严肃追查小区东片友谊河边恶意毁绿，责令恢复绿化的呼吁书。

10月8日，业委会向X办递交反映小区东片和某小学之间消防通道被占用问题的调查报告。

10月12日，R公司向业委会提交西片地下停车位渗水的情况说明。

11月2日，业委会就小区工程建设部分遗留问题致函南京某房地产开发公司（附照片）。

11月24日，业委会与开发商南京某房地产开发公司举行正式会谈。双方就小区建筑质保和修缮以及地下停车位使用等问题交换意见。

11月29日，R公司张贴小区停车位拈号方案。

12月6日，署名热心业主的《致小区广大业主公开信》张贴在小区公告栏，以书面形式对小区的停车收费问题、业主的收益管理和使用问题、2011年物业服务企业选聘、续聘问题提出了质疑和建议。

12月10日，业委会张贴出半年工作小结。

12月14日，小区部分业主向X街道办事处递交《业主对G小区业委会的投诉》，历数业主委员会制度缺失、目中无法、独断擅权、工作混乱。

12月19日，署名小区部分热心业主的《告广大业主、车主的公开信》张贴在小区公告栏，呼吁业主对业委会拟定12月26日举行的车位抽签予以抵制。针对物业服务合同已过期情况，公开信强烈要求召开业主大会以决定有关选聘物业公司、审定物业服务合同、财务监督以及制定公共车位管理和收费办法等事宜。

12月23日，业委会张贴《新年的贺礼》，公告业委会与R公司就财务收支方面问题协商达成共识。

12月24日，X办向小区业委会出具业委会备案表。业委会张贴出和R公司续签物业服务合同的公告。

12月26日，小区281户业主联名集体向业委会提议召开临时业主大会以表决签订物业服务合同等事宜。业委会拒收联名信。

12月28日，小区业主将联名信提交给X办物业矛盾调解工作站。

12月30日，X办物业办公室对小区出具了业委会工作指导意见，要求业委会按相关法律法规办事。当日，R公司向业主进行是否同意与该公司续签物业合同的问卷。以及关于小车停车收费的问卷。

2011 年

1月4日，业委会张贴出致全体业主的一封公开信（停车位租金、财务工作问题）。

1月6日，小区署名"热心业主"者在公告栏张贴《究竟谁在置广大业主的公共利益而不顾》，认为业委会主体合法不能等同其所有活动合法，业委会财务工作应向业主公开和解释。

1月7日，业委会贴出召开业主大会的通告，并向业主发放业主大会表决事项问卷。

1月12日，业主代表前往社区居委会，参加由街道司法所、综合治安科、矛调站组成的街道调解班子组织的与业委会的调解会，有几名业委会委员到场，但主任没有到场。

1月18日，X街道司法所、矛盾调解工作站、综合治理办公室、社区居民委员会共同组织小区部分业主和业委会之间的协调沟通会。业主反映业委会存在的诸多问题，并提出过年前召开业主大会、业委会述职、对业委会改选、商定停车费、审议物业服务合同和建立监督机构。小区业委会全体委员拒绝到场。

1月18日~24日，在某区人民法院派出法庭、X街道办事处、某社区居民委员会支持下，小区热心业主在小区开展了"让小区自治沐浴在法治阳光下"法制宣传周活动，并在期间作了"物业服务合同相关知识与法律规定"专题讲座。

1月20日，业委会公布关于是否与物业公司续签合同及小区公共停车费价格问题的问卷调查结果。

1月21日，小区"热心业主"在公告栏张贴对小区业委会关于"是否与物业公司续签合同及小区公共停车费价格问题的问卷调查结果"（以下简称"结果"）的质疑，质问"结果"究竟是业主大会表决结果还是问卷调查结果？"结果"果真"听取广大业主的意见并请示上级主管部门同意"吗？"结果"是如何出来的？

1月25日，署名"一批关心小区建设的热心业主"张贴出《告广大业主、车主的公开信》，要求抵制未经业主大会表决通过的车位抽签活动。

1月26月，小区业委会与R公司签订《G小区物业管理委托合同》。

1月27日，小区业主代表向X区房管局物业办公室和X街道物业办公室递交《关于对小区业主委员会的投诉》，反映小区业委会在没有召开业主大会的情况下，擅自选聘物业服务企业并与其最终签订服务合同之严重违法、严重侵害业主权益情况，请求依法采取有效措施，撤销小区业委会违法与R

公司签订的服务合同。

1 月 30 日，业委会发布关于续签物业合同的公告。

2 月 18 日，业委会开会商议用章制度、楼栋长选举及公共收益管理等问题，鉴于业委会还没有对公账户，确定私人开户户头、密码和银行卡分由三名委员拥有负责。

2 月 20 日，小区业主热心业主向 N 市房管局、N 市某区物业管理办公室、X 办递交《关于召开小区业主大会的催请》，要求上述单位依法采取有效措施，尽快召开小区业主大会。并递交了附件《筹备与召开小区业主大会方案》。

3 月 2 日，有业主向 R 公司反映车辆管理问题、地下停车位渗水问题和监控设施设备维修问题。

3 月 6 日，工作于某高校的部分业主给其校方写信，要求学校不要一次性向 R 公司支付物业费，最好将物业费发放到教职工手中，由小区教职员工自行决定缴纳。（说明：为动员教职工购买 G 小区商品房以缓解校内住房紧张，某高校对腾出校内住房的教职工予以十年的物业费作为补偿，每年由校方直接将物业费一次性打入 R 公司账户。）

3 月 13 日，X 办和社区居委会在社区会议室召集部分业主和业委会沟通协调商，会上业委会主任在一番陈词后提出辞职。

3 月 20 日，X 办在小区召集业主和业委会沟通协调会。会上业委会总结了过往工作及存在的问题，业委会内部对分工、履职及发生的问题应由谁负责产生争论。业委会表示不同意开业主大会，因为太难。X 办指示业委会内部意见要统一，指定了业委会暂时负责人。业主认为，首先是对规章制度的完善和落实，物业合同要修改。

附录四 G小区业主委员会探望
患病委员事件相关日记

2012年9月6日星期四

下午将给开发商的函打印两份交给Z委员，将会议纪要正本还给Z。告知将会议纪要复印一份，连同信函盖上章后，以挂号的方式一起寄给开发商。之前，先核实一下开发商的地址、电话。

晚上H来电，说X委员生病了，想让我催一下物业还款计划。与R物业联系，R说欠款承认，只是年底资金紧张，一下拿不出那么多钱，他还要向总公司汇报，日期也没法定。我按H的意思说那至少先应还一半，定个还款计划，表明你的诚意。

R说正好明天去总公司讲这个事。答应明天下班时给我回话。

2012年9月12日星期三

下午收到Z委员短信，通知晚7：30开会。

参加人员：除X委员、L委员外，其余业委会6人到齐，另来了5位业委代表。物业方面R来了。

会议议题：物业拖欠业主公共收益不还问题

H主持，宣布：

一是请物业公司讲讲还款情况；

二是X委员因病需疗养一两个月，工作需调整，由W委员负责日常工作；

三是后续工作怎么办，我有点私事需先走，之后你们好好讨论一下。

R发言：我先谈个人看法，听说你们要赶我们走，你们现在要钱又那么急，现在下面人员担心，是不是有这回事？我们来小区工作有 5 年了，没有功劳也有苦劳，为小区做了不少事。下面是代表公司的意见：这些年投在业主身上的钱不少，绿化用水、路灯修理、业委会筹备费、开办费、东区 7.2.3 栋三个单元的电梯电路板更换，每个 7 000 元，还有蓝牙，这些年投在业主身上的钱，物业代付不起，需要从公共收益里走，取之于民，用之于民。还有部分业主拖欠物业费、电梯费、楼道照明费、水费等。希望业委会帮我们去要。

之后 R 回避离开。

大家讨论的意见如下：

1. 业委会成员个人对是否继续留用物业公司可以有看法，但不能对外表态，口径要一致。

2. 物业欠我们的钱是 2010 年以前结清的，与之后发生的物业费用无关，物业必须还这笔钱。

3. W 委员组织人员再与 R 商谈，了解真实意图。

4. X 委员病了，派 Z 委员、S 委员从经费里开支一点买点东西，代表业委会大家去看看他。

我的会上意见如下：

1. 物业去留我们定不了，此事须有业主大会定；

2. 物业不给钱，是想以此要挟续签合同；

3. 哪些开支属于物业费范畴一定要弄清楚；

4. 以前的分工不科学，建议按外联内勤来分；

5. 最为重要的是，当务之急不是要钱，钱跑不掉，而是物业合同的事；

6. 物业不还钱之事没有必要再跟他们谈，时间耽误不起，应走法律程序，请专业律师，之前给小区发个公告，让小区业主都知道此事。

会上我对 H 的言辞较激烈。

H、J 和自己先走，其余人仍在讨论。

接娃回家后，给 W 委员打电话，我说不宜动用业委会账户钱，那是业主的钱，建议大家凑份子钱去看，自愿原则。另强调了工作的重点是物业合同工作。W 说让写出来发给大家看，再商讨。

当晚写好以下话，用 QQ 短信发给了所有业委会成员。

各位同仁：

今晚的讨论我可能有些冲动，如有冒犯请多包涵。我思量再三，觉得还是应该把我认为目前亟待解决的事情再跟各位强调一下。目前我们小区最急迫的事情是物业合同即将到期，而组织工作是业委会法定的义务。无论是续签还是另聘，我们都应该尽量提前做准备。

首先，此事项必须履行法定程序，交由业主大会讨论；

其次，如果不能续签，需要提前 3 个月告知 R 物业，并要立刻进入新物业招标程序；

最后，无论是否续签，都要审核物业相关账目。

综述，从现在开始的每一天，都必须抓紧，否则小区又将不宁！

此外，业委会经费使用应严格遵守相关制度。在未得到业主许可情况下，建议不要动用经费去看望 X 委员。X 委员非常辛苦，很不容易，我建议业委会成员凑份子去。比如每人 50 元。经费使用一定要公私分明，平时办公的费用即使是 1 毛钱，也应该记账。看 X 委员，就自愿吧。此事烦请两位 L 委员及 Z 委员多费心。

2012 年 9 月 13 日星期四

早上给每个业委会成员发短信，告知查看 QQ 短信。对 H 表示昨晚言辞冒犯的歉意。对 Z 委员说，定下看 X 委员时间告诉一声，我也去。

到海王星辰药店给 X 委员买了海王牌钙铁锌咀嚼片和海王牌维生素 C 含片各一瓶。共花了 136 元。

晚上与 Z 委员去看 X 委员。Z 委员带了一个果篮。

关于物业公司续聘的事宜，建议分两步。

第一步，摸底。发布公告。至少 7 日，告知物业公司续聘或解聘均需业主表决。设立意见箱，先摸底。

第二步，投票。制作以每栋楼为单元的表决表。在楼长推荐表基础上，修改表决事项为"同意续聘""不同意续聘""备注"三栏，由业主代表上门征询意见，实名投票。

根据《南京市物业管理条例》第 25 条："物业服务合同期限届满前三个月，物业管理企业应与业主委员会协商续约事宜；业主委员会应在合同期限届满前两个月，组织全体业主对是否续聘物业管理企业进行表决。双方续约的应当重新签订物业服务合同；不再续约的，业主大会应当及时选聘其他物业管理企业。原物业管理企业应当在合同终止之日起10日内向业主委员会移交物业管理区域、资料和财物，不得以合同纠纷等理由拒绝移交。"

第一步应该在本月就启动，第二步可以在下月。

给K委员的回信。

K兄：您好！

看了您的回函我很感动，您说得太好了！咱们这个业委会既不是职场，也不是官场，来这里更不是为了谋利，因此，我们的确没有理由相互埋怨，相互猜忌，相互斗争。而应该多一些相互提醒、相互尊重、相互学习。

我这个人就是好认死理，有时还比较冲动，我也知道这是缺点，但不容易改，今后我会努力克制，如果仁兄能适时提醒将不胜感谢。

因S委员临时有事，今天晚上我跟Z委员代表业委会去看望X委员。我们买了一点保健品和一个果篮，8点多钟才去，X委员已经休息了，只能请他儿子转达了我们的心意。这件事情也反映了我的冲动和考虑问题不周，光想着明天要出差，今天一定要办这事，结果还是没跟X委员见上面。

希望我们今后保持沟通！

祝好！

2012年9月14日星期五

在去郑州的火车上收到L委员短信。

短信内容："看过了，合同一事观点很好，应尽快办，关于看X委员的费用及我们为小区事务产生的费用，个人认为我们不拿工资，在征得栋长同意的情况下，由公共收益出。看X委员让业委会成员出我个人没意见，但你想一想X委员会同意吗？换位想一想你愿意吗？还有业委会邀请栋长参加的开会，友情提醒我们可以阐述个人观点。请好好地说服大家，最终要大家认可你，少数服从多数。我们是义务和公开为业主服务的，没有必要闹别扭，不团结，这是一个参会的楼长跟我说他的担忧。怕像前任业委会结局，以上个人观点供参考，如有不对请指出。"

看了L的短信，为其混沌发了个短信：

"为小区办事的钱可以从公款走，看X委员那是私事，不能因为X委员是为大家累病的，就可以动用公款。业主的钱不是由我们这些人来决定使用的。有些业主会有想法，以为我们用了大家的钱做人情。更何况物业和前业委会的账还未查清。我跟 H 说了，看 X 委员是以业委会的名义，买东西是个人行为。不要为此烦恼。不知我将问题讲清楚没有。XXX。"

L 回短信说：我清楚了。

我说：以后这样的事情还会有，大家轮流做好了。

2012 年 9 月 16 日星期日

在火车上收到 Z 委员短信。内容：昨晚会议一致通过以下几点：

1. 对待事情的处理采取民主集中制的原则；

2. 业委会的工作各成员要按分工落实；

3. 看望 X 委员的费用共计 206 元，由业委会成员分摊；

4. 关于物业竞标，征求业主意见的调查问卷设计请 XXX 拿出两个方案供大家讨论；

5. 由于物业不配合查账，将聘请第三方会计事务所查账；

6. 启动 X 大学缓交物业费的方案；

7. 下周三晚召开业委会。

注：日记中人名已经过处理。

附录五 G小区某业主微信群聊话题分类汇总简表（2017年9月23日~2017年11月1日）

法律问题	提及次数	非法律问题	提及次数
小区环境维护垃圾打扫绿化管理景观维护	74	社区活动	10
灯、单元门、门锁、信箱	56	有人乱扔垃圾	8
监控安防	35	信箱开门时间	7
电梯维修	32	物业人员素质	6
公共区域使用	29	摘枇杷	5
屋顶墙面	24	大雨应对措施	2
供水、电、气、热；通讯、有线电视设备的维修、养护	18	噪声扰民	2
车位产权停车费车辆违停	14	门厅内自行车乱放	1
任意弃置垃圾、违章搭建、私拉电线	14	车库积水	1
饲养宠物	12	合计	42
公共收益、维修基金使用	9		
"住改营"小区、房价、群租房	9		
路面、桥面维修	5		
监控、对讲设备、健身器材	5		
新增公共设施充电桩儿童游乐设施紧急呼救装置	3		
物业费的缴纳	3		
占用、挖掘道路、场地	3		
业主大会事项决议	2		
物业的选聘与解聘	1		
合计	348		

参 考 文 献

［1］阿克洛夫（George A. Akerlof），希勒（Robert J. Shiller）. 动物精神［M］. 黄卫强，徐卫宁，金岚，译. 北京：中信出版社，2012.

［2］鲍尔斯（Samuel Bowles）. 微观经济学：行为、制度和演化［M］. 江艇，洪福海，周业安等，译. 北京：中国人民大学出版社，2006.

［3］陈广宇，罗小龙，应婉云，姜佳丽. 转型中国的城市社区治理研究［J］. 上海城市规划，2016（2）：20–25.

［4］陈华彬. 建筑物区分所有权研究［M］. 北京：法律出版社，2007.

［5］陈天祥，杨婷. 城市社区治理：角色迷失及其根源——以 H 市为例［J］. 中国人民大学学报，2011（3）：129–137.

［6］陈文. 社区业主自治研究——基层群众自治制度建设的理论分析［M］. 北京：中国社会出版社，2011.

［7］陈喜强. 政府与社区组织：从纵向控制到横向互动——基于交易费用视角的考察［J］. 中国行政管理，2004（11）：71–75.

［8］陈鑫. 业主自治：以建筑物区分所有权为基础［M］. 北京：北京大学出版社，2007.

［9］戴蒙德（Peter Diamond），瓦蒂艾宁（Hannu Vartiainen）. 行为经济学及其应用［M］. 贺京同等，译. 北京：中国人民大学出版社，2013.

［10］都希格（Charles Duhigg）. 习惯的力量［M］. 吴弈俊，陈丽丽，曹烨，译. 北京：中信出版社，2013.

［11］范伯格（Viktor J. Vanberg）. 经济学中的规则和选择［M］. 史世伟，钟诚，译. 西安：陕西人民出版社，2011.

［12］弗里德曼（Daniel Friedman），桑德（Shyam Sunder）. 实验方法：经济学家入门基础［M］. 曾小楚，译. 北京：中国人民大学出版社，2011.

［13］戈兹曼（William N. Goetzmann），千年金融史：金融如何塑造文明，从5000年前到21世纪［M］.张亚光，熊金武，译.北京：中信出版社，2017.

［14］格尼茨（Uri Gneezy），李斯特（John List）.隐性动机［M］.鲁冬旭，译.北京：中信出版社，2015.

［15］葛天任，李强.我国城市社区治理创新的四种模式［J］.西北师范大学学报，2016（6）：5–13.

［16］葛天任，薛澜.社会风险与基层社区治理：问题、理念与对策［J］.社会自治，2015（4）：37–43.

［17］关宏宇，朱宪辰，章平，刘玉娟.共享资源治理制度转型中个体规则认同与策略预期调整——基于南京住宅小区老旧电梯更新调查研究［J］.管理评论，2015（08）：13–22.

［18］豪（Jeff Howe）.众包——群体力量驱动商业未来［M］.牛文静，译.北京：中信出版社，2011.

［19］何大安.选择行为的理性与非理性融合［M］.上海：上海人民出版社，2006.

［20］亨特（Morton Hunt）.心理学的故事（中译本）［M］.寒川子，张积模，译.西安：陕西师范大学出版总社有限公司，2013.

［21］黄安永，钟国贺.基于公共选择视角的物业管理道德规范的经济学研究［J］.东南大学学报（哲学社会科学版），2009（2）：13–16+126.

［22］黄薇.中华人民共和国民法典释义（上）［M］.北京：法律出版社，2020：199.

［23］霍斯顿（John P. Houston）.动机心理学［M］.孟继群，侯积良，译.沈阳：辽宁人民出版社，1990.

［24］姜琪.中国P2P网络贷款平台效率差异及成交量影响因素研究［J］.数量经济技术经济研究，2018（6）：66–77.

［25］蒋彧，周安琪，P2P网络借贷中存在地域歧视吗？——来自"人人贷"的经验数据［J］.中央财经大学学报，2016（9）：29–39.

［26］金迪斯（Herbert Ginitis）.理性的边界——博弈论与各门行为科学的统一［M］.董志强，译.上海：格致出版社，2011.

［27］金迪斯（Herbert Gintis），鲍尔斯（Samuel Bowles）.走向统一的社

会科学：来自桑塔费学派的看法［M］．浙江大学跨学科社会科学研究中心，译．上海：上海世纪出版集团，2005.

［28］金盛华．社会心理学［M］．北京：高等教育出版社，2010.

［29］卡尼曼（Daniel Kahneman）．思考，快与慢［M］．胡晓娇，李爱民，何梦莹，译．北京：中信出版社，2012.

［30］凯莫勒（Colin F. Camerer），罗文斯坦（George Loewenstein），拉宾（Matthew Ratin）．行为经济学新进展［M］．贺京同，宋紫峰等，译．北京：中国人民大学出版社，2009.

［31］凯莫勒（Colin F. Camerer）．行为博弈——对策略互动的实验研究［M］．贺京同，那艺等，译．北京：中国人民大学出版社，2006.

［32］科尔曼（Andrew M. Colman）：什么是心理学［M］．陈继文，孙灯勇，译．北京：中国人民大学出版社，2008.

［33］李建德．制度及其演化：方法与概念［M］．上海：格致出版社，2019.

［34］李姝熠．P2P网络借贷平台特征对借款人借款利率的影响研究［J］．当代经济，2017（27）：21－23.

［35］李涛．VSBPC模型：一个演化主义的BPC模型［J］．演化与创新经济学评论，2018（2）：59－92.

［36］李涛．薪酬制度及激励机制研究［M］．北京：经济科学出版社，2016.

［37］李维．心理学百科全书［M］．杭州：浙江教育出版社，1995.

［38］李悦雷，郭阳，张维．中国P2P小额贷款市场借贷成功率影响因素分析［J］．金融研究，2013（7）：126－138.

［39］李志云，张文婕，朱宪辰．内生溢价还是垂直溢价？——基于制度内生选择的跨文化比较视角［J］．外国经济与管理，2017（8）：155－128.

［40］林南（Nan Lin）．社会资本——关于社会结构与行动的理论［M］．张磊，译．上海：上海人民出版社，2005.

［41］陆婷婷．南京鼓楼老旧小区长效管理调研报告［J］．现代物业，2008（8）：104－105.

［42］马克力，王磊，罗海艳．物业管理纠纷［M］．北京：法律出版社出版，2008.

[43] 马克思（Karl H. Marx）. 1844 年经济学哲学手稿［M］. 中共中央马克思恩格斯列宁斯大林著作编译局，编译. 北京：人民出版社，2008.

[44] 马歇尔（Marshall, A.）. 经济学原理（上卷）［M］. 朱志泰，译. 北京：商务印书馆，1997.

[45] 迈尔斯（David Myers）. 社会心理学［M］. 侯玉波，乐国安，张智勇，译. 北京：人民邮电出版社，2016.

[46] 毛寿龙，李梅. 有限政府的经济分析［M］. 上海：上海三联书店，2000.

[47] 毛子丹，柴彦威. 中国城市单位社区治理模式转型路径及其未来趋势——以北京市毛纺南社区为例［J］. 城市发展研究，2013（3）：17 – 22.

[48] 蒙洛迪诺（Leonard Mlodinow）. 潜意识［M］. 赵松惠，译. 北京：中国青年出版社，2013.

[49] 沐守宽. 动机系统初探［J］. 浙江师大学报（社科版），1998（1）：73 – 76.

[50] 青木昌彦（Aoki Masahiko）. 比较制度分析［M］. 周黎安，译. 上海：上海远东出版社，2011.

[51] 青木昌彦（Aoki Masahiko）. 企业的合作博弈理论［M］. 郑江淮，李鹏飞，谢志斌等，译. 北京：中国人民大学出版社，2005.

[52] 阮加. 宏观金融——货币政策的理论基础［M］. 北京：电子工业出版社，2010.

[53] 萨勒（Richard Thalar）. 选择心理学与经济学假设［M］//罗斯（Alvin E. Roth）经济学中的实验室实验——六种观点. 聂庆，译. 北京：中国人民大学出版社，2007：87 – 116.

[54] 萨缪尔森（Samuelson, P. A.）经济学（上）［M］. 高鸿业，译. 北京：商务印书馆，1979.

[55] 森（Amartya Sen）. 理性与自由［M］. 李风华，译. 北京：中国人民大学出版社，2006.

[56] 舍夫林（Hersh Shefrin）. 超越恐惧和贪婪：行为金融学与投资心理诠释［M］. 贺学会，译. 上海：上海财经大学出版社，2000.

[57] 史密斯（John Maynard Smith）. 演化博弈论［M］. 潘春阳，译. 上海：复旦大学出版社，2013.

［58］斯科特（Andrew Schotter）. 中级微观经济学现代观点［M］. 李俊青，杨玲玲，译. 北京：机械工业出版社，2009.

［59］斯科特（W. Richard Scott）. 制度与组织——思想观念与物质利益（第3版）［M］. 姚伟，王黎芳，译. 北京：中国人民大学出版社，2010.

［60］斯密（Adam Smith）. 道德情操论［M］. 商务印书馆，蒋自强等译. 北京：商务印书馆，1997.

［61］斯密（Adam Smith）. 国民财富的性质和原因的研究［M］. 郭大力，王亚南，译. 北京：商务印书馆，1972.

［62］奥斯特罗姆（Elinor Ostrom），加德纳（Roy Gardner），沃克（James Walker）. 规则、博弈与公共池塘资源［M］. 王巧玲，任睿，译. 西安：陕西人民出版社，2011.

［63］泰勒（Richard H. Thaler）. "错误"的行为［M］. 王晋，译. 北京：中信出版社，2016.

［64］唐娟，黄卫平. 共有、共享、共治：城市住宅小区和谐治理的理论与实践探讨［M］. 北京：中国社会出版社，2009.

［65］王广文. 住宅专项维修资金治理中的规则偏好考察——基于南京市某小区样本的研究［D］. 南京：南京理工大学，2016.

［66］王莉君：权力与权利的思辨［M］. 北京：中国法制出版社，2005.

［67］王廷惠. 微观规制理论研究——基于正统理论的批评和将市场作为一个过程的理解［M］. 北京：社会科学文献出版社，2004.

［68］王星. 利益分化与居民参与——转型期中国城市基层社会管理的困境及其理论转向［J］. 社会学研究，2012（2）：20 - 34 + 242.

［69］威尔金森（Nich Wilkinson）. 行为经济学［M］. 贺京同，那艺，等，译. 北京：中国人民大学出版社，2012.

［70］韦纳（Bernard Weiner）人类动机：比喻、理论和研究［M］. 孙煜明，译. 杭州：浙江教育出版社，1995.

［71］维特根斯坦（Ludwig. J. J. Wittgenstein）. 哲学研究［M］. 楼巍，等，译. 上海：上海人民出版社，2019.

［72］魏娜. 城乡社区治理与服务型政府建设［N］. 中国社会报，2015 - 01 - 09：003.

［73］魏娜，崔玉开. 城市社区治理的网络参与机制研究［J］. 教学与研

究，2011（6）：31 – 36.

[74] 吴佳哲. 基于羊群效应的 P2P 网络借贷模式研究 [J]. 国际金融研究，2015（11）：88 – 96.

[75] 吴明隆，问卷统计分析实务——SPSS 操作与应用 [M]. 重庆：重庆大学出版社，2010.

[76] 西蒙（Herbert Alexander Simon）. 管理行为 [M]. 詹正茂，译. 北京：机械工业出版社，2013.

[77] 肖特（Andrew Schotter）. 社会制度的经济理论 [M]. 陆铭，陈钊，译. 上海：上海财经大学出版社，2003.

[78] 杨贵华. 城市社区自组织能力及其指标体系 [J]. 社会主义研究，2009（1）：72 – 77.

[79] 杨国超，盘宇章. 信任被定价了吗？——来自债券市场的证据 [J]. 金融研究，2019（1）：35 – 53.

[80] 杨玉圣. 论小区善治面临的主要矛盾——兼论小区公共事务治理之道 [J]. 政法论坛，2013（3）：65.

[81] 伊斯利（David Easley），克莱因伯格（Jon Kleinberg）. 网络、群体与市场——揭示高度互联世界的行为原理与效应机制 [M]. 李晓明，王卫红，杨韫利，译. 北京：清华大学出版社，2011.

[82] 易洪波，李梦璐，董大勇. 投资者情绪与成交量：基于网络论坛证据的分析 [J]，商业研究，2016（8）：58 – 64.

[83] 于国辉. 从国际比较的视角看国有企业的优势与贡献 [J]，现代国企研究，2019（7）：88 – 93.

[84] 原珂. 城市社区治理模式创新——以天津市 HX 园业主自治为例 [J]. 济南大学学报（社会科学版），2018（3）：91 – 98 + 159.

[85] 曾江洪，杨帅. P2P 借贷出借人的羊群行为及其理性检验——基于拍拍贷的实证研究 [J]，现代财经（天津财经大学学报），2014（7）：22 – 32.

[86] 张曙光. 论制度均衡和制度变革 [M]. 经济研究，1992（6）.

[87] 张维迎，柯荣住，信任及其解释：来自中国的跨省调查分析 [J]，经济研究，2002（10）：59 – 70 + 96.

[88] 张五常. 经济解释（2014 增订本）[M]. 北京：中信出版社，

2015.

[89] 张晓娟，周学春．社区治理策略、用户就绪和知识贡献研究：以百度百科虚拟社区为例［J］．管理评论，2016（9）：72－82．

[90] 张旭昆．制度演化分析需要方法论个人主义与方法论制度主义的综合［J］．制度经济学研究，2005（3）：45－58．

[91] 张雪莹，焦健，担保对债券发行利差的影响效果研究［J］，财经论丛，2017（2）：48－57．

[92] 赵岩，孙涛．国内社区治理研究知识图谱分析：基于 CSSCI 论文（2005－2015）［J］．中国行政管理，2016（5）：32－37．

[93] 周彩霞，朱宪辰，关宏宇等．制度变迁中的学习行为与信念调整［M］．北京：中国发展出版社，2014．

[94] 朱瑾，王兴元．网络社区治理机制与治理方式探讨［J］．山东社会科学，2012（5）：150－153．

[95] 朱宪辰，黄凯南．基于生物学基础的行为假设与共同知识演化分析［J］．制度经济学研究，2004（2）：65－88．

[96] 朱宪辰，李玉连．异质性与共享资源的自发治理——关于群体性合作的现实路径研究［J］．经济研究，2006（6）：17－23．

[97] 朱宪辰，章平．共享资源自发供给制度的产生——一个动态演化模型解释［J］．财经研究，2005（07）：5－15＋90．

[98] 朱宪辰，章平，黄凯南．共享资源治理制度转型中个体认知状态的实证研究［J］．经济研究，2006（12）：101－113．

[99] Ahn T K, Ostrom E, Walker J. Heterogenenous references and collectiveaction［J］. Public Choice, 2003, 117（3－4）: 295－314.

[100] Akerlof G A, Shiller R J. Animal Spirits: How Human Psychology Drives the Economy, and Why It Matters for Global Capitalism［M］. Princeton: Princeton University Press, 2010.

[101] Akerlof G A. The Market for "Lemons": Quality Uncertainty and the Market Mechanism［J］. The Quarterly Journal of Economics, 1970, 84（3）: 488－500.

[102] Alesina A, Fuchs－Schündeln N. Good－Bye Lenin (or Not?): The Effect of Communism on People's Preferences［J］. The American Economic Re-

view, 2007, 97 (4): 1507 – 1528.

[103] Andreoni J. Giving with Impure Altruism: Applications to Charity and Ricardian Equivalence [J]. Journal of Political Economy, 1989, 94 (6): 1447 – 1458.

[104] Andreoni J. Impure Altruism and Donations to Public Goods: A Theory of Warm – Glow Giving [J]. The Economic Journal, 1990, 100 (401): 464 – 477.

[105] Arrow K. The Limits of Organization [M]. New York: W. W. Norton & Company. 1974.

[106] Bandiera O, Barankay I, Rasul I. Cooperation in Collective Action: A Review of the Evidence and Some New Results [J]. Economics of Transition, 2004, 13: 473 – 498.

[107] Banerjee A, Somanathan R. The political economy of public goods: Some evidence from India [J]. Planning Unit, Indian Statistical Institute. New Delhi: New Delhi Discussion Papers, 2004: 4 – 17.

[108] Becker G S. A Theory of Social Interactions [J]. Journal of Political Economy, 1974, 82 (6): 1063 – 1093.

[109] Bernanke B S. Non – Monetary Effects of the Financial Crisis in the Propagation of the Great Depression [J]. American Economic Review, 1983, 73: 257 – 276.

[110] Binder M, Niederle U. Institutions as Determinants of Preference Change – A One Way Relation? [J]. Philipps University Marburg, Working paper, 2005, 11.

[111] Bowles S. Endogenous Preferences: The cultural consequences of markets and other economic institutions [J]. Journal of Economic Literature, 1998, 36: 75 – 111.

[112] Bowles S. Microeconomics: Behavior, Institutions and Evolution [M]. Princeton: Princeton University Press, 2004.

[113] Bruszt L, Campos N F, Fidrmuc J, et al. Civil Society, Institutional Change and the Politics of Reform: The Great Transition [J]. United National University. CEPR Discussion Papers, 2010: 7825.

[114] Cain M. An experimental investigation of motives and information in the prisoner's dilemma game [J]. Advances in Group Processes, 1998, 15: 133 – 160.

[115] Camerer C F, Fehr E. Measuring social norms and preferences using experimental games: A guide for social scientists [M]//Henrich J, Boyd R, Bowles S, et al. Foundations of Human Society – Experimental and Ethnographic Evidence from 15 small-scale Societies, Oxford: Oxford University Press, 2004: 55 – 95.

[116] Chrisman J, Hofer J, Charles W. Toward a system for classifying business strategies [J]. The Academy of Management Review, 1930, 13 (3): 413 – 428.

[117] Clary E G. Volunteers' Motivations: Findings from a National Survey [J]. Nonprofit and Voluntary Sector Quarterly, 1996, 25 (4): 485 – 505.

[118] Cohn A, Marechal M A, Tannenbaum D, et al. Civic Honesty Around the Globe [J]. Science, 2019, 365: 70 – 73.

[119] Corneo G. . Inequality and the State: Comparing US and German Preferences [J]. Annales d'Economie et de Statistique, 2001, 63 – 64: 283 – 96.

[120] Dougherty K L, Cain M. Linear altruism and the 2 × 2 prisoner's dilemma [J]. Miami: Florida International University, Working paper. 1999.

[121] Drucker P F. The Age of Discontinuity: Guidelines to Our Changing Society [M]. New York: Harper & Row. 1969.

[122] Dufwenberg M, Kirchsteiger G. A Theory of Sequential Reciprocity [J]. Games and Economic Behavior, 2004, 47 (2): 268 – 298.

[123] Erlei M. Heterogeneous social preferences [J]. Journal of Economic Behavior & Organization, 2008, 65: 436 – 457.

[124] Esteban J, Ray D. Collective Action and the Group Size Paradox [J]. American Political Science Review, 2001, 95: 663 – 672.

[125] Falk A, Fehr E, Fischbacher U. Testing theories of fairness—Intentions matter [J]. Games and Economic Behavior, 2008, 62 (1): 287 – 303.

[126] Falk A, Fischbacher U. A Theory of Reciprocity [J]. Institute for Empirical Research in Economics – University of Zurich, IEW – Working Papers 2005

（006）.

［127］Fehr E, Gächter S. Cooperation and Punishment in Public Goods Experiments ［J］. American Economic Review, 2010, 90, 4: 980 – 994.

［128］Fehr E, Gintis H. Human Motivation and Social Cooperation: Experimental and Analytical Foundations ［J］. The Annual Review of Sociology, 2007, 33: 43 – 64.

［129］Fehr E, Schmidt K. A theory of fairness, competition, and cooperation ［J］. Quarterly Journal of Economics, 1999, 114: 817 – 868.

［130］Fehr E, Schmidt K. The Economics of Fairness, Reciprocity and Altruism – Experimental Evidence and New Theories ［J］. University of Munich, discussion paper, 2005 （66）.

［131］Fudenberg D. Advancing Beyond Advances in "Behavioral Economics" ［J］. Journal of Economic Literature, 2006, 44 （3）: 694 – 711.

［132］Fukuyama F. Trust: The Social Virtues and the Creation of Prosperity ［J］. Free Press. 1995.

［133］Galin A. Endowment Effect in negotiations: group versus individual decision-making ［J］. Theory & Decision, 2013 （75）: 389 – 401.

［134］Gintis H. Framework for the Unification of the Behavioral Sciences ［J］. Behavioral and Brain Science, 2007, 30 （1）: 1 – 60.

［135］Gintis H. Solving the puzzle of prosociality ［J］. Rationality and Society, 2003, 15 （2）: 155 – 187.

［136］Giraud Raphaël. Money matters: an axiomatic theory of the endowment effect ［J］. Econ Theory, 2012, （50）: 303 – 339.

［137］Greif A. Cultural Beliefs and the Organization of Society: A Historical and Theoretical Reflection on Collectivist and Individualist Societies ［J］. The Journal of Political Economy, 1994, 102 （5）: 912 – 950.

［138］Greif A. Institutions and the path to the modern economy: lessons from medieval trade ［J］. Cambridge: Cambridge University Press, 2006: 73 – 85.

［139］Greif A, Tadelis S. A Theory of Moral Persistence Crypto-morality and Political Legitimacy ［J］. Journal of Comparative Economics, 2010, 138 （3）: 229 – 244.

［140］ Gugerty M K, Miguel E. Ethnic Diversity, Social Sanctions, and Public Goods in Kenya ［J］. Journal of Public Economics, 2005, 89 (11 – 12): 2325 – 2368.

［141］ Hardin G. The Tragedy of the Commons ［J］. American Association for the Advancement of Science (AAAS), 1968: 1243 – 1248.

［142］ Harsanyi J C. Games with incomplete information played by "Bayesian" players, Ⅰ – Ⅲ. part I. The Basic Model ［J］. Management Science, special issue: Theory Series (INFORMS), 1967, 14 (3): 159 – 182.

［143］ Henrich J, Boyd R, Bowles S, et al. In search of homo economicus: behavioral experiments in 15 small-scale societies ［J］. American Economic Review, 2001, 91: 73 – 78.

［144］ Herzenstein M, Dholakia U M, Andrews R L. Strategic Herding Behavior in Peer-to – Peer Loan Auctions ［J/OL］. 2010 – 04 – 27 ［2020 – 07 – 23］. https: //ssrn. com/abstract = 1596899 or http: / /dx. doi. org/10. 2139/ssrn. 1596899.

［145］ Herzenstein M, Sonenshein S, Dholakia U M. Tell Me a Good Story and I May Lend You Money ［J］. Journal of Marketing Research, 2011, 48: 138 – 149.

［146］ Hirshleifer D, Teoh S H. Systemic risk, coordination failures, and preparedness externalities: Applications to tax and accounting policy ［J］. Journal of Financial Economic Policy, Emerald Group Publishing, 2009, 1 (2): 128 – 142.

［147］ Hofstede G. Cultures' Consequences: International Differences in Work-related Values ［M］. Los Angeles: SAGE Publications, Inc. 1980.

［148］ Hovakimian G, Titman S. Corporate Investment with Financial Constraints: Sensitivity of Investment to Funds from Voluntary Asset Sales ［J］. NBER Working Papers, 2003: 9432.

［149］ Jensen M C. Agency Costs of Free Cash Flow, Corporate Finance and Takeovers ［J］. American Economic Review, 1986. 76 (2): 323 – 329.

［150］ Jensen M C, Mecklin W H. Theory of the firm: Managerial behavior Agency costs and Ownership structure ［J］. Journal of Financial Economics,

1976. 3 (4): 305 – 360.

[151] Kahneman, D, A Tversky. Prospect Theory: An Analysis of Decision Under Risk [J]. Econometrica: Journal of the Econometric Society, 1979: 263 – 291.

[152] Kreps D M, Paul R, Roberts J, Wilson R. Rational Cooperation in the Finitely Repeated Prisoners' Dilemma [J]. Journal of Economic Theory. 1982, 27: 245 – 252.

[153] Kreps, D M, P R Milgrom, J Roberts & R Wilson. Rational Cooperation in the Finitely Repeated Prisoners' Dilemma", Journal of Economic Theory. 1982, 27: 245 – 252.

[154] Leeibenstein H. Beyond Economic Man: a new foundation for microeconomics [M] Cambridge, Massachusetts: Harvard University Press, 1976.

[155] Leung, K, Bond, M H et al. Social axioms: The search for universal dimensions of general beliefs about how the world functions. Journal of Cross – Cultural Psychology, 2002, 33 (3): 286 – 302.

[156] Levitt, S D & List, J A. What Do Laboratory Experiments Measuring Social Preferences Reveal About the Real World? [J]. Journal of Economic Perspectives, 2007, 21 (2): 153 – 174.

[157] Lin N. Institutional capital and work attainment [J]. Unpublished Manuscript. Durham, NC, 1994.

[158] Malmendier U, G. Tate. CEO Overconfidence and Corporate Investment. Journal of Finance [J], 2005, 60 (6): 2661 – 2700.

[159] Malmendier U, Tate G. Who Makes Acquisitions: CEO Overconfidence and the Market7 s Reaction [J]. Journal of Financial Economics, 2008, 89 (1): 20 – 43.

[160] Masahiko Aoki. Towards a Comparative Institutional Analysis [M]. Cambridge: The MIT Press, 2001.

[161] Narko Y, Schotter A. An Experimental Study of Belief Learning using Elicited Beliefs [J]. Econometrica, 2002, 70 (3): 971 – 1005.

[162] North D C. Understanding the Process of Economic Change [M]. Princeton: Princeton University Press, 2005.

［163］ Odean T. Do Investors Trade Too Much? ［J］. American Economic Review, 1999, 89 (5): 1279 – 1298.

［164］ Olson M. The logic of collective action ［M］. Cambridge, Massachusetts: Harvard University Press, 1965.

［165］ Ostrom E. Governing the Commons: The Evolution of Institutions for Collective Action ［M］. Cambridge, Massachusetts: Cambridge University Press. 1990.

［166］ Ostrom E. Understanding institutional diversity ［M］. Princeton NJ: Princeton University Press, 2005.

［167］ Plott C R, Zeiler K. Exchange Asymmetries Incorrectly Interpreted as Evidence of Endowment Effect Theory and Prospect Theory? ［M］. American Economic Review, 2007, 97 (4): 1449 – 1466.

［168］ Porta La R, Lopez-de – Silanes F, Shleifer A, Vishny R. Trust in Large Organizations ［J］. AEA Papers and Proceedings, 1997, 187: 333 – 338.

［169］ Rabin M. Incorporating Fairness into game theory and economics ［J］. The American Economic Review, 1993, 83 (5): 1281 – 1302.

［170］ Richardson S. Overinvestment of free cash flow ［J］. Review of Accounting Studies, 2006, 11: 159 – 189.

［171］ Schotter A, Sopher B. Advice and Behavior in Intergenerational Ultimatum Games: An Experimental Approach ［M］. Games and Economic Behavior, 2007, 58 (2): 365 – 393.

［172］ Schreibman V. The politics of cyberspace ［J］. Journal of Government Information. 1994, 21 (3): 249 – 280.

［173］ Serageldin I. Sustainability as Opportunity and the Problem of Social Capital ［J］. Brown Journal of World Affairs, 1996, 3: 187 – 203.

［174］ Smith V. Constructivist and Ecological Rationality in Economics ［J］. American Economic Review, 2003, 93: 465 – 508.

［175］ Suchman M C, Edelman L B. Legal Rational Myths: The New Institutionalism and the Law and Society Tradition ［J/OL］. 1996 – 10 – 01 ［2015 – 07 – 03］. https: //onlinelibrary. wiley. com/doi/10. 1111/j. 1747 – 4469. 1996. tb00100. x.

［176］ Sunstein C R, Schekade D A, Kahneman D. Do People Want Optimal

Deterrence? [J]. Journal of Legal Studies, 2000, 29 (1): 237 – 253.

[177] Taylor M. The possibility of cooperation [M]. New York: Cambridge University Press, 1987.

[178] Uphoff N. Understanding Social Capital: Learning from The Analysis and Experience of Participation [M]. Dasgupta P, Serageldin I. (Eds.) Social Capital: A Multifaceted Perspective, Word Bank, 2000: 215 – 248.

[179] Vanberg V J. Rationality, Rule – Following and Emotions: On the Economics of Moral Preferences [J]. Max Planck Institute of Economics. Working Paper, 2006: 0621.

后　记

经济学研究从理性人假设到行为人假设，是从抽象模型中的行为个体，走向现实世界的行为主体。本书采用的资源支配者行为模型（VSBPC 模型）是对行为主体的一个新的假设。资源支配者是具有社会性的人。显然，从行为人到资源支配者，某种程度是对经典理论的挑战。为此，作者始终心怀敬畏。

此前我们的工作，曾经先后得到江西师范大学李建德老师、《演化与创新经济学评论》主编王焕祥老师和南京审计大学杨春雷老师的肯定。在研究过程中，我们还得到了中国人民大学王湘红老师的帮助，她积极乐观的生活态度，也感染了我们，使我们得以鼓起勇气面对挑战。在最迷茫无助的时候，我们和南京大学洪银兴老师、北京师范大学沈越老师通信，向他们介绍我们的工作，他们对此给予了亲切关怀，鼓起了我们战胜困难的勇气。对各位老师的感激之情，难以言表！

持续给我们勇气的是父母和亲人。父母在耄耋之年，仍然不断挑战自己，并源源不断地给予子女无私的爱。作为外行的弟弟，学习 Python 帮助我们修改图片；多年的好同事杨倚奇老师，始终相伴；在外打拼的女儿用实际行动证明她的独立与自信。他们是我们的良师益友和精神支柱。感恩！无以回报，谨以此书献给他们！

直接参与本书研究工作的主要是硕士研究生，尽管这些学生本专业是法学、金融学和劳动经济学，难以理解相关理论，但他们仍然尽心尽力地完成了案例、数据采集和处理的工作。他们是南京理工大学 2016 级硕士生李安琪、杨淑华，2017 级硕士生姜雨薇、马慧娟，2018 级硕士生顾家瑜、许海鹏，2019 级硕士生蔡聪聪、柳晨芳，2020 级硕士生潘雪颖等。

参加与本书有关的调研工作的学生有关宏宇、李志云、张文婕、靳树芳、陈龙、陈萌和、张敏、张玲、宋晔文、袁彩萍、顾佳平、樊华华、陈凯、王莉莉、金旭冉、刘玉娟、陈丹丹、马洪宁、王文静、胡欣月、刁灵婧、曹海东、俞茜、孙丽、汪翼帆、冯晓曼、陈丽娟、卞小雯、宋文佳、张睿、杨辰骄等。这些学生都在关键时候帮助了我们。

南京理工大学应用经济系副教授徐生钰博士与行政部门的良好合作关系，为我们了解和解读行政数据、进入小区调研提供了极大便利。

感谢经济学科出版社编辑刘莎老师为本书付梓所作的努力！她的敬业精神与工作效率令人难忘，因她，本书才能如期出版。

感恩，并感谢他们！

2021 年即将过去，我们想用 2011 年为"小区法制宣传周"写的序言来为我们的研究画一个句号，并向那些共同维护小区业主利益与无私奉献的好邻居表示衷心感谢！祝愿每一个孩子都生活在美丽家园！

有家真好！

人在江湖，家是港湾，而小区是每个家庭停靠的泊岸。

这是一个小区，封闭其里的花鸟草木让我们习惯已久；这又是一个社会，出入其里的男女老幼令我们牵肠挂肚。小区、社会、自然、人际，如网织梭，编起我们渴求的生活。

我们，这里的业主，有一些热心话想说。

此地此景，如果没有错，我们会满意我们的选择；如果没有选择，我们也学会了满意。没有人强迫我们在这里生活，但生活总强迫我们去寄托。

自然的风光总是有限，相处的心灵却是无限。生活的长远需要小区和谐、稳定、静美、文明、安全这些美丽的元素。然而，一切美好不会翩然而至，现实不是童话，因为生活讲法则。人类要遵从自然规律，公民要遵从国家法律，业主要遵从小区公约，物业则要遵从服务合约。如此，方能一切井然。

为了实现这一心愿，在街道办支持下、在居民委员会指导下、在当地法庭的援助下，在小区物业公司协助下，热心业主们拔冗共商：在小区开启一扇小小的法制之窗，传递小区治理之法器，让每一位业主不仅知道自己的权利，更知道如何行使自己的权利；也希望通过这个活动使我们的业主委员会不仅明确其职责，更明确如何履行其职责。

在首届法制宣传周中，将通过问答方式集中介绍有关业主、业主大会、业主委员会、物业服务企业等主体的性质与地位、权利与义务法律规定；普及业主管理规约、物业服务合同的订立、履行和解除等方面的合同知识；解读业主大会、业主委员会的会议制度规定等。

谨愿此举能唤起家园共建、人人参与的公益意识！

谨愿此举能推动法治小区、和谐小区、幸福小区的建设！

作　者

2021 年 12 月于南京紫金山麓陶然居